南方医科大学思想政治理论课国家统编教材（2018年版）之辅助教材
"医学人文精神培育"丛书 / 任映红　邹　飞 ◎ 主编

医学殿堂中的大道行思
——《马克思主义基本原理概论》（2018年版）教学案例集

罗海滢　主编

YIXUE DIANTANG ZHONG DE DADAO XINGSI

·广州·

版权所有　翻印必究

图书在版编目（CIP）数据

医学殿堂中的大道行思：《马克思主义基本原理概论》（2018年版）教学案例集/罗海滢主编 . —广州：中山大学出版社，2019.12
（"医学人文精神培育"丛书/任映红，邹飞主编）
ISBN 978 - 7 - 306 - 06740 - 1

Ⅰ. ①医… Ⅱ. ①罗… Ⅲ. ①马克思主义理论—教案（教育）—高等学校 Ⅳ. ①A81

中国版本图书馆 CIP 数据核字（2019）第 240492 号

出 版 人：	王天琪
策划编辑：	嵇春霞
责任编辑：	罗雪梅
封面设计：	曾　斌
责任校对：	罗永梅
责任技编：	何雅涛

出版发行：中山大学出版社
电　　话：编辑部 020 - 84111996，84113349，84111997，84110779
　　　　　发行部 020 - 84111998，84111981，84111160
地　　址：广州市新港西路135号
邮　　编：510275　　　　　传　真：020 - 84036565
网　　址：http://www.zsup.com.cn　　E-mail：zdcbs@mail.sysu.edu.cn
印 刷 者：佛山市浩文彩色印刷有限公司
规　　格：787mm×1092mm　1/16　18.5印张　340千字
版次印次：2019年12月第1版　2019年12月第1次印刷
定　　价：66.00元

如发现本书因印装质量影响阅读，请与出版社发行部联系调换

"医学人文精神培育"丛书

顾 问

张雷声：中央马克思主义理论研究和建设工程首席专家，中国人民大学首批"大华讲席教授"

王宏波：教育部马克思主义理论研究和建设工程专家，西安交通大学马克思主义学院原院长

陈金龙：教育部长江学者特聘教授，华南师范大学马克思主义学院院长

王永贵：教育部长江学者特聘教授，南京师范大学教授

主 任

陈敏生："全国五一劳动奖章"获得者，南方医科大学党委书记

黎孟枫：教育部长江学者特聘教授，南方医科大学校长

副主任

昌家杰：南方医科大学党委副书记

文民刚：南方医科大学副校长

主　编

任映红：南方医科大学马克思主义学院院长

邹　飞：国家级教学名师，南方医科大学公共卫生学院原院长

委　员（均为南方医科大学教师）

李俊平　邹　莹　段俊杰　余克强　陈士良　陈旭坚

夏欧东　谢传仓　曾　楠　傅义强　肖　健　吉志鹏

罗海滢　朱文哲

本 书

主　编　罗海滢

委　员　谢传仓　刘湘云　李　丽

总　序

教育是国之大计、党之大计，承担着立德树人的根本任务。思想政治理论课（简称"思政课"）是落实立德树人根本任务的关键课程，发挥着不可替代的作用。2016年12月底，习近平总书记在全国高校思想政治工作会议中强调："要用好课堂教学这个主渠道，思想政治理论课要坚持在改进中加强，提升思想政治教育亲和力和针对性，满足学生成长发展需求和期待。"2019年3月18日，习近平总书记亲自主持召开学校思政课教师座谈会，从"培养什么人、怎样培养人、为谁培养人"的根本问题出发，特别强调了思政课作用的不可替代性，提出必须按照"八个统一"的要求，理直气壮开好思政课。2019年8月14日，中共中央办公厅、国务院办公厅印发了《关于深化新时代学校思想政治理论课改革创新的若干意见》，提出"思政课建设只能加强、不能削弱，必须切实增强办好思政课的信心，全面提高思政课质量和水平"的要求。可见，把立德树人作为中心环节，理直气壮开好思政课是高校的重要任务，也是时代的要求。

青少年阶段是人生的"拔节孕穗期"。这一时期，他们的心智逐渐健全，思维开始进入最活跃的状态，最需要精心地引导和栽培，思政课不可或缺。特别是在科学技术日新月异、移动互联网以及人工智能发展的背景下，青少年在面对海量信息时，容易产生困惑与迷茫，甚至会受到错误思想的冲击和渗透。面对各种思潮的纷扰，思政课教师必须承担起精心引导和栽培青年学生，帮助他们廓清思想迷雾，用马克思主义及其中国化的马克思主义理论成果武装新时代青年头脑的重任，使他们能够把爱国情、强国志、报国行统一于坚持和发展中国特色社会主义事业、建设社会主义现代化强国、实现中华民族伟大复兴的

医学殿堂中的大道行思
——《马克思主义基本原理概论》（2018年版）教学案例集

奋斗之中。

习近平新时代中国特色社会主义思想是当代中国的马克思主义，是马克思主义中国化的最新成果。党的十九大报告指出："要加强理论武装，推动新时代中国特色社会主义思想深入人心。"为深入贯彻落实习近平新时代中国特色社会主义思想和党的十九大精神，贯彻落实习近平总书记关于教育的重要论述，全面贯彻党的教育方针，解决好"培养什么人、怎样培养人、为谁培养人"这个根本问题，中宣部、教育部全面修订了2018年版思政课教材，为习近平新时代中国特色社会主义思想"三进"（进教材、进课堂、进头脑）奠定了基础。

"三进"的关键是进头脑，入脑入心，引发学生共鸣，使学生对党的创新理论从认知、接受、理解到认可、认同、践行。然而，一些高校的思政课仍然存在着教学方法不够生动鲜活、教学案例资源缺乏、教学对象研究不足等问题，以至于出现政治性和学理性存在间距、价值性和知识性存在鸿沟、理论性和实践性存在脱节等问题。尤其是与学生专业学习结合不足，让学生对思政课产生"空洞感""陌生感"和"疏离感"，影响了教学针对性和实效性的提升。因此，根据新时代要求和大学生思想实际，不断地探索教学新内容、新形式、新规律，是保证思政课吸引力、实效性的重要环节。如何从学生的专业实际、现实诉求和知识场域出发，拉近学生与思政课的距离，活化教学内容，增强思政课教学的思想性、理论性和亲和力、针对性是思政课教学迫切需要面对与解决的问题。作为专业性较强的院校，如何结合医学生自身特点，从医学专业或是医学生熟悉的领域切入，开展思政课教学，是医学院校思政课教学迫切需要面对与解答的难题。

医学是人学，健康中国背景下医学院校理直气壮开好思政课尤其重要。教育部等六部门于2014年出台的《关于医教协同深化临床医学人才培养改革的意见》，教育部、国家卫生健康委员会、国家中医药管理局于2018年发布的《关于加强医教协同实施卓越医生教育培养计划2.0的意见》均提出医学院校卓越医生教育培养计划。其中，医学院校卓越医生教育培养计划的第一项任务就是"全面加强德医双修的素质能力培养"。事实上，中国自古以来已有以医事论国事的文化传统。例如，《国语·晋语》中："文子曰：'医及国家乎？'对曰：'上医医国，其次疾人，固医官也。'"唐代著名医学家孙思邈在《备急

千金要方》中更是明确说道:"古之善为医者,上医医国,中医医人,下医医病。"当前,卓越医生教育培养要求与中国古代对医者的定位有异曲同工之处,也指明医学人才培养中思政课的不可替代。

南方医科大学前身是中国人民解放军第一军医大学,一直以来保持着军队讲政治的好传统。2008年,南方医科大学成立了广东省第一家独立设置的马克思主义学院。多年来,该学院不断探索医学院校思政课教育教学的特色发展之路。该学院根据多年的教学积累,组织编写了与2018年最新版思政课教材相配套的医学生思政课教学案例集,分别是本科生"马克思主义基本原理概论"课的《医学殿堂中的大道行思》、"毛泽东思想和中国特色社会主义理论体系概论"课的《民族复兴的医学梦》、"思想道德修养与法律基础"课的《新时代医者的形塑》、"中国近现代史纲要"课的《国家命运与医学变革》,以及研究生"中国特色社会主义理论与实践研究"课的《卓越医学人才的思想政治修炼》,形成了一套五本内容丰富、逻辑严密的"医学人文精神培育"丛书。

这套丛书以立德树人、提升医学人文精神为目标,以在各门思政主干课程中融入与医药卫生相关的元素为主线,选用与医药健康、卫生事业相关的典型案例,从理论到思想、从国家到社会、从历史到现实、从国外到国内、从政策到个人,内容丰富、资料翔实、解析到位。有些看似不相关的案例,经过独特的视角观察点评和对教学内容的深入理解阐释,使医学生有"豁然开朗"之感,拓展了知识视域、碰撞出了思想火花,让思想理论入脑入心。

这套丛书是医学院校提升思政课的思想性、理论性和亲和力、针对性的宝贵教学素材,也是医学院校开展课程思政的独创性成果。这套丛书体现了南方医科大学的政治站位、家国情怀和责任担当,凝聚了马克思主义学院老师们的大量心血,在对各类案例成果进行广泛收集、分析整理以及与教材内容的衔接中呈现了这支队伍独特的教学理念和较高的业务素质。

希望这套丛书的出版,对全国医学院校思政课教学质量提升、对医学专业教师推进课程思政都有较大帮助,以确保思政课程与课程思政的同向同行,充分发挥各门课程的育人功能,将思想政治教育元素"润物细无声"地融入专业课程的教育教学,落细、落实在每一堂课中,帮助学生成为德才兼备、全面发展的人才,成为中国特色社会主义伟大事业的建设者与接班人。

丛书出版之际，喜逢中华人民共和国成立70周年，因此本丛书也是南方医科大学庆祝中华人民共和国成立70周年的献礼之作。我欣喜地看到，南方医科大学正在通过实施多元化教育教学改革，强化"医学人文精神培育"，构建"大思政"格局，推进"三全育人"，形成卓越医学创新人才培养体系，为推进健康中国建设服务，为祖国的繁荣昌盛贡献自己的智慧和力量！

2019年10月

作者简介：张雷声，中国人民大学首批"大华讲席教授"、博士生导师，国家"万人计划"首批哲学社会科学领军人才，全国文化宣传系统"四个一批"人才，享受国务院政府特殊津贴专家，担任中央马克思主义理论研究和建设工程首席专家、国务院学位委员会马克思主义理论学科评议组召集人、教育部社会科学委员会马克思主义理论学部委员、教育部思想政治理论课教学指导委员会委员、全国马克思列宁主义经济学说史学会副会长、全国高校马克思主义理论学科研究会副会长、《马克思主义理论学科研究》常务副主编等职。

前　　言

2019年3月18日，习近平总书记主持召开了学校思想政治理论课（简称"思政课"）教师座谈会，为新时代学校思想政治理论课建设指明了发展方向，对思想政治理论课教育教学改革提出了新的要求。为落实习近平总书记提出的思政课改革创新坚持"八个相统一"的具体要求，不断增强思政课的思想性、理论性、亲和力和针对性，结合医学院校思想政治教育的特点，我们编写了本案例集。

本案例集按照《马克思主义基本原理概论》（2018年版）教材的章节进行设计，根据每个章节若干重点、难点问题选择数个典型案例展开分析。每个案例包括案例陈述、案例出处、案例解析、案例启思、教学建议五个部分。案例陈述，主要以古今中外医学故事为主，也选择了马克思主义发展史上的重要事件，以及新时代中国特色社会主义的医疗体制改革实践等素材。案例解析，结合教材的具体知识点，运用马克思主义基本立场、基本观点和基本方法，对案例材料进行理性分析，通过具体视角，以小见大，把马克思主义的基本原理讲清楚，把人类社会发展的历史必然性讲清楚，把中国特色社会主义的理论与实践讲清楚。案例启思，根据案例内容进行设问，引导医学生从感性认知进入理性思辨层面。教学建议，即对教师如何使用案例材料提出建议。

作为我国高校思想政治理论课体系中的基础性课程，"马克思主义基本原理概论"以系统的马克思主义理论教育教学为学科特点，着重讲授马克思主义的世界观和方法论，帮助学生从整体上把握马克思主义，掌握马克思主义的基本立场、基本观点、基本方法，正确认识人类社会发展的基本规律，正确认识中国特色社会主义的发展规律，坚定马克思主义的理想信念，积极投身中国特色社会主义建设的实践中。课程强调教学实施过程的"以理服人"，在教学中注重培养学生历史唯物主义视野和辩证思维方法，提升理论思维和逻辑分析水平，提高认识和解决现实问题的能力，在学生的世界观、人生观、价值观以及人文修养等方面产生重要影响。

本案例集突出了医学类院校在"培养什么人""怎样培养人""为谁培养人"等问题上的特点。案例的选择和编写除了体现"马克思主义基本原理概论"课的教学大纲和基本要求外，主要围绕医学生"如何认识和学习马克思主义""马克思主义的医学观""马克思主义与中国医疗卫生事业的发展"等方面展开，注重运用马克思主义基本立场、基本观点和基本方法解析医学类材料，引导学生思考医学殿堂中的马克思主义之行与思，自觉践行马克思主义之道与路。

根据学科特点和教学目标，在编写案例过程中我们注意了五个"体现"：一是体现马克思主义在中国的传播和发展。二是体现马克思主义理论在中国革命、建设与改革中的指导作用。三是体现中华人民共和国成立70年来道路探索的经验与启示。四是体现中国特色社会主义对世界的重要贡献。五是体现如何运用马克思主义基本原理解读当代中国实践。因此，本案例集亦适合非医学类院校作为教学辅助资料。

编　者
2019年7月

目 录

导 论 ·· 1
  案例一　"大咖"们怎么评价马克思 ······································ 1
  案例二　从叛逆青年到超级学霸 ·· 3
  案例三　人均预期寿命背后的"逻辑" ···································· 6
  案例四　资本主义的"病危书" ··· 10

第一章　世界的物质性及发展规律 ·· 13
  案例一　艾滋病的最强科普 ··· 13
  案例二　中国第一家医学院 ··· 17
  案例三　悬壶济世，德满杏林 ·· 21
  案例四　违法代购，检方为何不起诉 ····································· 24
  案例五　第一次人体输血手术 ·· 29
  案例六　拿破仑与军事医学 ··· 33
  案例七　忧郁症与天才 ··· 36
  案例八　追剧治疗"恐医综合征" ·· 40
  案例九　梁启超与协和医院的"百年公案" ······························ 45
  案例十　医者钟南山 ··· 55

第二章　实践与认识及其发展规律 ·· 65
  案例一　一株小草改变了世界 ·· 65
  案例二　哈维和血液循环理论 ·· 70
  案例三　青霉素的非偶然发现 ·· 74
  案例四　卡尔顿先生的诊断故事 ·· 77
  案例五　世界输血发展简史 ·· 80
  案例六　强大的西医与伟大的中医 ······································· 83
  案例七　自闭症与"冰箱母亲"假说 ····································· 88

　　案例八　FDA申报迎来美国合作药企……………………………… 91
　　案例九　心脏支架被神化还是妖魔化……………………………… 94
　　案例十　重复打扫的清洁工………………………………………… 101
　　案例十一　弗莱斯勒的医学教育报告……………………………… 103
第三章　人类社会及其发展规律……………………………………… 108
　　案例一　公共卫生科学认知的历史变迁…………………………… 108
　　案例二　疫苗的功利主义与道德选择……………………………… 114
　　案例三　利益集团为何要干预科学研究…………………………… 117
　　案例四　需要"网红"调剂还是科学打底…………………………… 122
　　案例五　抗癌药降价需要医保来参与……………………………… 125
　　案例六　一场神经影像领域的"人机大战"………………………… 129
　　案例七　健康医疗大数据的发展前景……………………………… 134
　　案例八　益生菌的科学真相………………………………………… 143
　　案例九　被战火摧毁的医院………………………………………… 149
　　案例十　献给健康中国主力军的节日……………………………… 151
　　案例十一　我国医疗质量提升秘诀何在…………………………… 154
第四章　资本主义的本质及规律……………………………………… 157
　　案例一　制药巨头是如何炼成的…………………………………… 157
　　案例二　让中医药文化恋上产业发展……………………………… 162
　　案例三　前景广阔的人工智能＋医疗……………………………… 167
　　案例四　医生为什么是高收入群体………………………………… 172
　　案例五　2018年美国的人权纪录…………………………………… 178
　　案例六　美国媒体如何看"占领华尔街"运动……………………… 184
　　案例七　美国的医疗保障制度改革………………………………… 189
第五章　资本主义的发展及其趋势…………………………………… 195
　　案例一　医疗器械暴利的背后……………………………………… 195
　　案例二　不可阻挡的医药企业全球化……………………………… 199
　　案例三　发达国家的医院管理模式………………………………… 203
　　案例四　国外政事关系的调整特色………………………………… 208
　　案例五　当代西方资本主义社会的阶级结构……………………… 214

　　案例六　发达国家的医疗福利制度……………………………………219
　　案例七　西方发达国家的医疗改革透析………………………………225
　　案例八　近期资本主义国家工人罢工状况……………………………229
第六章　社会主义的发展及其规律……………………………………………234
　　案例一　健康服务要一个不少、一个不落……………………………234
　　案例二　国家基本药物制度政策解读…………………………………239
　　案例三　从"看上病"到"保健康"………………………………………243
　　案例四　新中国农村合作医疗的早期探索……………………………249
　　案例五　构筑人类卫生安全命运共同体………………………………255
第七章　共产主义崇高理想及其最终实现……………………………………260
　　案例一　马克思主义与乌托邦主义……………………………………260
　　案例二　国际共产主义战士白求恩……………………………………265
　　案例三　共产主义让中国人民重拾精神主动…………………………273
后　记……………………………………………………………………………280

导　　论

▶ 案例一　"大咖"们怎么评价马克思

 案例

英国著名经济史学家、诺贝尔经济学奖获得者约翰·希克斯力挺马克思的分析方法。他说，大多数想要弄清楚历史一般过程的人，都会使用马克思的历史唯物主义分析方法，或者这种方法的某种修订形式，因为除了历史唯物主义外，你找不到其他分析方法。

法国的德里达是著名的哲学家，解构主义的代表人物。德里达并不是马克思主义者，但在东欧剧变后，当反对马克思主义的声浪甚嚣尘上的时候，他却毅然举起了捍卫马克思主义的大旗，一再强调：我挑了一个好时候向马克思致敬。德里达在《马克思的幽灵》中指出，不能没有马克思，没有马克思，没有对马克思的记忆，没有马克思的遗产，就没有将来。

美国的詹姆逊是著名的马克思主义批评家和理论家。詹姆逊一向以马克思主义者自居。在东欧剧变后，他更加坚定、更加自觉地站在马克思主义立场上。他说："我同马克思的联系出于兴趣。"詹姆逊在《论现实存在的马克思主义》一书中曾说，庆贺资本主义市场体系决定性胜利的做法是不合逻辑的，是不能自圆其说的。

德国的哈贝马斯生于1929年，任德国海德堡大学、法兰克福大学哲学教授。哈贝马斯是当代西方重要的理论社会学家、哲学家。哈贝马斯早年受苏联模式的马克思主义影响，后来又作为法兰克福学派的重要代表人物与非马克思主义者展开论战，但在形成自己理论的过程中对马克思主义产生了一些误解，

医学殿堂中的大道行思
——《马克思主义基本原理概论》（2018年版）教学案例集

在东欧剧变后，他重新对马克思主义进行研究，并向世人宣布："我仍然是马克思主义者。"

安东尼·吉登斯1938年出生于英国，是当代重要的社会学家、思想家，曾提出"第三条道路""全球化""乌托邦现实主义"等重要理论。他被媒体称为英国前首相布莱尔的精神导师。吉登斯作为社会理论家，始终坚持对马克思主义进行研究，在东欧剧变后，他说："虽然不再时髦，但我仍看重马克思。"

法国的德里达、美国的詹姆逊、德国的哈贝马斯、英国的吉登斯等这些国际学术"大咖"有一个共同点——在共产主义运动处于低潮、马克思主义受到冷落的时候，他们都明确地指出马克思主义的当代价值。这充分说明，马克思主义依然活着。

案例出处

内蒙轩：《马克思靠谱》，东方出版社2016年版，第137－139页。（有改动）

案例解析

马克思逝世已经100多年，国际共产主义运动更加复杂。马克思之后，中西方思想家提出了各种各样的非马克思主义、反马克思主义的观点和思想。同时，由于20世纪末东欧剧变、苏联解体，世界社会主义运动遭遇了挫折，西方资本主义思想家将此归结为马克思主义的失败。有人对马克思主义的真理性和价值产生了怀疑。而如果缺乏对马克思主义系统、全面的学习和了解，就会导致对马克思主义存在某种误解和偏见，甚至产生错误的认知。处于互联网时代的当代大学生常常在网络上寻找关于马克思主义的信息，然而网络上却充斥着大量对马克思主义的误解甚至污蔑——"马克思是不是过时了？""马克思主义是正确的吗？"这些疑问存在于一些大学生的头脑中。那么，如何引导当代大学生正确认识和学习马克思主义，怎样消除他们对马克思和马克思主义的误解和偏见、树立坚定的马克思主义信仰，是"马克思主义基本原理概论"课程的重要目的之一。案例引用资本主义国家中具有国际影响力的学术"大咖"的观点来分析马克思主义的真理性和当代价值，引导学生思考：资本主义国家中的思想家之所以会如此坚定而明确地支持马克思主义，其根本原因就在于马克思主义的真理性，从而使学生坚定马克思主义信仰，自觉学习和践行马克思主义。

导 论

🔘 **案例启思**

1. 为什么在东欧剧变，国际共产主义运动处于低潮期时，这些著名的思想家会站出来支持马克思主义？
2. 马克思主义在 21 世纪有什么影响和价值？

🔘 **教学建议**

本案例通过主要资本主义国家学术"大咖"对马克思的客观评论，论证了马克思主义的真理性和当代价值。

可用于导论"什么是马克思主义"部分的辅助教学。

▶ **案例二　从叛逆青年到超级学霸**

1818 年 5 月 5 日，马克思出生于德国特里尔的一个犹太律师家庭，"小正太"马克思聪明伶俐，在家里备受宠爱。中学时的马克思成绩优秀，有明确的人生目标。17 岁时他就把"为人类幸福而工作"当作自己的人生梦想。然而，中学毕业后进入波恩大学的马克思，却从"三好学生"变成一个"坏"小子。

1935 年，马克思遵照父亲亨利希的安排，进入德国波恩大学法律系读书，因为父亲希望他毕业以后成为一名律师。但是，马克思在波恩大学并没有好好学习，而是大手大脚地花钱，经常花天酒地。从马克思和父亲的通信来看，马克思在波恩大学一年花掉了 700 塔勒。700 塔勒是什么概念呢？当时的富家公子一年也花不掉 500 塔勒，如果按照购买力平价来算，相当于 14 万元人民币。当时马克思没有工作，这些钱当然需要父亲掏。马克思就把这些账单寄给父亲，父亲当然很生气，就在信中骂马克思，说这些账单是"未结算的卡尔式账单"。后来马克思找到了一份不错的工作，主编《德法年鉴》，那时候他一年的薪水有 500 塔勒。当然，有了一年 500 塔勒的收入，燕妮的父母可以放心地让她和马克思结婚了。更有趣的是，2012 年，著名的英国广播公司（BBC）

3

制作了一套纪录片——《货币大师》。该纪录片介绍了对20世纪影响最大的三位货币理论家,马克思就是其中一位。但马克思这位货币理论大师一辈子都在和自己支付不起的账单打交道,也从来没有算清过这些账单,这一点在他上大学的时候就表现得很明显了。

更让父亲头疼的是,马克思在大学期间还加入了一个叫"特里尔同乡会"的组织,最后他成了这个组织的头儿。这个同乡会就像是咱们在大学里的老乡会一样,总是组织一些聚会活动,而他们聚会的地点,就在波恩各地的酒馆里。酒后他们偶尔还要和其他学生打架决斗,为此马克思还曾被学校关过24小时的禁闭。

这样看来,这个时期的马克思貌似一个十足的"坏"小子,甚至像个"不良"青年,但实际上,马克思是受过良好的家庭教育的。他的父亲亨利希深受启蒙思想的影响,熟读伏尔泰、莱布尼茨和牛顿等启蒙思想家的著作。亨利希的思想立场,为马克思营造了一个现代人文主义的思想环境。亨利希热爱古希腊艺术,喜欢莎士比亚,也喜欢歌德、席勒等艺术家,其语言天赋很好,像拉丁文、希腊文、法文都学得不错。同时,他也是一个有文化底蕴和国际视野的文艺青年。正因为如此,马克思一生都对自己的父亲推崇备至。

话说回来,亨利希看着自己的儿子马克思在波恩大学胡闹,知道这不是办法,就安排马克思转学去了柏林大学。他曾经公开表示:"我不仅批准了我的儿子卡尔·马克思这样做,而且我希望他能在柏林大学继续他在波恩大学开始的法律和公共管理课程。"搬到柏林是马克思生活中的一项重大变动。柏林和波恩相比完全是两个世界。转学之后,马克思的精神面貌的确得到了改变,从无望的"酗酒文青"变成靠谱的"宅男"。这也让世界上少了一位诗人,多了一位伟大的思想家。在这个阶段,马克思大量读书,并且自学英语和意大利语,翻译了古罗马哲学家塔西佗的《日耳曼尼亚志》等名著,甚至还想建立一个法哲学体系。为此,他写了300多页的书稿,翻译了大量的著作。这一时期的马克思"小宇宙"完全爆发。这个"坏小子"来了一个华丽的转身。那么,马克思青年时代的这个转身是怎样实现的呢?

从外因看,柏林大学严谨的学风让马克思一改从前的浮夸,开始专心于学术研究。柏林大学又名洪堡大学,自从1810年建校开始就一直是德国的最高学府,可谓大师辈出,群星璀璨。黑格尔甚至说过,没有柏林大学,就没有光辉灿烂的德意志文明。和马克思同时代的哲学大师费尔巴哈也曾经在柏林大学读书,他说,柏林大学的学风太好了,这里的学生没有不认真读书的,也从不考虑什么喝酒打架的事情,和柏林大学相比,德国的其他大学简直就是酒馆。显然,这次转学对马克思的影响很大。马克思自从解锁了柏林大学这个新地

点,就像玩游戏开了外挂一样,开始拼命地读书。

从内因看,马克思本身就是一个非常重视精神追求的人。他从小博览群书,而且志存高远,17岁时语出惊人,说自己要"为人类幸福而工作",这是何等的抱负和胸怀!马克思刚上大学的时候,是康德和费希特的铁杆粉丝,甚至曾经想自创一个抽象的哲学体系。后来马克思觉得这两个偶像太务虚了,他们总像是在做数学题,用一个原理来证明另外一个原理,但抽象的原理和具体的事实之间到底是什么关系呢?他们不考虑这个问题。以至于马克思写了首诗来讽刺他们,诗的第一句就是"康德和费希特在太空飞翔"。"在太空飞翔",说得挺美,但不就是讽刺他们不切实际、不接地气吗?不过,讽刺归讽刺,马克思自己也想不出解决的办法,一时郁闷,竟然病倒了。在养病期间,马克思又读了一遍黑格尔的著作,发现黑格尔的辩证法可以解释抽象的原理是怎样一步步转为具体的现实的,这就克服了康德哲学中抽象和具体的对立,马克思一下子脑洞大开,病好了一半。这种思想上的升华,带给马克思强烈的精神快感,他在给父亲的一封信中描述了自己癫狂的状态——脑袋上是乱蓬蓬的头发,穿着邋遢的外衣,像个疯子一样在柏林的施普雷河边乱跑,甚至还跑到大街上,看到路人上去就是一个拥抱,邀请人家和自己一起庆祝。一般大思想家,都有点马克思这样的狂热劲儿。毕竟对他来说,追求知识和真理,才是人生头等大事。

马克思的求学经历说明,年轻人的"坏"有两种,一种是面对现实的冷酷,放弃青春理想后的自我放逐和堕落;另一种是怀揣理想,但面对理想和现实的落差,理想一时难以实现,又想不通而形成的叛逆和发泄。青春期的马克思就是在探索中形成了叛逆。马克思看似是个"坏"小子,看似叛逆颓废,但是他从未丢弃他的青春理想,从未放逐对人类未来幸福和世界未来的思考和探索。他一旦寻找到探索知识的正确道路,就开始在追梦的道路上奔跑领航,散发出人生灿烂的光芒,思考让马克思的青春叛逆闪闪发光。

🔎 案例出处

内蒙轩:《马克思靠谱》,东方出版社2016年版,第2-7页。(有改动)

✏ 案例解析

马克思是一个什么样的人?在传统的宣传中,马克思是"千年思想家"、无产阶级革命导师,是挂在中学走廊里名人名言的"大胡子"。但是在当代青年人的话语体系中,马克思的形象却被颠覆和恶搞了。在很多年轻人的观念里,马克思就是同学们在微信朋友圈发的那些表情包。比如,长须茂盛如雄狮

5

般的马克思身着西式正装,目光如梭,表情坚毅,亮点是右手伸出两指,摆出"胜利"的姿态。有意思的是,这幅图片被很多人设置为微信个人头像……它喻义三个字:"你赢(很)了(二)"。再比如,马克思、恩格斯两人一前一后,恩格斯坐在马克思身后略高的位置,双眉紧锁,表情困惑,脱口而出:"你在写什么?"一旁的马克思目不斜视、奋笔疾书:"管他呢,写了又不是我背。"……又比如,马克思正气凛然,颇具领袖气派,且右臂伸直,指点江山,激扬文字,配字如下:"你们尽管背,考到了算我输!"如何避免将马克思神秘化和低俗化,还原一个真实、有血有肉的马克思,引导青年学生正确、全面地认识马克思,并信仰马克思主义,是"马克思主义基本原理概论"课程肩负的重要使命。本案例主要介绍马克思青年时期的成长经历、奋斗历程,更能引起处于青春时期的大学生的共鸣,更能让学生们感到马克思既不是远离他们"神一般的存在",也不是网络上"碎片化的存在",而是可亲、可敬、可学的榜样。

案例启思

1. 马克思是不是一个叛逆青年?他为什么会成为一个叛逆青年?
2. 马克思从一个叛逆青年转变为超级学霸的原因是什么?
3. 马克思的经历对当代青年人的成长有什么启示?

教学建议

本案例可以用来激发学生透过现象看本质,鼓励学生在人生的成长过程中重视内因的作用,同时也不能忽视外因和环境的变化,坚持青春理想,始终追求真理。

适用于导论"马克思主义的创立"部分的辅助教学。

案例三 人均预期寿命背后的"逻辑"

科学地预测人均寿命可以为卫生健康领域的长期规划和投入提供参考。

导 论

2018年10月,医学权威期刊《柳叶刀》(The Lancet)的一项研究预测,2040年,中国人均寿命将达到81.9岁。2018年8月,国家统计局在改革开放40年经济社会发展成就报告中发布了2017年中国人均预期寿命为76.7岁,相比1981年的67.8岁,在不到40年的时间提高了将近10岁。

而根据2016年10月中共中央、国务院发布的《"健康中国2030"规划纲要》中提出的目标,中国到2030年要实现人均预期寿命79岁。

中国预计进入第二梯队,西班牙第一

人均预期寿命反映了一个地方的健康水平及相关的社会经济、卫生医疗整体状况。《柳叶刀》这项预测研究由华盛顿大学健康计量与评估研究所的凯尔·福尔曼和多个机构的研究者根据2016年全球疾病负担相关研究数据,使用一种新的预测模型分析得出。这项研究表明,全球死亡率总体上将持续下降,预期寿命将提高,但提高速度不如以前。

根据性别的预测结果显示,全球男性2040年预期寿命将增加4.4岁,达到74.3岁,女性同样增加4.4岁,达到79.7岁。

这项新的预测模型是基于已知风险造成的死亡、风险因素无法解释与社会人口指数(SDI)等相关的死亡、每个地方的一些不能解释的潜在趋势等三个部分内容而建立的。研究者通过历史数据验证,这个模型优于过去常用的预测模型。

具体的预测结果显示,人均预期寿命最长的是西班牙,为85.8岁;其次是日本,为85.7岁;最短的是非洲东南部被南非领土环绕的国家莱索托,为57.3岁。其他预期寿命低于65岁的国家为中非共和国、索马里、津巴布韦,集中分布在撒哈拉以南的非洲。

包括中国在内的50多个国家和地区人均预期寿命将达到或超过80岁,处于第二梯队。除了西班牙和日本外,人均预期寿命将超过85岁的还有新加坡和瑞士,目前这四个国家处于第一梯队。

日本人的人均预期寿命已经连续20多年位居世界第一。对于西班牙在人均预期寿命排行榜上的崛起,其实早在2016年10月的《柳叶刀》的一项大型研究成果里就有了先兆。在这个根据2015年全球疾病负担调查相关数据所做的全球生命预期、死亡率研究中,2015全球疾病负担死亡率和死因项目协作组(GBD 2015 Mortality and Causes of Death Collaborators)就特别提到了西班牙的两种情况,一种是因中风导致的生命损失下降得超乎预期,另一种是因道路伤害造成的死亡显著下降。

据统计,2005—2015年,西班牙因道路伤害造成的死亡的情况减少了

43.8%。与西班牙类似,葡萄牙也下降了39.6%。因此,研究者认为,有证据表明,通过酒驾禁令、安全带法规、限速管理、开车禁用手机、强制性的头盔使用,以及保障道路平坦、道路交通人车分离等干预措施,可以把道路交通伤害致死的情况降低。同期中国的数据显示,2015年,因道路伤害所造成的生命损失,位列中国风险因素第三位,而中风、缺血性心脏病、肺癌造成的生命损失,则分列第一、第二、第四位。

而根据2040年的人均预期寿命情况,因道路交通造成的生命损失在250种被纳入统计的全球生命损失风险因素中仍将排第八位,比风险因素最高的癌症——肺癌还要高出一位。

一些慢性病的风险会快速上升

从全球导致生命损失的因素来看,2016年,艾滋病、早产儿并发症、疟疾等高风险因素到2040年有望下降,而慢性阻塞性肺疾病(COPD)、糖尿病、慢性肾病、老年痴呆症及肺癌、肝癌、结肠直肠癌等慢性病风险可能会快速上升,这将考验各地的卫生保健供给水平。

预计2040年影响寿命因素将排名前三的与2016年保持一致,分别为缺血性心脏病、中风、下呼吸道感染。对比2015年全球疾病负担调查相关数据研究成果,三者的风险位次十多年来也是相当稳定的。比如,缺血性心脏病在2005年、2015年均排第一位,下呼吸道感染在2005年、2015年分别排第二、第三位,而由于统计口径不太一致,此前所统计的脑血管病(Cerebrovascular disease)从2005年的第三位升至2015年第二位,因此,2016年及2040年的数据则将急性脑血管病——中风拎出来单独进行统计,且位列第二,显示其风险的突出性。

人口老龄化带来的问题

2018年6月《柳叶刀》发布了一份2016全球疾病负担医疗保健可及性与质量研究项目协作组(GBD 2016 Healthcare Access and Quality Collaborators)的成果。这项研究同样利用2016年全球疾病负担的相关数据展开分析。北欧的冰岛、挪威和荷兰排名前三。中国的医疗保健可及性和质量指数(HAQ)位列第48位。但从1990—2016年间的发展变化来看,中国取得了很大的进步。研究者认为,这种趋势能够反映出医疗体系结构、管理功能等的提升,以及根据医疗保健需求重新定位和整理资源方面的成功。但同时也指出中国地域间的差距太大。

此外,区分具体因素的结果显示,非黑色素瘤皮肤癌、中风、先天性心脏病、霍奇金淋巴瘤等，得分较低，尤其是中风、缺血性心脏病，作为高风险因素，HAQ 得分较低，说明相关医疗需求亟待满足。

对于中国，凯尔·福尔曼等还特别提到了人口老龄化带来的风险。根据性别呈现的中国不同年龄阶段的全因死亡率图表显示，过去（1990—2016 年）中国潜在死亡率的年度改变比率跟在大部分年龄群组中的总的死亡率是基本一样的。研究者分析，这既说明了风险因素所呈现出的网络效应，也显示出在中国过去所取得的成绩中，有选择性地干预并未产生大的作用。与此同时，面对 2040 年的预测，增加的潜在风险因素死亡率年度变化比率未来变得更快了，特别是对于成年人。这可能预示着风险因素将来会对中国总体死亡率的变化产生更大的影响。

案例出处

王江涛：《2040 年中国人均寿命将达 81.9 岁，人均预期寿命背后的"逻辑"》，《南方周末》，2018 年 10 月 27 日，https://xw.qq.com.（有改动）

案例解析

2019 年是中华人民共和国成立 70 周年。在这 70 年里，中国社会经历了翻天覆地的变化，尤其是改革开放以来，中国社会各方面都取得了令世界瞩目的成就，每一个中国人都能切身感受到改革开放带来的深刻变化，而人均寿命的增加只是众多变化中较小的一个方面。通过人均寿命的变化，以小见大，反映出中国所取得的巨大成就。人均寿命的增加，一些慢性病的风险快速上升、人口老龄化也带来了种种风险，这是中国在发展过程中所取得的成就和所遇到的问题并存的现实境况。我们应该坚持运用马克思主义的立场观点和方法，正确剖析所存在的问题和所面临的机遇，在不断解决实际问题的过程中发展中国特色社会主义。

马克思主义具有鲜明的科学性、革命性、实践性、人民性和发展性等特征，这些特征在中国几十年所取得的巨大成就中得到生动的体现。实践表明，只要我们在革命、建设和改革开放的实践中坚持马克思主义基本特征，就能够战胜困难、取得巨大成就。"导论"的教学任务之一是引导学生不断坚定"四个自信"。虽然中国在未来还会遇到各种困难，但是只要我们坚持党的领导，坚持改革开放，坚持四项基本原则，中国在未来一定可以继续取得更多更伟大的成就。当然，这些成就的取得，需要包括青年人在内的中国人的接力奋斗。作为医学专业的学生，努力承担起建设健康中国、幸福中国的重任，是我们需要不断思考、自觉践行的问题。

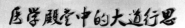

案例启思

1. 医学权威期刊《柳叶刀》（The Lancet）的一项研究预测，2040 年中国人均寿命将达 81.9 岁，原因是什么？

2. 为什么中国人的平均寿命会越来越长？影响中国人均寿命的因素有哪些？

教学建议

本案例通过对中国人均寿命的变化及影响因素的分析，从一个方面说明了中国社会所取得的长足发展，是我们坚持以马克思主义为指导并与中国实际相结合的产物。

可用于导论"马克思主义的鲜明特征"部分的辅助教学和相关内容考核。

案例四 资本主义的"病危书"

 案例

1867 年 4 月中旬的一天，在伦敦通往汉堡的航线上，狂风大作，呼啸的海风卷起汹涌的海浪拍击着轮船，船上的桌椅噔噔作响，马克思紧紧地靠在船舷上的栏杆，他晕船，但他还是和几个旅客聚在一起饮酒作乐，相谈甚欢，他感到在船上的生活相当有趣愉快。这也难怪，毕竟，在伦敦"离群独居"、闭关写作《资本论》（第一卷）接近 20 年后，他终于满意地将它交付出版。那一刻，如他自己形容的那样，"痛快得无以复加"，虽然他曾预言这部著作甚至不会给他带来写作时吸香烟的钱。

如果他能穿越到 2008 年 10 月 17 日法兰克福的一家书店——"卡尔·马克思书店"，他将不得不承认，对于这部鸿篇巨制的销量，他过于悲观了。因为这一天，《资本论》（第一卷）在这家书店宣告暂时脱销。就在 2008 年 9 月 14 日，美国第四大投资银行雷曼兄弟申请破产，前后仅半年时间，华尔街排名前五的投资银行垮掉了三家，新一轮世界经济危机由此拉开序幕。一个半世纪前出版的《资本论》再次成为人们寻找危机根源的指引，它揭示的资本主

导 论

义的经济运动规律仍然对当代资本主义有充分的解释力。事实上，据统计，《资本论》是除了《圣经》以外有史以来最畅销的书籍。联合国教科文组织将《资本论》（第一卷）列入《世界记忆名录》，这部著作属于"人类的记忆"。

《资本论》包含三卷，约230万字，这相当于今天一个人要完成20本中国社会科学类的博士学位论文，这部巨著从开始研究到完成撰写，马克思用了近半生的时间。马克思为何如此重视《资本论》呢？从理论角度看，历史唯物主义理论的建立和社会主义从空想到科学的发展需以政治经济学科学理论作为基础。在《资本论》完成以前，人类社会必然用社会主义代替资本主义这一结论都只被看作一种科学假说或者高尚的价值追求。为了使这一结论得到充分论证，必须对资本主义制度本身有深刻的理解。从社会现实角度看，为什么大多数人付出了艰辛的劳动，生活处境还是那么艰难？这个疑问盘桓在中学时就立志为人类幸福而工作的马克思心中，挥之不去。古典政治经济学认为，依靠"看不见的手"，人们就能过上美好的生活。启蒙运动主张要实现"自由、民主、平等"。但反观现实，那些都是别人家的美好生活，别人家的"自由、民主、平等"。那时的"别人家"，就是指当时的少部分人——资本家阶级。现实和理论出现了强烈的背离。

马克思在《资本论》中是如何揭露资本家剥削工人的奥秘的呢？在资本主义经济中，广大工人没有生产资料，可是每个人都得吃饭、穿衣，养家糊口以及向往过上美好的生活，于是，工人只有出卖自己的劳动力。而作为少数人的资产阶级，运用他们手中的资本，购买生产资料，雇用工人，进行生产。马克思认为，资本家攫取了剩余价值，积累了财富，而工人阶级积累了贫困，这是资本主义经济危机周期性爆发的原因，工人越来越贫困，造成相对需求不足，或者说供给相对过剩。马克思认为，商品生产出来还不能成为到手的利润，要变成真金白银，还需要卖得出去。按照这种工人越来越贫困的趋势推算，商品总是会出现相对过剩的，因此马克思把商品出售环节称为"惊险的跳跃"。资本家为了抵御这一"惊险的跳跃"的风险，引入了消费信贷，通过在消费领域的扩张，将原来已经分配给劳动者的由劳动者自己争取而来的剩余价值又吸收回去了，劳动者好不容易分享到劳动成果，瞬间在高昂的物价和贷款利息面前消失殆尽。

资本有它天使的一面，也有魔鬼的一面。资本的天使的一面，使人类社会能冲破落后的封建社会的枷锁；资本的魔鬼的一面，则使它成为自己的枷锁。所以，资本主义社会不是从来就有的，也不会永远持续下去。这是马克思给资本主义社会下的"病危通知书"。

经过一个半世纪以后，资本主义依然存在，于是，一些人对《资本论》

11

的科学性产生了疑问。马克思是个预言家，他预言的是资本主义的历史趋势和未来走向，可他不是算命先生，不可能为资本主义的终日确定一个时间表。实际上，资本主义一个半世纪以来发生了很多变化，例如引入"看得见的手"，进行股权分享，实行高福利政策，可以说，《资本论》中描述的那种资本主义的丧钟即将敲响。只不过通过各种修正手段，资本主义试图自我修复，但每一次修复都更加说明了资本主义社会距离《资本论》中所描述的资本主义 1.0 版本越来越远了。

案例出处

肖鹏：《马克思的 20 个瞬间》，上海人民出版社 2018 版，第 172–183 页。（有改动）

案例解析

"诊断"是医学生较为熟悉的概念。他们"诊断"的对象都是人。但是如果社会"病"了，该如何"诊断"呢？谁曾经准确地诊断出社会的病因呢？马克思就是一位"诊断"社会的大师。《资本论》是马克思耗尽毕生精力创作的鸿篇巨制。它以剩余价值为中心，深刻揭示了资本主义生产关系的本质和资本主义生产方式的运动规律，对资本主义进行了科学的"诊断"，科学地论证了资本主义社会必然灭亡，社会主义必然胜利的历史趋势。同时，给资本主义下达了"病危通知书"。虽然，当前资本主义国家还展现出"欣欣向荣"的景象，资产阶级也在不断运用科学、不断调整生产方式，努力适应生产力的发展，但是它无法克服其本身所具有的缺陷，必然走向灭亡。同时，以中国为代表的社会主义国家正展现出优越性，不断超越资本主义。通过导论部分的学习，引导学生正确认识社会发展规律和趋势，不被当前的现象所迷惑，增强对中国特色社会主义的信心，积极投身社会主义现代化建设。

案例启思

1. 马克思通过什么样的"诊断"给资本主义社会下了"病危通知书"？
2. 《资本论》的当代价值是什么？

教学建议

本案例通过对《资本论》主要内容的介绍，阐释马克思主义的当代价值，并引导学生更加全面地认识马克思主义。

可用于导论"马克思主义的当代价值"部分的辅助教学和相关内容考核。

第一章 世界的物质性及发展规律

▶ 案例一 艾滋病的最强科普

 案例

2018年12月1日是第31个"世界艾滋病日",主题被确定为"知晓自己的HIV感染状况"。

自1988年以来,全球艾滋病防治工作取得了重大进展。截至2017年年底,有3/4的艾滋病病毒感染者知晓自己的艾滋病病毒感染状况。我国艾滋病全人群感染率约为万分之九,参照国际标准,与其他国家相比,我国艾滋病疫情处于低流行水平。但由于我国人口基数大,尽管感染率不高,感染的绝对数仍然很大。据中国疾病预防控制中心、联合国艾滋病规划署、世界卫生组织联合评估,截至2018年年底,我国估计存活艾滋病病毒感染者约125万,估计新发感染者每年8万例左右。

那么,艾滋病究竟从何而来?为什么难以治愈?

猩猩把艾滋病病毒传染给了人类

在20世纪70年代末期,美国疾病控制中心在洛杉矶发现一种奇怪的病:患者全身免疫系统几近崩溃,还会感染其他各种不同寻常的疾病。更可怕的是,所有的医疗手段都无济于事,治愈率为零!随后,人们发现得病的人越来越多,而且患者有一个共同点——都是男同性恋者,因此,有些研究者直接将这种病叫作"男性同性恋者免疫缺陷症"。

然而,随着时间的推移,一些女性、异性恋男性、血友病患者、用注射器

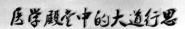

吸毒的瘾君子，甚至儿童也得了这种病。1982年，这种病被美国疾病控制中心命名为"获得性免疫缺陷综合征"，即艾滋病。

想要根治顽疾，必须从它的源头入手。于是，美国疾病控制中心组织了一支由癌症专家、寄生虫病专家、病毒学家和社会学家等组成的强大阵容。他们通过多地多种取样、分析和研究，推算出一种"类艾滋病病毒"，该病毒最早于1908年出现在猴子和猩猩身上。1930年前后，由猩猩传染给了人类。猩猩和猴子具有较强的免疫能力，30%～70%的猴子被"类艾滋病病毒"感染后只是携带病毒，并不发病。该病毒一旦进入人体，就会肆无忌惮地在人体内攻城略地，逐渐进化成人类艾滋病病毒，在医疗不发达的年代，人类一旦被感染，就相当于被宣判了"死刑"。

那么，艾滋病是如何迅速传播的？"针具污染"是其中一个重要原因。虽然自20世纪50年代起廉价的、不需消毒的一次性塑料注射器就开始在医药卫生领域大范围应用，但是，在经济欠发达的非洲，一支注射器可能会被使用上千次，造成病毒在人群之间快速传播。

20世纪60年代，艾滋病病毒逐渐通过加勒比海地区传到美国东部、东南部，进而传到欧洲和亚洲。现在，全世界都深陷其中。

这种病毒有多可怕！

2002年，研究艾滋病的权威期刊AIDS报道，在未使用抗反转录病毒药物治疗的情况下，一位感染者从正式进入"艾滋病发病期"算起，存活的时间仅有9.2个月。感染者的无症状期持续的时间可长可短，短则为2年，长则可达20年，这一时间的长短与感染途径密切相关。一般情况下，经血感染者为4～5年，性交感染一般为11～13年。如果一个感染者的无症状期能达到13年，就可以被称为"长期生存者"了。

目前，在全世界范围内仍缺乏根治HIV感染的有效药物。现阶段的治疗目标是：①最大限度和持久地降低病毒载量；②获得免疫功能重建和维持免疫功能；③提高生活质量；④降低HIV相关的发病率和死亡率。也就是说，以目前的医疗水平，艾滋病只能控制，不能治愈。

有个问题需要注意：HIV（人类免疫缺陷病毒）与AIDS（获得性免疫缺陷综合征）不是一回事。HIV是一种病毒，AIDS是一种病症。一个人感染了HIV病毒不一定马上发病，发病之后，才能说这个人患上了艾滋病。

目前，感染人类HIV可以大致分为两型：在基因构成方面，HIV-1与黑猩猩的免疫缺陷病毒（SIVcpz）非常接近；HIV-2与乌色白眉猴的免疫缺陷病毒（SIVsm）非常接近。这也印证了艾滋病病毒最初来源于灵长类动物的研

第一章 世界的物质性及发展规律

究结果。两型的主要区别在于 HIV-1 比较普遍，目前大部分感染者都是 HIV-1 型。HIV-2 则主要集中在西非区域。此外，HIV-2 型的病情发展较 HIV-1 型缓慢很多。

当感染者体内的免疫细胞已无法与 HIV 抗衡时，就标志着进入 HIV 感染的最后阶段，称"有症状期"。这时，感染者才成了艾滋病（AIDS）患者，他们的免疫系统被侵蚀到几近崩溃，一些普通病都可能要了艾滋病患者的命。

2011 年 2 月，一位中年男性因咽痛、咯血、发热及呼吸困难入院，临床考虑为肺部感染，但最终被确认为 HIV 抗体阴性艾滋病合半 KS（卡波西肉瘤），因病情已进展到艾滋病终末期，该男子在确诊两周后死亡。

奇迹：被治愈的"柏林病人"

不过，有一个艾滋病患者被治好了，全世界仅此一例！这个幸运儿就是美国的蒂莫西·布朗，因为居住在柏林，他被称为"柏林病人"。布朗很倒霉，先后得了艾滋病和白血病，身体每况愈下，几乎到了死亡边缘。然而，就在生命即将"触底"的时候，他遇到了救星——胡特医生，在这名专攻血液病的医生的建议下，布朗决定先治白血病。2007 年 2 月，他接受了骨髓移植。结果，骨髓移植不仅治好了他的白血病，也治愈了他的艾滋病！并且，经过 3 年多的临床观察，他体内再也找不到艾滋病病毒。原来，捐献者骨髓里的 CCR5 变异基因能抵御艾滋病病毒！据以往的研究发现，这种变异基因只存在于少数北欧人体内。此后，医院又找到 6 名同时患有艾滋病和白血病的患者，并按照相同步骤为他们移植了带有变异基因的骨髓。然而，都没成功，这 6 名患者要么死于白血病，要么死于干细胞移植引起的并发症，相同点是，艾滋病病毒仍留在体内。因此，布朗仍是世界上第一位，也是目前唯一一位被治愈的艾滋病患者。

2012 年 7 月，在美国华盛顿召开的世界艾滋病大会上，布朗宣布建立以其名字命名的基金会，与全世界的研究机构一起探寻 HIV 的最终治愈方法。

一旦患病，终身治疗

虽然艾滋病不能治愈，但是可以在感染初期迅速服药阻断 HIV 病毒复制。在发生了高危行为（无套性行为或共用针头、针管等）之后，服用"HIV 阻断药"可防止 HIV 病毒扩散，服用时间以 72 小时为临界点，越早越好。发病后，大部分艾滋病患者都需要接受药物治疗。2017 年的最新报告称，目前临床通行的艾滋病治疗方法是"抗反转录病毒疗法"（ART）。这种疗法可以把患者体内的病毒减少到与常人无异的程度，但是无法完全清除，一旦患者停止接受治疗，病毒就会重新疯狂复制。也就是说，艾滋病患者必须终身治疗，按时按量服药。

目前，我国疾病预防控制中心免费为艾滋病患者提供抗反转录病毒药物。截至2017年上半年，全球有2090万艾滋病感染患者获得抗反转录病毒药物治疗。近6年的统计数据显示，全世界新的HIV感染病例数下降了16%，同期的致死病例人数下降了32%。

案例出处

《这是关于艾滋病的最强科普!》，《人民日报》微信公众号，2018年12月1日，http://www.jintiankansha.me/t/T7MzQOaqBP。（有改动）

案例解析

伴随着人类对艾滋病研究的不断推进，人类对艾滋病的认识越来越深刻。面对艾滋病的出现和传染，人类并未消极回避，而是主动出击，积极开展对艾滋病的科学研究，发现了艾滋病病毒的来源和传播方式。在此基础上，人类发挥主观能动性，研制相关药物控制艾滋病。分析艾滋病研究发展史，可以帮助医学生理解物质与意识辩证关系的哲学原理。

马克思主义基本原理认为，物质决定意识，意识对物质具有能动的反作用。一方面，物质决定意识。结合案例，可以从以下三个方面来把握：第一，物质第一性，意识第二性。艾滋病的研究进展情况证明，在艾滋病研究以前，艾滋病事实早已存在，而研究只是在客观事实发展到一定阶段才开始逐渐展开的。第二，意识是对物质的客观反映。关于艾滋病研究的进展是建立在对艾滋病客观情况全面掌握的基础上的，大脑不会自行产生艾滋病治疗方案和研究方案。第三，更突出地表现为意识能够反作用于客观事物。在艾滋病研究的实践活动中，人们总是通过已有的经验和研究进展去展开艾滋病治疗和研究的活动，并不断推动艾滋病研究和治疗的发展，以期早日研究出治愈艾滋病的治疗方案。另一方面，意识对物质具有能动作用。首先表现为意识能够正确地反映客观事物，它不仅能够反映事物的外部现象，而且能够正确地反映事物的本质和规律。正确认识和把握物质与意识的辩证关系，还需要处理好主观能动性和客观规律性的关系，体现在本案例中就是一要尊重艾滋病的发病和传染的机制，二要通过人们深入实际调查研究、积极开展科研工作，提出切实可行的科学方案和正确举措，有效防止艾滋病的蔓延。

第一章 世界的物质性及发展规律

案例启思

1. 人们所经历的从发现艾滋病到对艾滋病深入了解的过程，说明了什么哲学原理？
2. 如何在学习和生活实践中坚持主观能动性与客观规律性的辩证统一？

教学建议

本案例通过对艾滋病的一些科普知识的介绍，帮助医学生学习物质决定意识、意识对物质具有能动反作用、主观能动性与客观规律性相统一等哲学原理。

可用于第一章第一节"物质与意识的辩证关系"部分的辅助教学和相关内容考核。

案例二　中国第一家医学院

 案例

1859 年 1 月，广州博济医院开张，前来就医者挤破门槛。鉴于医院业务急剧扩展，嘉约翰（编者注：传教士）一边着手扩建医院，一边筹划建立医学院校。1861 年和 1863 年，嘉约翰通过广州博济医院招收了两届学徒进行培训，已经具备开办医学班的条件。1865 年，嘉约翰成立一家附属医院的医学堂，首届招生 8 人，由嘉约翰执教，俗称"博济医学堂"。正是这家博济医学堂，开启中国西医学校教育之先河。医学堂初创时专收男生，不招收女生。

根据嘉约翰的安排，他本人教授药物学和化学，黄宽担任解剖学、生理学和外科学课程的老师，关韬教授中医学课程并指导临床实践。教学方式仍是师带徒式，但以汉语教学为主、英语为辅，课程亦围绕英美医学课程设计，学制 3 年。具体的学习方式为：逢周三、周六由教师进行课题讲授；周一、周五全体学生出门诊，学习诊治；周二、周四则在手术室学习做手术。

博济医学堂作为中国最早的西医学校，有两大特色：一是采用汉语教学，这在以后的传教士所办的医学校中并不多见。嘉约翰认为，如果只用西方语言

17

作为唯一的教学语言，就只能影响掌握外语的少数人。医学知识不应局限于满足小范围人群的需要，而要呈现给更多的人，适应中国现实的需要。嘉约翰还认为，教一名不懂英文的人，要比教十个使用英语的学生发挥的现实作用更大。博济医学堂在招收学生时，要求具备一定的文化基础和在一定年龄范围内，倘若把英语水平纳入招生要求，那就很难招到学生。嘉约翰的所想所做，其实是符合当时中国的社会环境的。事实证明，博济医学堂的汉语教学和非英语水平的招生要求扩大了医学院校和西医的影响力。二是开始使用教科书。学校教学首先需要解决教科书的问题，可是当时中国没有可用的西医教科书，唯一可行的办法就是把西方医学著作翻译成中文，在这一方面，英国传教士合信的成就最为突出。1839 年，从伦敦大学医学院毕业 4 年后的合信被伦敦教会派往中国传教。1843 年，合信在广州创办惠爱医馆，施医舍药。在广州期间，他用中文撰写了《博物新编》，介绍西方自然科学知识，还著有介绍人体生理学和人体解剖学的《全体新论》。1856 年，第二次鸦片战争爆发，惠爱医馆被民众焚毁，同时合信逃亡上海避难。此后在上海生活期间，他专注于翻译英文科技书籍，其中以西医书籍最多。他与管嗣复先后编译了《西医略论》《妇婴新说》《内科新说》等医学书籍，交由上海墨海书馆出版。在嘉约翰的请求下，1865 年，合信授权嘉约翰使用他所编译的一系列医学书籍作为医学校的教材，这对于博济医学堂和嘉约翰来说无疑是巨大喜讯，因为这解决了医学校缺乏中文教材的窘境。随着教学的进一步深入，合信译著作为介绍性的普及读物略显浅显，无法满足学校的需求，于是嘉约翰召集中外助手，翻译了大量新的西方医学教材，并根据医学实践中的病例和治疗方案自编教材，总数达 34 种。其中代表性的有 1870 年出版的《化学初阶》第一、二卷；1871 年出版的《西药略释》；1872 年出版的《化学初阶》第三卷，《裹扎新编》（1875 年修订后再版），《花柳指迷》；1873 年出版的《溺水救生》《皮肤新篇》《内科阐微》；1875 年出版的《化学初阶》第四卷。这些教材内容涉及非常广泛，既有医学基础理论，也有根据广东地区临床医疗总结的治法，尤其对广东地区常见的眼科、皮肤科、儿科以及结石等疾病的治疗方面进行了细致的总结。上述教材的应用，从另一方面也反映了当时医学校在教育方面所达到的水准。到 1870 年，博济医学堂的教育已经初显成效，一些学生基本可以在医院单独做外科手术。毕业后的学生大多在广东本省开业行医，他们也取得了当地民众的信任。

　　有人提出，博济医学堂起初并不是一所学校，因为它并没有注册，只是一个培训班。且不说晚清时期中国不存在所谓的"学校注册"制度，即使存在，是否注册也不应该作为判断学校与培训班的唯一标准。在民国时期，大名鼎鼎的上海圣约翰大学就一直没有在国民政府相关部门注册过。1879 年，医学堂从博济医院分离出来，正式更名为"南华医学校"，并于同年首次招收女生入学，学制 3 年，学生学习期满后进行临床实习。由于上学要交学费，使得学生人数有所减少，但达到了提高教学质量的效果。

1886 年，孙中山以"逸仙"之名在南华医学校读书，住在哥利堂 10 号宿舍，"竹床瓦枕，随遇而安"，时年孙中山仅 20 岁。当时全班有男生 12 人，女生 4 人，所开设的课程有"全体新论""化学摘要""内科全书""割症全书""妇科精蕴""皮肤新编""眼科撮要""儿科全书"等，孙中山的学习成绩在班里名列前茅，他给同学的印象是"聪明过人，记忆力极强，无事不言不笑，有事则议论滔滔，九流三教，皆可共语"。虽然在这里学习的时间仅仅只有一年（后转至香港西医书院），但是孙中山给嘉约翰提了几个建议，如撤去科室里男女同学座位之间的帷幔，同时要求允许男生参加妇科的临床实习，理由是"男医生以后也会遇到妇科病人"。在嘉约翰看来，这些措施本来就是为适应中国"男女授受不亲"的礼教而设的，在他的祖国并无此规定，因此欣然接受了孙中山的建议。

以教会医院为依托，医生兼授生徒、医院兼办学校的做法被广为接受并延续下来，成为中国近代实用性很强的西医教育办学模式。但是，在近代西医教育发展史上，这种办学模式顶多算是西医教育的中级阶段，高等西医院校的创办才标志着西医教育高级阶段的真正到来。

案例出处

亓曙冬：《西医东渐史话》，中国中医药出版社 2016 年版，第 75 - 79 页。（有改动）

案例解析

嘉约翰对中国现代医学及教育的发展有重要的贡献，1859 年他在"广州眼科医局"基础上创建"博济医院"，并将其打造为 19 世纪下半叶亚洲最著名的综合性教会医院。1866 年他在博济医院创办中国第一所西医学校——博济医校，学制 3 年。1879 年正式定名为南华医学校。1886 年 20 岁的孙中山以"逸仙"之名入读南华医学校，成为嘉约翰的学生。1949 年后与其他医学院校合并成立中山医学院，后更名中山医科大学，此后又与中山大学合并，改名中山大学中山医学院。根据《博济医院百年》中的《医学堂学生名录》，至 1913 年，共有 202 人入读医学校。截至 1935 年，编译出版的教学书籍中文医学出版物有 45 种。1886 年他参与创建中国第一个医学社团——"中国医学传

教士联合会"（中文名称为"博医会"），任首任会长和会刊《博医传报》主编。1898年，他独立出资创办亚洲第一家精神病医院——广州惠爱医院（芳村精神病医院和广州脑科医院前身），其去世后由其夫人管理至1926年，后由国民政府收为国有。嘉约翰在广州行医半个世纪，据记载他为病人施行了48918例手术，医治的病人有数十万。

嘉约翰成功创办博济医学堂，说明他的大作为无意识地体现了马克思主义的实践观。马克思主义认为："全部社会生活在本质上是实践的。"① 从实践出发理解社会生活的本质要把握两个大的方面：一方面，实践是使物质世界分化为自然界与人类社会的历史前提，又是使自然界与人类社会统一起来的现实基础。在与自然打交道的过程中，人类形成了特有的活动方式，即劳动。劳动是人类的存在方式，也是人类社会存在与发展的基础。劳动方式的差异也造成了社会关系、生活方式、社会意识、上层建筑等方面的差异。如近代社会中西方生产力发展水平的差异导致了中西方科学技术、生产方式、生活方式、社会结构、文化形式等差异，西学东渐的过程不可避免受到各方面差异的影响。嘉约翰在创办博济医学堂的过程中正视了中西历史文化、经济发展、社会关系等方面的差异，因地制宜采取一些本土化的政策，如用汉语讲授、采用汉语教材，并根据在当地的医学实践自编教材使自己的创办得以成功。另一方面，实践是人类社会的基础，是理解和解释一切社会现象的钥匙。马克思主义确认社会生活在本质上是实践的，也就是从实践出发去理解社会，把社会生活"当作实践去理解"。社会生活是对人们各种社会活动的总称。社会生活的实践性主要体现在：第一，实践是社会关系形成的基础，实践以浓缩的形式包含着全部社会关系，成为社会关系的发源地；第二，实践形成了社会生活的基本领域，即社会的物质生活、政治生活和精神生活领域；第三，实践构成了社会发展的动力，改造社会的实践推动着社会历史的变迁和进步。西医学的传播有多种途径，而兴办医学教育是其中最重要的方式。近代由于西学的倡导，西医教育在中国起步并发展起来，改变了传统医学师徒传承的传播方式，对中国近代医学产生了深远的意义。嘉约翰创办的中国第一所真正意义上的西医学堂，撤去其宗教因素，对中国近代医学的产生与发展具有划时代的意义。

案例启思

1. 博济医学堂的建立开启中国西医学校教育之先河，为什么它出现在广州？

---

① 《马克思恩格斯文集》第1卷，人民出版社2009版，第501页。

第一章 世界的物质性及发展规律

2. 孙中山向嘉约翰提出的建议有何历史意义？
3. 如何评价博济医学堂在中国西医发展史上的地位和作用？

教学建议

博济医学堂的发展历史是西医教学在近代中国的发展状况的缩影。通过对本案例的解析，可以引导学生运用马克思主义实践观去认识中国医学的发展进程。

可用于第一章第一节"实践是自然存在与社会存在区分和统一的基础"部分的辅助教学与相关内容考核。

▶ 案例三 悬壶济世，德满杏林

"杏林"一词是中医界常用的词汇，医家也以"杏林中人"自居。人们称颂医术高明的医生，也用"杏林春满"或"誉满杏林"。"杏林"一词典出汉末闽籍医生董奉，"杏林春满"原意是指董奉宅旁的杏林一片春色。

董奉是谁呢？他是三国时期吴国的名医。他住在庐山，免费为乡亲们治病。不论是达官贵人还是平民百姓，他都一视同仁。他不仅医德好，而且医术高明。无论什么疑难病症，他都手到病除。他的医术之高常常让人惊叹。当时有一位名叫士燮的左将军，突发重病，一时间不能行动，也不能说话，可把他的家人急坏了。当他们听说董奉的医术很高明时，就立马带着士燮去向董奉求救。董奉看过患者后，神色平静，只是说无妨，随后仅仅给了一丸药。士燮服下后，仅过半日，就能坐起来了。四天后，士燮就能说话了。士燮和他的家人不禁对董奉的医术称奇。

此外，董奉不仅救治了很多患者，更多次使患者起死回生。很多患者为了感谢他，不惜以千金相赠，但他都婉言谢绝了。医生看病，追求的不是钱财，不是积累下多少金银和田地，他只需维持简约而清淡的生活便可。治病救人，是董奉的理想。可如果这样，似乎又有些欠缺，病人被治好后，就悄然走了，他的事业似乎看不到痕迹。

于是，董奉想到一个绝妙的办法，他对患者说，到我这里看病不用钱，你们也不用挂念，这样吧，一旦病愈，就在我诊所门口那片空地上种几棵杏树，大病种五棵，小病种一棵。

董奉的话说出去没几天，他的诊所门前开阔的空地上，渐渐有了几棵杏树的影子。很快，越来越多的人扛着树苗过来，他们觉得一定要种好，让杏树在董奉的诊所前茁壮成长，以表示他们的感激之情。杏树越来越多了，开始是几行，然后是一片小树林，再接着小树林又壮大起来。董奉每天早晨起来都会走进这片杏林里，静立在晨曦初降的树旁，看着树叶上珍珠般的露水，他觉得这就是他的事业，他活着，每一天都在创造价值，他感受到了生命的活力。于是他朝气蓬勃地从杏林返回，新的一天，又该有多少病人在等候他。

一天又一天，一月又一月，你可以想象，董奉治好了多少人呀。十几年过去了，诊所前的那片空地成了一片庞大的杏林，风一吹过，树叶随风摇曳。这片杏林，成了当地最美的风景。董奉在杏林中间盖了一间草房，并住在草屋里。夜晚，他看见月光在杏树的枝丫间穿梭，像银亮的琴弦。雨天，他坐在草屋里，听雨打杏叶，风吹过去，风雨就在一片翠色中交织成歌。而春天呢，那是最好的时刻，多么盛大的花市啊！十万朵杏花吐露的芬芳，十万朵杏花点亮的春天，让董奉的内心每天都充盈着幸福，他成为最富足的人了。

但董奉的心愿并未止于此，就像十万棵杏树并不只是风景一样，它们还结出满树的杏子。那么多杏子，怎么处理呢？一家人是吃不完的，送给街坊邻居、亲戚朋友也吃不完。有一天，董奉对所有认识的人说，树上的杏子结得那么好，你们想要的就去摘吧，不过摘一盆杏子，你们往我的米仓里倒一盆米。

入秋后，杏子黄了，有很多人去摘杏林里的杏子，董奉并不过问这事，他还是忙着给人治病。摘了杏子的人都自觉地把米倒入董奉家的米仓。没过多久，董奉的米仓就有了几万担大米，白花花的米，像一座山。正在人们疑惑时，董奉觉得时机到了，他适时将米仓打开，把所有粮食都分发给饥肠辘辘的穷人。一年又一年，在凉秋，在寒冬，杏林旁的米仓都会适时打开，不知有多少人受到董奉的接济。

案例出处

魏则胜：《职业道德理论与实践》，中山大学出版社2017年版，第132-133页。（有改动）

案例解析

"悬壶济世、德满杏林"是每一个医者职业生涯的理想追求。在医患关系

第一章 世界的物质性及发展规律

较为严重、医生形象受损的今天，如何引导医学生树立正确的职业道德，真正做到治病救人，即使在面对错综复杂的现实环境时，依然能够坚守自己的职业理想和职业道德，是医学院校在培养医学生时需要首先思考的问题。思想政治理论课教师应引导医学生运用马克思主义基本原理分析自己面临的困惑，鼓励他们坚持理想，将大有裨益。

董奉秉仁心仁术为一体。他医术高超，悬壶济世，治病救人，无论是达官贵人还是平民百姓，他都一视同仁。他医德高尚，在个人生活上简单素朴，对待患者却慷慨大方，行医只为治病救人，不为私利，患者为表达感激之情想要赠送财物也被一一拒绝。后来董奉想到更好的办法，既能领患者的感激之情，又能让馈赠之物实现更大的社会价值，于是，他让患者栽种杏树、摘杏补米，开仓助人，之后杏林春满，誉满天下，而董奉的仁者之心也得到传承，杏林也成为医者本分、仁心仁术、尚德济世的文化符号。董奉悬壶济世、治病救人的智慧之举正是事物普遍联系和永恒发展原理的具体体现。

马克思主义哲学告诉我们，事物是普遍联系的，世界上的一切事物都与周围其他事物有着这样或那样的联系，整个世界是相互联系的整体，事物之间以及事物内部各要素之间相互影响、相互制约、相互作用。这就要求我们面对现实问题时，要善于用联系和发展的观点看问题、办事情，分析事物之间相互影响、相互制约的具体关系，善于运用客观事物之间的客观联系促进事物的良性发展。我们医学生毕业后也会从事医疗卫生行业，想问题办事情也要坚持联系和发展的观点，并且自觉培养高尚的职业道德，做好本职工作的同时将个人价值和社会价值结合起来，为社会做出更大的贡献。

案例启思

1. 董奉的杏林茂盛的原因是什么？
2. 杏林里结满了杏子后，董奉是怎么处理的？大米满仓后，他又是如何处理的？
3. 他的处理方式的变化说明了什么？

教学建议

本案例通过董奉让患者栽种杏树、摘杏补米、开仓助人的行为，说明事物是联系和发展的，矛盾具有普遍性和特殊性等哲学原理，并激发学生坚持高尚的职业道德，追求个人理想和社会贡献的辩证统一。

可用于第一章第二节"事物的联系和发展"部分的辅助教学和相关内容考核。

案例四 违法代购，检方为何不起诉

案例

在电影圈，如果没有挺直腰板的硬气，还真没有哪部电影敢在公映前做大规模点映。因为这毕竟是一锤子买卖，好不好，观众说了算。

电影《我不是药神》却做了。

观众也给出了答案，截至 2018 年 7 月 4 日上午 11 点，淘票票官方数据显示，《我不是药神》点映票房已经突破了 1.2 亿，累计观影人次破 150 万。应观众的呼声，影片的公映日已从 7 月 6 日提前至 7 月 5 日。

《我不是药神》取材于真实的故事，电影主人公"程勇"的原型是陆某，是无锡××针织品有限公司和无锡××国际贸易公司法定代表人。已经 50 岁的他，还有一个头衔——印度抗癌药代购第一人。

其实，陆某对电影的改编并不满意，他不想让外界以为他是为了钱做这件事。在电影首映典礼上，徐峥宽慰陆某说："这部电影小人物的部分属于我，英雄的部分属于你。"

2014 年 7 月 21 日，沅江市检察院以"妨害信用卡"和"销售假药"为罪名，将陆某公诉至沅江市法院。陆某案对于中国法学界来说，也是一个"不同意义"的存在。

"法律也是可以有温情的，冷冰冰的永远只是法律的机械执行者。"2018 年 7 月 4 日，长期关注陆某案的清华大学法学院教授劳东燕告诉上游新闻记者，陆某案给了人们四点启示：体系化的思考有助于提高刑法适用的质量，刑法解释中不可固守先前理解，刑法解释不应回避实质的价值判断，有必要通过灵活运用解释技术来拉近刑法解释中的应然与实然。

对于慢性粒细胞白血病患者来说，"药不能停"这四个字是他们真实的写照。

2002 年，34 岁的陆某被确诊为慢性粒细胞白血病，吃了两年的瑞士抗癌药"格列卫"。"格列卫"23500 元一盒，平均一粒药 200 元。慢性粒细胞白血病患者笑称，每吞下一粒药，都是在吞钱。

第一章 世界的物质性及发展规律

媒体报道称，陆某有一个慢性粒细胞白血病病友的 QQ 群，里面有上百人，只有他和另一个经商的老板能勉强吃得起"格列卫"，天南海北的人在网络空间诉说着各自的遭遇和绝望，每过一段时间，有些人的 QQ 头像就再也不亮了——人病逝了。

陆某前前后后为购买"格列卫"花了 56.4 万元。不堪重负的他改用印度仿制药，价格仅是瑞士药的二十分之一。陆某后来将印度仿制药又推荐给其他病友，还帮忙代购。

上游新闻记者从湖南省沅江市人民检察院沅检公刑不诉〔2015〕1 号不起诉决定书中看到，2004 年 9 月，陆某通过他人从日本购买的由印度生产的同类药品，每盒价格为 4000 元。陆某使用药品说明书中提供的联系方式，直接联系了印度抗癌药物的经销商印度赛诺公司，开始直接从印度赛诺公司购买抗癌药物。陆某服用一段时间后，觉得印度同类药物疗效好、价格便宜，便通过网络 QQ 群等方式向病友推荐。网络 QQ 群的病友也加入向印度赛诺公司购买该药品的行列。陆某及病友通过国际汇款方式向印度赛诺公司支付购药款。

在此过程中，陆某还利用其懂英文的特长免费为白血病等癌症患者翻译与印度赛诺公司的往来电子邮件等资料。随着病友间的传播，从印度赛诺公司购买该抗癌药品的中国白血病患者逐渐增多，药品价格逐渐降低，直至每盒价格200 余元。

由于支付购药款时，既要先把人民币换成美元，又要使用英文，程序烦琐，操作难度大，因此求药的患者向印度赛诺公司提出在中国开设账号以便于付款的要求。2013 年 3 月，经印度赛诺公司与陆某商谈，由陆某在中国国内设立银行账户，接收患者的购药款，并定期将购药款转账到印度赛诺公司指定的户名为张某霞的中国国内银行账户，在陆某统计好各病友具体的购药数量告知印度赛诺公司后，再由印度赛诺公司直接将药品邮寄给患者。印度赛诺公司承诺对提供账号的病友免费供应药品。

陆某在 QQ 病友群里发布了印度赛诺公司的想法，云南籍白血病患者罗某春即与陆某联系，愿意提供本人及其妻子杨某英的银行账号，以换取免费药品。陆某通过网银 U 盾使用管理罗某春提供的账号，在病友向该账号支付购药款后，将购药款转至张某霞账户，通知印度赛诺公司向病友寄送药品，免除了购药的病友换汇、翻译等以往一些烦琐操作。

但是在使用罗某春、杨某英账号支付购药款一段时间后，由于银行卡的交易额太大，有可能导致被怀疑为洗钱，于是罗某春不愿再将其银行账号提供给印度赛诺公司使用。

2013 年 8 月，陆某通过淘宝网购买了 3 张用他人身份信息开设的银行卡，但仅有一张户名为夏某雨的银行卡可以使用。陆某又通过该账号，将病友购药款转账到印度赛诺公司指定的张某霞账户。

经司法机关查明，共有21名白血病患者先后通过罗某春、杨某英、夏某雨这3个银行账户向印度赛诺公司购买了价值约12万元的10余种抗癌药品。陆某为病友们提供的帮助全部是无偿的。在所购买的10余种抗癌药品，有"VEENAT100""IMATINIB400""IMATINIB100"3种药品是未经我国批准进口的药品。

根据《中华人民共和国药品管理法》规定，进口药需要经过临床监测，还需有药品进口注册证。因此，陆某代购的这些印度仿制药，即使在印度是合法生产的，疗效也得到了患者的认可，但是在中国它仍属于假药之列。

2013年8月下旬，湖南省沅江市公安局在查办网络银行卡贩卖团伙时，将曾购买信用卡的陆某抓获，陆某因涉嫌妨害信用卡管理罪和销售假药罪被捕。

2014年3月19日，陆某被取保候审。7月21日，沅江市检察院以妨害信用卡管理罪和销售假药罪对陆某提起公诉。

2014年11月28日，湖南沅江市法院对该案开庭，陆某因身体不适、需住院检查，向法院提请延期。

2015年1月10日晚6点30分，陆某和朋友一行3人从无锡飞抵北京，"我们在机场走着走着，发现陆某没有跟上来，再一看他被警方带走了"。与陆某同行的一名朋友回忆称，机场警方带走陆某的原因是"网上追逃"。

陆某的律师还记得，追逃机关是湖南省沅江市公安局，北京警方是协助。

此后，有300多名白血病病友联名写信，请求司法机关对陆某免予刑事处罚。

在电影《我不是药神》里，有这样一个桥段，患病老奶奶在与警察对峙时道出了一种绝望："4万一瓶的正规药，我吃了3年，房子吃没了，家人吃垮了，我只想活命……谁家里还没个病人，你就能保证一辈子不生病？"

此后，沅江市人民检察院对陆某妨害信用卡管理和销售假药案做出不起诉的决定，释法说理书显示，检方不起诉有三点原因，其中最关键的一点是，如果认定陆某的行为构成犯罪，将背离刑事司法应有的价值观。陆某的行为源于自己是白血病患者而寻求维持生命的药品。陆某所帮助买药的群体全是白血病患者，没有为营利而从事销售或中介等经营药品的人员。陆某对白血病病友群体提供的帮助是无偿的。在国内市场合法的抗癌药品昂贵的情形下，陆某的行为客观上惠及了白血病患者。

陆某通过淘宝网购买的3张以他人身份信息开设的银行卡，并使用了其中

第一章 世界的物质性及发展规律

一人的银行卡的行为,属于购买使用以虚假的身份证明骗领信用卡的行为,但其目的和用途完全是支付白血病患者因自服药品而买药的款项,且仅使用一张,情节显著轻微危害不大,不认为是犯罪。

在网上,曾有人发问,陆某的无罪释放,是否只是法律暂时地迎合或者屈从于民意的结果?

"案件是法治的细胞,尤其是疑难案件,对于刑事法治的推进更是有着重要的意义。"清华大学法学院教授劳东燕认为,陆某案的疑难之处不在于事实,而在于法律,它是一个法律适用上存在争议的疑难案件。

"我和陆某也有过一面之缘,他是个幸运的人。"劳东燕称,自己在中国裁判文书网上发现同类案件有30余起,这些案件的被告人大多被定为销售假药罪,个别案件则按非法经营罪等来处罚。

这些案件中,有5起案件的案情与陆某案比较相似,均涉及印度仿制抗癌药品的代购。但不同的是,这些被告人在代购的同时谋取了一定的利润,且被告人大多不是患者。

与陆某案的案情几乎相同的是山西运城的石某销售假药案,该案被告人石某也是慢粒性细胞白血病患者,同样是居间帮助其他患者向一家印度制药公司购买"格列卫",不同的是,他平均每瓶加价200元左右,收取了居间的费用。最终,石某被认定构成销售假药罪,判处有期徒刑二年,违法所得的41万元也予以追缴。

另外,在江苏射阳的杜某、徐某甲销售假药案中,被追究刑事责任的徐某甲是盐城某医院某科的主任,他在病患有用药需求时,向杜某购入仿制药易瑞沙,每瓶加价300~400元后交给病患使用,所得的差价用于科室的开支。徐某甲也被认定构成销售假药罪,只是免于刑事处罚。

"为什么陆某可以无罪,主要就是从'销售'概念入手,考察行为人是否实施了有偿转让的行为。"劳东燕举了个例子,A准备去日本旅游,B听说了这件事,就向A提出帮忙买药的请求。A接受之后,便把药带给B,"这就是委托购买,它发生的情况是特定的。而如果是A囤积了一批药,B去买,这就不行了"。

劳东燕还认为,像陆某案那样,未经批准而从境外进口特定药品,只要该药品不推向市场,就不能认定为假药。

"即便陆某案发生在国产格列卫仿制药正式上市的今天,其向印度购买或代购仿制药的行为,也未必就能认定具有期待可能性。"劳东燕告诉上游新闻记者,在现行医疗体制下,我国的制药公司往往将关注重心放在销售环节上,再加上烦琐的审批制度,由此影响了医药企业大多制造疗效相当的仿制药的能力，即使开发出相应的仿制药品，不仅药价至少高出十几倍，其疗效与安全性也未必让人放心。

"应当承认，刑法规范本身就凝结着立法者的价值判断，当司法者运用建立在形式逻辑基础上的三段论来完成整个涵摄的过程时，本身便是在实践立法者的价值判断。"劳东燕称对于陆某的无罪显示的是法理和客观情况，法律从业人员灵活运用法条，不是单纯地做主观的价值判断，"法律也是可以有温情的，冷冰冰的永远只是法律的机械执行者"。

案例出处

《我不是药神原型帮病友买药被抓　检方：不起诉》，《重庆晨报》，https://www.cqcb.com/headline/2018-07-05/940786_pc.html。(有改动)

案例解析

《我不是药神》之所以引起巨大反响，"陆某案"在法学界引起巨大讨论，原因就在于研制销售购买药物的最终目的是用于治病救人还是为了物质利益。法律实施是遵守法律的形式重要还是尊重生命的实质重要？哪个才是主要矛盾？在陆某案中，检察官在一年后的决定不起诉裁定中解释的"如果认定陆某的行为构成犯罪，将背离刑事司法应有的价值观"给了我们答案。

唯物辩证法认为，矛盾存在于一切事物中，存在于一切事物的发展过程始终。同时，各个具体事物的矛盾、每一个矛盾的各个方面在发展的不同阶段各有其特点。矛盾的特殊性决定了事物的不同性质。只有具体分析矛盾的特殊性，才能认清事物的本质和发展规律，并采取正确的方法和措施去解决矛盾，推动事物的发展。在复杂事物的发展过程中，存在着许多矛盾，其中必有一种矛盾，它的存在和发展，决定或影响着其他矛盾的存在和发展。这种在事物发展过程中处于支配地位、对事物发展起决定作用的矛盾就是主要矛盾。其他处于从属地位、对事物发展不起决定作用的矛盾则是次要矛盾。主要矛盾和次要矛盾相互依赖、相互影响，并在一定条件下相互转化。办事情要着重把握主要矛盾，抓重点、抓中心、抓关键；又不忽视次要矛盾的解决，统筹兼顾。不能办事情不分主次，"眉毛胡子一把抓"，也要反对只抓主要矛盾，忽略次要矛盾的"单打一"。

检察院分析"陆某案"时充分考量到这一起案件涉及多重矛盾，其中陆某本身就是病人，买药除了自己用以外，还无偿帮他人代买，虽涉及购买未经批准的进口药，但购买的药品仅用于治病，并未造成严重后果。根据矛盾的普遍性与特殊性的辩证关系，根据主要矛盾和次要矛盾、矛盾的主要方面和矛

第一章 世界的物质性及发展规律

的次要方面的辩证关系，检察院抓住主要矛盾和关键信息，运用矛盾分析方法，具体问题具体分析，做出了合理决定。释法说理书显示，检方不起诉有三点原因，其中最关键的一点是，如果认定陆某的行为构成犯罪，那么将背离刑事司法应有的价值观。陆某的行为源于自己是白血病患者而寻求维持生命的药品。陆某所帮助买药的群体全是白血病患者，没有为营利而从事销售或中介等经营药品的人员。陆某对白血病病友群体提供的帮助是无偿的。在国内市场合法的抗癌药品昂贵的情形下，陆某的行为客观上惠及了白血病患者。

案例启思

1. 陆某案中，陆某因"涉嫌妨害信用卡管理罪和销售假药罪"被捕，为什么一年后检方决定对陆某不予起诉？
2. 如何理解矛盾分析方法是根本的认识方法？

教学建议

陆某案之所以有谈论的余地，原因就在于此案件有多重矛盾，如何在众多矛盾中判定哪个是主要矛盾，如何抓住主要矛盾，面对特殊矛盾时如何实事求是地进行判决，而不是仅仅按照法律的条文进行判决，这都考验法律工作者的智慧。

本案例可用于第一章第二节"事物的联系和发展"，特别是"对立统一规律是事物发展的根本规律"部分的辅助教学和相关内容考核。

案例五 第一次人体输血手术

血液象征着生命，它的重要性无论怎么形容都不过分，输血是外科手术中的一个基本程序，多少人因为输血技术而获救。今天，任何一个合格的情报人员都知道，大规模的血液调度是战争马上爆发的准确信息。而在埃及，人们通常用血液淋浴来恢复体力。古罗马时期，角斗场上受伤濒临死亡者的鲜血也被其他角斗士当作补充体力的补品。

医学殿堂中的大道行思
——《马克思主义基本原理概论》（2018年版）教学案例集

1628年，哈维发现血液循环理论，解释了血液是如何在肺部由静脉转移到动脉的。伦敦皇家医学会率先拥护哈维的循环理论，会员们开始以客观的实验来验证这一理论。在显微镜的帮助下，罗伯特·胡克（Robert Hooke，1635—1703）发现，细胞是一切活组织的基本单位。而意大利著名学者马尔比基（Marcello Malpighi，1628—1694）作为通讯会员指出非常重要的毛细血管作用。安东尼·列文虎克（Antony van Leeuwenhoek，1632—1723）随后在鸡冠、兔耳、蝙蝠的翼膜及鳝鱼的尾巴等处，均发现了毛细血管，他的发现补充了马尔比基的观察，遂使哈维的血液循环理论成为一个科学的结论。

在这些理论的鼓舞下，皇家医学会进行了首次输血，并取得了成功。依照哈维的循环理论：血液应该可携带液态药物，送往人体各部位。因此，一位会员建筑师利用翎毛和狗的膀胱制成注射器的代用品，把药物注入"潜水的生物"体内。

学会会史记载："动物会立刻呕吐、腹泻、中毒、死亡或兴奋，完全看注入的液体而定。"

初战告捷，1665年，英国解剖学家理查·罗维尔认为，血液应该可以注入人体，用来控制疾病。因此，他决定当着学会的面，公开示范一次输血。他用一根银管，连接两只狗的颈动脉和颈静脉，让血液流通，结果接受输血的狗活了。

首次进行动物间输血实验成功后，罗维尔又利用各种动物，混合羊、牛和狗血，做了很多实验。在一次实验中，他向实验动物暴露于空气中的肺部注射了黑色的静脉血，观察到血的颜色变成鲜红色。他解释道，血液颜色的变化一定是动物从暴露在空气中的肺部吸收了一些物质造成的。

结果是如此理想，让会员们浮想联翩，控制疾病、长寿甚至长生不老，输血似乎让一切皆有可能。人们开始猜测并相信，羊血输入狗的体内后，狗的背上会长出健康的羊毛。瑞典的克里斯廷在致顾问勃德洛医师的信上就说，输血就好，但她不希望注入羊血，如果能用狮子的血——她打俏地说，她会比较感兴趣。"因为变成母狮子后——没人能吞掉我了。"某些医生甚至认为，通过交换不和谐夫妻彼此的血液可以彻底解决婚姻中的不和谐。

最终，输血用在了人体上。1667年11月23日，在皇家医学会输血部门的主持下，一位名叫柯嘉（Arthur Coga）的穷教士，接受了罗维尔注射的12盎司羊血。实验非常成功，当时的一位旁观者摘记了输血病人的印象："他的话说得很清楚……说他发现比过去舒服多了，像获得重生一样，只是头部有一点伤。"

在1667年之后，法兰西著名御医丹尼斯就多次重复进行动物输血的实验。

第一章 世界的物质性及发展规律

在罗维尔给柯嘉注射羊血的4个月后，丹尼斯选择了一位因黑热病多次放血治疗而身体非常虚弱的年轻人，通过静脉输入8盎司羊血，年轻人觉得好多了。

在那个时代，血液经常和精神、性格、灵魂等纠缠在一起，丹尼斯成功地开创了人类输血先例，他认为自己发现了输血疗法。为此，他写了一篇严谨的学术论文，从哲学假设开始，到人类获取和利用动物血液的正当性，以及一系列动物实验显示输血的有益性。因此，他建议将动物的血液输给人类，以治疗一系列由血液所导致的疾病，比如麻风病、溃疡、疯病等。

然而，随后丹尼斯的再一次输血手术，却导致了在此后的150年间，曾一度轰动医学界的输血技术再也无人问津。

这一次，病人是一位住在巴黎附近一个小村庄的绅士，是塞维尼夫人的侍从，名叫莫里，患有疯病，也是一名梅毒患者。当他疯病发作时，便会疯狂地痛打自己的妻子，并沿路放火烧房子。1667年冬天，莫里再次发作，赤身裸体的他在巴黎流浪，一位贵族发现了他，出于仁慈，他把莫里带到丹尼斯的住所。

丹尼斯将280毫升的小牛血输入莫里体内，希望借由"温柔的小牛"的血液治疗莫里的疯狂。莫里一共接受了两次输血，第一次输血后病情好转，第二次输血后出现发热、腹痛、大汗、血尿等症状。第二次输血使莫里处于濒临死亡的高烧、休克状态，幸运的是他熬过来了，而且在数月内暂时恢复了平静，不再疯狂，变成可爱的丈夫。

可惜，这次奇迹般的治疗未能维持多久，1668年1月底，莫里疯病复发，必须接受第三次输血。这一次，莫里死于手术刀下。莫里的妻子控告丹尼斯谋杀。丹尼斯无法从医学的角度说服法庭，最后只能答辩，病人的妻子曾对病人下毒，或放纵病人，导致他死亡。

几个月的缠讼让整个法国都知道人体输血一事，法庭在衡量许久之后，终于宣告丹尼斯无罪。在此期间，巴黎医学教授团宣布，禁止任何未经允许的输血。教科书上虽仍继续讨论输血，但再也没有人敢去尝试了，至少没有人公开输血。此事也震动了法国议会，法国制定法律规范不允许进行输血术。

案例出处

王威：《医学的故事》，中国商业出版社2007年版，第169-172页。（有改动）

案例解析

输血术是医学史上非常著名的一个案例。人类在输血实验、血液分析等方

31

面，曾走过弯路。这是人类在认识世界、改造世界的过程中必然遇到的问题，体现了事物发展的前进性和曲折性的统一，是唯物辩证法否定之否定规律的具体体现。

否定之否定规律告诉我们，事物内部的肯定与否定因素的矛盾作用，引起事物经历肯定—否定—否定之否定的辩证发展过程，使事物的发展呈现前进性与曲折性的辩证统一。前进性体现在：每一次否定都是质变，都把事物推到新的阶段，同时又开启发展的新起点。曲折性体现在回复性上，其中有暂时的停顿或倒退，但曲折性终将为事物的发展开辟道路。事物都要经历这样的辩证发展过程，这样，事物的发展才呈现出波浪式前进或螺旋式上升的总趋势。科学事业的发展也不例外。在今天的医院里常见的输血行为，在历史上也经历了曲折的发展过程。从最开始的血液循环理论，到输血实验的成功，再到输血实验的失败，原因就在于科学研究对本质必然的联系的认识有一个不断深入的过程，并不是一开始就能突破现象看到本质，突破偶然抓住必然，而是在对现象、偶然的事物中不断地深入研究找到输血成功或失败的原因，才能获得对血液的科学全面的认知。但是无论过程多么曲折，甚至出现停顿或倒退，人类探索自然的脚步不会停下来，科学研究的前途是光明的。

案例启思

1. 在哈维的血液循环理论的指导下，有的输血实验成功了，有的失败了，原因是什么？

2. 你还知道输血术后来的发展与研究吗？试用唯物辩证法有关观点分析输血术发展史。

教学建议

本案例通过对输血史的梳理，说明事物发展的辩证运动规律。通过分析本案例，引导学生树立辩证的否定观，反对形而上学地肯定一切或否定一切，对事物采取科学分析的态度，使实践活动符合事物自我否定的辩证本性。

可用于第一章第二节"事物的联系和发展"部分的辅助教学和相关内容考核。

第一章 世界的物质性及发展规律

案例六 拿破仑与军事医学

拿破仑（1769—1821）收到英国的一名乡村医生的来信，请求他释放几名英国战俘，拿破仑一看到签名，便脱口而出："我无法拒绝这个人的任何要求。"当时，英、法正在为欧洲的霸权而交战，战俘是用来交换的。通常这种请求拿破仑一概不理会，手下认为拿破仑肯定和往常一样，会将这封信顺手扔进壁炉中。然而这一次拿破仑并没有这样做。

令这位打遍欧洲无敌手的一代天骄为之折腰的人，正是发明了牛痘免疫法的爱德华·詹纳。

在法国大革命期间，共和国的法庭曾经自夸："理性时代"不需要科学家。只要在公民的指认下，他们就可以毫不迟疑地在断头台砍下一个又一个那个时代最杰出的脑袋，清除各个科学领域的领袖。当拿破仑一跃而起，这位对言论自由极其痛恨的独裁者（他对出版事业非常苛刻，如1800年法国发行的70种报纸中有60余种被禁止发行），却以最大的度量容纳站在科学最前沿的科学家们，在他的兵锋所到之地，身后往往跟随着科学家们组成的庞大队伍。正是因为他能够聚合他们的力量，他才能在那么短暂的时间内横扫欧洲。

作为一个战无不胜的军事天才，他比任何人都清醒地认识到在战争年代，军队将士不仅受伤痛困扰，而且经常受到传染病的袭击，因为战争对卫生条件和社会秩序的负面影响常常会加速传染病的蔓延。以后来的美国内战为例，因疾病导致死亡的士兵数目是战场负伤死亡数目的两倍。而军种、兵种增多，军事作业种类、强度不同，也需要解决各种不同的营养标准与战时应急口粮及野战饮水卫生等问题。

比如1798年，对埃及的一次出击，可以视为拿破仑未来征服世界的预演。这次出击前的准备工作极为周详，拿破仑以他前瞻性的眼光指导医生要考虑3.5万大军的卫生问题，特别配备了一船药物、绷带以及其他外科用品，送往埃及。当鼠疫在行军过程中爆发时，拿破仑为了安慰病人，也毫不畏惧地与他们接触。不久，他下了一道命令：不许提及鼠疫的名称。毕竟当时人们对细菌学的认识极少，缺乏预防战伤感染和传染病的有效方法，不但病死率高，而且会因疫病流行影响军事任务的完成。随军的外科医生迪斯坚尼帝（Desgenettes）则尝试从病人身上取出脓汁，自行移种，安定军心。

军事医学开始独立出来，虽然军队中早有医生为官兵医伤治病，但在很长时期内，军队的医学处于经验医学阶段，19世纪以后才上升为科学的军事医学。这是因为新科学的进步既推动了武器的创新，也推动了医学的发展。

在拿破仑的军事行动中，他的军队作战需要适应各种严苛的气候。他们进入埃及时，顶着烈日；进入意大利沼泽区，冒着传染病的危险；远征俄国又得承受冻伤的威胁。因此，医学得到了前所未有的重视，这在拿破仑视为此生最大的成就的《拿破仑法典》中得到体现。而在1803年颁布的医疗法令中，他特别强调：唯有经过大学训练的医师、外科医生及卫生官员可以在法兰西取得行医执照。尤有甚者，研究工作内容及各种检查，都有明文规定，而且严格执行。每一位未来的医师都得接受国立医院，如巴黎、斯特拉斯堡、曼兹或土伦等地区4年的训练。然后，还得通过考试，考试内容涵盖解剖学、生理学、病理学、疾病分类学、化学、卫生学、法医学、临床医学和药物学等。未来的卫生官员也得经过相同的训练。当教授与学者在做各种训练时，尤其强调实证。这些规定加速了医学的发展。

随着战争规模的扩大，有更多的重伤员需要快速运送，这就要求大力研究战伤病理和战外科学，实施最合理的分级治疗，使死伤率降到最低。野战的特殊条件，要求研制轻便、适用、便于携带的医疗技术设备，以适应部队机动作战的需要。1812年11月，拿破仑的军队在库托索夫与俄军作战时，有一位医师连续24小时没有休息，共做了200多例截肢手术，他便是一生追随拿破仑转战南北的外科医师多米尼克·让·拉雷（Dominique Jean Larrey，1766—1842）。

作为皇家军队的首席医师，这位军中最受拿破仑与士兵敬爱的医疗参谋，陪伴拿破仑从第一战到最后一战，在每次大战前夕，他总是第一个建立营地医院，以便为伤员提供快速的救助和及时的手术治疗，并试验用冷却法缓解截肢手术的痛苦。

在拿破仑的遗嘱中，留给拉雷的财产有10万法郎，并称他为"我所知最有德行的人"。这名忠实而亲切的医师，是战场上无数伤兵的希望之星，即使是拿破仑，提及他的名字时也会立刻说："真是一个勇敢的人，真是一个勇敢而值得尊重的人。"

当时拉雷发明了一种"飞行急救车"———种操作简便的马车，可以迅速将伤兵送往最近的野战医院。这一工具让士兵从受伤到抵达野战医院的帐

第一章 世界的物质性及发展规律

篷，大都只需要不到一小时的时间。这种高效率的服务，挽救了成千上万伤兵的生命。

医师非常重要——这是拿破仑在血与火的战争中领悟出的格言，在军事医学迅速发展的今天，同样有效。在现代任何作战计划中，缺少医师的位置，是不可想象的。

案例出处

王威：《医学的故事》，中国商业出版社 2007 年版，第 245 – 247 页。（有改动）

案例解析

拿破仑是历史上赫赫有名的军事家，大多数人对他的军事才能了解较多，但对他与医学，特别是与军事医学的发展的关系知之甚少。受法国科学主义和实证主义的影响，拿破仑高度重视医学对取得战争胜利的重要作用。分析拿破仑关于军事战争与军事医学的联系观，有利于启发学生辩证思维，形成运用唯物辩证法认识和分析问题的自觉意识。

唯物辩证法作为关于自然、社会和人类思维一般规律的科学，是人们认识世界和改造世界的根本方法。其中，矛盾分析方法是对立统一规律在方法论上的体现，在唯物辩证法的方法论体系中居于核心地位，是我们认识事物的根本方法。对立统一规律揭示了事物普遍联系的根本内容和变化发展的内在动力，从根本上回答了事物发展的动力与源泉问题。矛盾的同一性和矛盾的斗争性居于矛盾内部，是矛盾的两个根本属性。矛盾的同一性揭示了矛盾双方相互依存、相互贯通的性质和趋势。矛盾的斗争性则揭示了矛盾着的对立面相互排斥、相互分离的性质和趋势。矛盾的同一性和斗争性是相互联结、相辅相成的，在事物的发展中都起着重要作用。战争与救护、军事与医学就像一对矛盾统一体，既相互联系、相互作用、相互转化，又相互排斥、相互斗争。战争本来是造成人员伤亡、疫病传播的重要原因之一，但是战争的救护需求也在一定程度上推动了医学的发展，并促进了医学的分支学科军事医学的形成和发展。

案例启思

1. 拿破仑为什么与当时法国主流社会对待科学和科学家的态度完全不同？
2. 战争和军事医学的关系是什么？

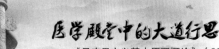

🎙 教学建议

本案例通过讲述拿破仑与军事医学的故事说明事物发展的辩证关系，引导学生用辩证的观点看待问题，形成唯物辩证法的思维方式。

可用于第一章第三节"唯物辩证法是认识世界和改造世界的根本方法"部分的辅助教学和相关内容考核。

▶ 案例七　忧郁症与天才

 案例

希波克拉底在其《格言集》中说：恐惧和愁闷持续时间长了，便会成为忧郁。今天我们把忧郁看成一种消极的情绪，在古代被认为是由四种体液之一——黑胆汁导致的。这是一种由脾脏产生的体液，人们深信这种体液可以导致深深的忧郁。亚里士多德认为，忧郁会导致患有忧郁症的人过分地"听凭自己的想象"，这些想象既包含危险，又会对人造成诱惑，即有可能既使忧郁成为一种疾病，也使忧郁的人成为天才。

中世纪的医生认为，忧郁是一种病理现象，既表现为心灵的痛苦，又表现为身体的痛苦。当时的人们将忧郁与魔鬼，与人会遇到的最可怕的灾难联系在一起。

雅克·戴帕说："一般的老百姓和某些神学家都一致认为，患忧郁症的人是魔鬼附身者，病人常常自己也相信这一点，也这么说。"

人们一般认为，患忧郁症的人会有"木腿"或者其他的拐杖，这是因为他们与土星有亲缘关系；星相学家认为土星"是宇宙的最低点，会对人产生最不利的作用"。因此，中世纪的人们常常把乞丐、残疾人及各种各样的边缘人都说成忧郁症患者。9世纪的阿布·马夏尔（Abu Ma'Shar）也阐述过类似的观点。他认为，土星主宰一切自我破坏以及一切产生黑暗的东西。

文艺复兴时期人文主义的昌盛，使亚里士多德传统再一次回归。而亚里士多德主张将忧郁和天才联系在一起。除了造成忧郁病理的所有痛苦的黑胆汁外，阿格里帕·冯·内特斯海姆（Agrippa von Netterchheim）还提出一种作为创

第一章 世界的物质性及发展规律

造性源泉的白胆汁。只有当灵魂从肉体里解放出来的时候，哲学思辨才是可能的。意大利人马西尔·费辛（Marcile Ficin）也持这种观点，用柏拉图著名的格言说就是："讨论哲学，那就是学习如何死亡。"

文艺复兴时期，人们绕过了中世纪疾病的概念，利用土星两面性的说法，因为土星也是"最高的行星"，可以使黑色胆汁提升灵魂，一直到能够"理解最为高尚的事物"。

很多人出于虚荣，声称自己患了"神圣的病"，在整个 16 世纪，这种风气越来越盛行。蒙田便揭露说，忧郁症的愁苦是"愚蠢而丑陋的装饰"。

尽管有人提出异议，但是忧郁仍然极具吸引力，表现在当时有很多象牙的、骨的、铁的象征忧郁的饰物。这是一种表示虔诚的物件，而不是在最早的书房里摆放的新奇器物。而在书房里摆放新奇的小东西，在当时是很时髦的。

到了 17 世纪，人们将忧郁和想象区分开来，忧郁被认为是一种"需要根除的病"。人们第一次更愿意观察这种病的结果——一些复杂而很难治疗的病痛——而不是原因。有些人像托马斯·维利（Thoms Willis）一样，对"体液说"提出了质疑，因为他们注意到，忧郁的病理表现为疯狂和消沉的交替出现。他说："在心灵所有的疾患当中，我认为怪诞的想象能够对精神造成最为严重的破坏。"

忧郁症已经走下神坛，但它的影响还是随处可见，在社会上可谓举足轻重，人们毫不犹豫地在橱窗展示阴森恐怖的骷髅，有时候认为那就是超现实主义的作品，比如人的头骨、骨架，甚至胎儿，人们故意用物质的形式表达疾病的最终结果——死亡。

18 世纪，忧郁和想象之间本来已经存在的"鸿沟"进一步加大。虽然这时的忧郁症与 17 世纪的不无传承关系，但这时它的形象更加平和，是一种"温柔的忧郁"。狄德罗对此也有回应："她很乐意沉浸在思索当中，通过这种心灵能力的动员，让她含情脉脉地感受到自己的存在，同时又不至于沉湎于压力产生的惶惑。"忧郁表达的是限制，而不是超越，仍然象征着很多世俗之人对知识、权力的虚荣，会引人产生十分精美的联想，在形象上却变得和缓很多。于是，忧郁呈现为一种思考的形式，是简单的，形而上学的；在思考中，人的骷髅头成了一面镜子，反照出的不是此时此刻的"我"，而是未来的"我"，而未来通过用形象表现死亡，掩饰了肉体完全朽败的意念。

康德之后，浪漫派诗人强调感觉、激情甚于强调理性，经常以神话世界为参照，再一次直接传承了古老的忧郁情绪，想象又一次得到突显。但是对于他们来说，在内省的背景之下的想象，引导着他们与现实世界渐行渐远，进而舍弃现实世界。同时，他们感到一种不可遏制的需求，那就是孤独，孤独由此成

37

了一种"世纪病",波德莱尔党的消沉只不过是这种病的表现而已。

夏多布里昂(Chateaubriand)1802 年在《基督教的本质》中说:"我们以充实的心栖居在空虚的世界上,还没触及世界的一草一木,便使整个天下都感到失望了。"

忧郁就这样被纳入精神的前景当中。艾琳娜·普里让认为:"它所指的无法实现的理想不仅仅与大自然这个无限而神圣的空间有关,也与时间联系在一起,而时间是无限的,时间会让人丧失一切幻想。"无法企及的理想可以将一些人引向疯狂。

后来,超现实主义者如安德烈·纪德、保尔·克洛代尔谴责忧郁,把忧郁说成一种"需要规避的危险",说它"有害于想象",它把人紧闭在孤独之中,就像曼奇的《忧郁》中所描述的一样,使人陷入无法克制的厌烦之中。然而,正是这种厌烦,"作为忧郁的基本特征",才能使人衡量他是什么、他可以是什么和他应该是什么之间的距离。因此,对于人来说,厌烦可以变成创造的源泉,变成人的作品,成为一种手段,填补使人感到压抑的空白。

案例出处

[法]阿克塞尔·凯恩等:《西医的故事》,商务印书馆 2015 年版,第 176-180 页。(有改动)

案例解析

忧郁是一种常见的心理情绪,忧郁症虽是一种常见的心理和精神疾病,在历史上却有着与现代完全不同的判断和理解。而且不同时代对它的形成原因、产生的影响看法不一,对它的评价也各不相同,甚至有完全相反的看法。历史上关于忧郁症,既有建立在朴素唯物主义基础上的观点,也有基于不发达的科学技术而产生的形而上学式的观点,更有唯心主义的看法,将忧郁症归结于"魔鬼附身"。随着人类认知的深化和科学知识的丰富发展,人们逐渐揭开忧郁症的神秘面纱。今天,借助现代科学知识体系,特别是医学技术的发展,人们对忧郁症的认识更加全面,更加准确。今天我们已经认识到忧郁症是一种心理疾病,就像感冒是一种疾病一样。而长期患有忧郁症,会导致抑郁症。抑郁症主要表现为显著而持久的情绪低落,抑郁悲观,患者思维联想速度缓慢,反应迟钝,思路闭塞,自觉"脑子好像是生了锈的机器",精神精力减退、总有疲乏感、不爱活动、浑身发懒、走路缓慢、言语少等。易患病人群包括青少年、老年人等,还有社会压力大、作息不规律的媒体人、IT 人士等。根据抑郁症的严重程度,人们可以采取相应的治疗方案。如果是轻度抑郁,没有给工

作生活造成重大影响的,通过心理治疗甚至休息、调节生活规律、减轻压力等方式即可。如果上述方法不能解决问题,抑郁程度达到中度及以上,就要采用药物治疗。对于重度抑郁症患者,已经不能控制甚至意欲自杀、药物治疗无效的,需要实行电休克治疗。通过系统、规范的治疗,绝大部分抑郁症患者能够恢复正常生活。然而,正如感冒一样,医生不能保证抑郁症终身不复发。专业、系统的抗抑郁治疗是预防抑郁症复发的最有效手段。抑郁症可预防、可治疗,也可以康复。同样,就像治疗感冒一样,忧郁症也可以对症治疗。可见,忧郁症和天才是没有太大的联系的,它一种是心理反应,一种是智力表现。忧郁症既可见于天才身上,也可见于普通人中。忧郁症最好的防治方法是进行积极干预,而不能被"天才"的外表所迷惑,贻误病情。

辩证唯物主义认为,世界是物质的,世界万物处于普遍联系和变化发展中。因此要用联系和发展的眼光看问题,突破现象发现本质,透析原因把握结果,进而正确地看待社会现象。忧郁症是古往今来都存在的一种疾病现象,但长期以来,人们受自身认识能力的局限,常常为忧郁症的外表所误导,对忧郁症产生了错误的认识。通过学习本案例,可以引导医学生学习马克思主义认识事物本质的科学方法。

案例启思

1. 为什么不同时代对"忧郁"的看法存在差异,甚至完全相反?
2. 从现代医学的角度看,忧郁症是一种疾病,它是否可以转化为天才,条件是什么?

教学建议

本案例通过梳理不同时期对忧郁症的不同看法,引导学生学会用联系和发展的眼光,通过事物纷繁复杂的外表现象,分析事物本质和规律。

可用于第一章第二节"事物的联系和发展"部分的辅助教学和相关内容考核。

案例八 追剧治疗"恐医综合征"

案例

"让人们意识到,有时即使意外发生在医院也救不回来,这个事实挺好的。人们要有意识地停止将医生神化或者妖魔化。"王晓至今仍清晰记得少女时期的一次窘迫的就诊经历。

胃部不适引起右下腹部牵扯性疼痛,一阵阵抽痛让王晓濒临崩溃,但她仍在一叠化验单中看到了 HCG(注:绒毛膜促性腺激素,常用于早孕检验)。

十几年前,学生未婚先孕并不多见。"那会儿我刚来完'大姨妈',不可能怀孕。"王晓记得自己曾低声向医生解释,但对方"根本不听",执意要查她是否怀孕。那时王晓第一次觉得从医院诊室到验血处的走廊那么长,在同学搀扶下她拿着化验单,滋味难以形容。

那种窘迫让王晓记忆犹新。此后十几年间,她一直执拗地认为医生们开的检查单"都是骗人的":"有时候明明你是头疼,医生却让你查颈椎。"

而对于医生来说,开一些"骗人"的检查单的情况确实存在。

余裕是某三甲医院骨科主治医师,骨折是他日常诊疗中最常遇到的疾病类型。面对骨折,有经验的医生都希望能直接拍 CT,了解骨折具体情况,以确定手术方案。但也有医生会先开一张 X 光片检查单,因为对于 CT,大多数病人的反应是:"一来就做这么贵的检查,这是在坑我吗?"

"我们必须等拿到 X 光检查的片子,对着片子说:看起来你的情况挺严重,要不再去做个 CT?"余裕承认,医生们都知道这是"浪费"了一个检查项目,但没有人有更好的办法:"它的目的只是构建患者对我们的信任,其实挺可悲的。"

从医十余年,余裕自认为很了解患者。两个月前他的母亲刚动完一次手术,坐在手术室外的忐忑心情,他说自己能感同身受:"但医生的工作、生活和情感,普通病人是理解不了的。"

在王晓看来,大多数人是带着求助的心情来到医院的,而桌子对面那些戴着白色口罩、神色冷漠的医生,怎么可能真正了解自己的痛苦?"他们甚至不

太像人,更像是一个个正在完成任务的机器。"

信息不对称,是影响医生和患者之间关系的重要原因。王晓的遭遇在各地频繁上演。一次不愉快的诊疗经验带来的"后遗症",是此后数十年间对医疗体系的强烈不信任,其间任何一个简单的医疗事件都可能引发负面情绪。

"以往的医疗剧看着太假"

医生和患者,如同一对同床异梦的夫妇,自认为相互了解,却总爱相互试探,彼此怀疑,却始终找不到良性的沟通模式,年复一年陷入一个看不到尽头的恶性循环中。

没人会想到,治好王晓"后遗症"的是一部电视剧。

2017年,医疗剧《急诊科医生》热播。在电视剧中王晓看到了和自己当年情况一模一样的情节:小腹部疼痛,医生让测HCG。患者质疑,医生给出的解释是为了排除凶险的宫外孕。王晓这才认识到,原来当年的检查并不是"骗人"的。

也是从接触医疗剧之后,王晓不再抗拒医生开具的检查单,因为她自认为医疗剧已经解释了医生大部分诊疗逻辑。尽管,追剧的初衷仅仅是为了"看靳东"。

《电视剧艺术类型论》将医疗剧定义为以医院或诊室为背景,以一个或几个医生为主线贯穿全剧的情节系列剧。但在很长一段时间里,真正意义上的医疗剧在中国并不存在。对于所谓"医疗剧",医生们的普遍反馈是:医院和医生的情节只是外壳,内里装的仍然是反腐剧、爱情剧。其后果之一,就是将患者和医生间的距离越推越远。

赵宁是北京大学第一医院药剂科副主任药师,曾有编剧找到他,请他当一部关于药剂师的电视剧顾问。谈过之后,赵宁拒绝了。"这电视剧讲的是药剂科主任拿了药厂的钱之后畏罪自杀,把反腐剧的套路放在医疗剧身上了。"赵宁说:"他们只想做一个剧赚钱,既不想反映进药环节的真实问题,也不想普及药学服务。"

医疗剧中医生们优渥的生活条件也容易让患者对医生增加"仇富"的复杂心态。赵宁说,现实情况是,青年医生收入产出比在30～40岁的范围内并不吸引人,"用情怀坚持"的人不在少数,一旦剧中出现豪宅、豪车,医生群体也会果断弃剧,因为"看着太假"。

余裕身边的大部分同事不愿意看医疗剧源自另一种"假":一个明明已经不行的病人到了医院,莫名被救活了,省略了所有中间过程而直指结果。"这给老百姓的暗示就是:医生神通广大。"余裕甚至曾经遇到病人直接发问:还有病是你们医生治不了的吗?"真实情况是,面对大部分疾病,医生都是没有办法的。偶尔治愈,总是安慰。"余裕说。

拍出真实的医疗体系

2010年,电视剧《医者仁心》被称为中国第一部真正意义上的医疗剧,因为全剧由相关监管部门把关,由此也开启了中国医疗剧专业化道路。此后,多部医疗剧纷纷效仿,以"专业医生当顾问"吸引眼球。

2017年是医疗剧"井喷"年,电视剧《外科风云》《急诊科医生》相继播出。可以看到,医疗剧正开始企图帮助普通人了解医院、医生工作状况背后的结构性问题。

《急诊科医生》第一集有一个场景让余裕印象深刻:年轻有为的见习护士被医闹者刺伤颈动脉后,经过副主任医师们全力抢救,仍然去世了。"让人们意识到,有时候即使意外发生在医院也救不回来这个事实挺好的,人们要有意识地停止将医生神化或者妖魔化。"

王晓也记得这个情节。她承认,护士第一集就去世很令人意外:"前面副主任医师说她年轻有为,感觉以后会是个重要角色,至少是主角情敌什么的。"

在拍电视剧《急诊科医生》前,演员王珞丹曾到协和医院体验一周,大致了解了医生的工作节奏:"值大夜甚至24小时连轴转挺辛苦,有时候后半夜会来挺多病号,其中一些往往很危急。"

《急诊科医生》企图还原这种紧凑的节奏,让普通人了解医生"不耐烦、扑克脸"背后繁重的压力。美剧《实习医生格蕾》中曾表现这一情节,院方为减少医疗差错而强制要求医生适时休息。而在中国,医生的超负荷工作总被塑造为"敬业"或"劳模"形象。

剧情片之外,医疗纪录片也在陆续播出。纪录片《生门》上映的时候,余裕和他的妻子——同时也是一位眼科医生——一起去看了。电影的排片量很少,看的人更少。影片结束之后与观影的人相互一交流,发现都是同行。

此前,2016年6月,十集纪录片《人间世》在上海电视台新闻频道播出,每集一个主题,包括急诊室、急救车、器官移植、临终关怀……通过医学反映社会基层人与人之间的故事,让很多人心存感念。

王晓说,接下来她更想看这类医疗纪录片,但内心深处她一直觉得要拍出真实的医疗体系"不太可能":"真实情况应该比较黑吧,并不适合拍。"

中山大学临床医学大四在校生童牧野只看了美剧《豪斯医生》的第一季,而他的大部分同学把十季都追完了。赵宁说,许多医生都是在学生时代通过上述美剧认识自己将要身处其中的行业的。

对于刚进入见习期的未来医生童牧野而言，医学世界的大门还未完全敞开他就已见证了行业中的太多真实："有时候还是会对未来感觉恐慌，这种恐慌和治愈病人后的成就感一直并存。"

"其实到最终我们都会相互理解、相互了解、相互认识，只是时间的问题。"对于医患关系，王珞丹接受《南方周末》记者采访时曾这样说。

（文中王晓和余裕为化名）

🔍 案例出处

郭丝露：《追剧治疗"恐医综合征"》，《南方周末》，2017年12月28日，http://www.infzm.com/content/132040。（有改动）

✏ 案例解析

医患关系是近年来的社会热点，甚至出现一些恶性医患冲突。这不是医患关系应有的状态。注重引导医学生从马克思主义哲学尤其是唯物辩证法的角度理性分析医患关系，找到解决医患关系紧张、回归相互信任的和谐关系的良方，是马克思主义基本原理讲授内容的应有之义。

狭义的医患关系是指医务人员与病人在医疗过程中产生的特定医治关系。广义的医患关系是指参与医疗活动的双方，一方是"医方"，包括参与医疗活动的全体机构和人员；另一方"患方"则指与求医者相关的每一种社会关系，包括与患者有直接或间接联系的亲属、监护人员以及其所在的工作部门、单位等群体。

医患双方的实质是具有共同目标、共同受益的矛盾统一体，这个共同目标就是"战胜病魔、早日康复"。实现目标既要靠医生精湛的医术，又要靠患者战胜疾病的信心和积极配合。只有医患双方共同配合，积极治疗，才能获得比较好的治疗效果。共同受益是因为医患双方在抵御和治疗疾病的过程中都处于关键位置，患者康复的愿望要通过医方来实现，医方也在诊疗疾病的过程中加深对医学科学的理解和认识，提高诊疗技能。同时，这个矛盾统一体又具有一些特殊性质，如主体的特殊性，除了一方是患者外，另一方是医疗机构及其医务人员；客体的特殊性，诊疗涉及身体权、生命权、健康权等人身权利，这是与特定的患者相关联而又无法用金钱衡量的东西；内容的特殊性，"医乃仁术"，医疗应是最具人文精神和人文关怀的活动，现代"生物—心理—社会"医学模式与市场经济条件下合同双方追求利润最大化的目的有着本质的区别，医患关系在调节方式上是法律与道德并重。

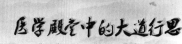

由于医患不同于一般的矛盾体，其涉及因素的多重性导致医患矛盾性质的复杂性，因此要注意分析医患矛盾体的主要矛盾与次要矛盾、矛盾的主要方面与次要方面的辩证关系，坚持"两点论"与"重点论"的统一。看问题既要全面地看，又要看主流、大势和关键点；既要看到医患矛盾发生的主客体因素，也要看到影响医患关系的社会因素、时代条件、机制体制等原因。如信息不对称就是医患之间的主客体对病患和治疗认知上的差异的表现，其后果是对医患关系产生片面反映，或虚幻反映，或歪曲反映。如何改变人们的错误认识？案例中提到了"追剧"的效果。如果电视剧、电影能用艺术的形式真实再现医患关系的真实情况，那么它对缓解医患关系是大有裨益的。但是很多影视作品只是借医学、医院之名，想当然地甚至错误地再现医院的相关情况，这可能会加深医患之间的紧张态势。因此，要改善医患关系，促进并形成和谐的医患关系，需要医患双方的共同努力，同时也需要社会其他部门坚持"实事求是"的原则，正确引导人们对医患关系的认识。

案例启思

1. 如何评价"一次不愉快的诊疗经验带来的'后遗症'，是此后数十年间对医疗体系的强烈不信任，其间任何一个简单的医疗事件都可能引发负面情绪"？
2. 如何化解信息不对称带来的医生与患者之间关系的不信任？
3. 通过影视剧来加强医患之间的信任是否可行？

教学建议

"医生不是上帝"，目前最先进的医学也不能治愈所有的疾病，任何疾病的治疗都依赖于科学的医疗知识和相关的医疗条件。人们应该理性、客观地认识医学和医生，正如王珞丹接受采访时所言："其实到最终我们都会相互理解、相互了解、相互认识，只是时间的问题。"只有建立在对医学活动及其规律的正确认识的基础上，医患关系才有了走向和谐的基础，才能更好地运用医学知识预防和治疗疾病，造福社会。

本案例可用于第一章第二节"事物的联系和发展"尤其是"对立统一规律是事物发展的根本规律"部分的辅助教学和相关内容考核。

第一章 世界的物质性及发展规律

案例九　梁启超与协和医院的"百年公案"

一

1924年冬，梁启超51岁，他莫名其妙地患了一种病，总是尿中带血，而病因不明。这种病大约陪伴了他四五年，一直到1929年去世他都始终未愈。起初情况不严重，且没有疼痛感，他不以为意。那时他不仅在清华讲学，而且在北京各大高校都有定期演讲，甚为忙碌，顾不上看病。加之夫人李蕙仙当时因癌症复发去世，他悲痛不已，写下了声情并茂的《祭梁夫人文》，度过了一段难挨的时光，自然也没有心情去看病。过了一阵子，忽然发现自己病情加重，然后想到夫人是患癌症去世的，他才开始担心自己亦有不测，觉得需要去医院查一查了。可这时已是1926年1月了。

一开始，他去的是东交民巷的德国医院。德国大夫花了半个月的时间为他做了全面检查，排除了结石和结核，但由于医学检测设备不足，最终无法判断病因。出院后，他尝试使用中药，未见效果。他与当时"四大名医"之一的中医肖友龙有些来往，便前往问诊，肖友龙的答复是，尿中带血，"这病不是急症"，"任其流二三十年，亦无所不可"，令他不免失望。因为怀疑自己患癌，他决定到协和医院做个彻底的检查。

协和医院是美国人在华开办的医院，拥有当时世界上最先进的医疗器械，已可以进行X光透视等检测。协和的医生借助器械，很快查明他的膀胱和尿道一切正常，便怀疑是肾的问题。对于究竟是哪一只肾脏作怪，医生做了一系列左右两肾的对比试验，先是验出两肾的排泄功能左强右弱，接着进一步化验，发现左肾排泄物"其清如水"，而右肾排泄物带血。于是医生认为尿血的原因在右肾上，与左肾无关。接受了X光透视之后，医生果然发现他的右肾有一个樱桃般大的黑点。经多位专家诊断，一致认为那黑点是肿瘤，且是导致尿血症的病因。

在怀疑是癌的前提下，协和医院决定为梁启超做手术，切除右肾。3月16

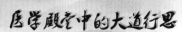

日,梁启超被推上手术台。主刀医生是当时的协和医院院长、著名外科专家刘瑞恒,副手则是一位美国医生。刘瑞恒干净利落地切除了梁启超的右肾,就手术本身来说,不可谓不成功。但手术以后,梁启超血尿并未停止,虽然有时血量很少,肉眼看不出,但化验证明,病症未愈。协和医院再次检查,却查不出任何原因,只得名之为"无理由之出血症"。4月12日,住院35天之后,梁启超出院回家了。

割去一肾,病状依旧,手术白做,而病人身体受损。在这个病案中,协和医院出现误诊,这是显而易见的。5月29日,梁启超的弟弟梁启勋在《晨报》发表《病院笔记》一文,叙述了梁启超在协和医病之经过,文中难掩对医生的失望和不信任。因为梁启超是社会名流,所以此文引起轩然大波。众多文化名人关注此事,陈西滢、徐志摩等借此撰文抨击西医,引发了一场"中医西医"的是非之争。但无论如何,引起讨论的核心问题只是手术该不该做,右肾该不该切,医生的诊断靠不靠谱。尽管嬉笑怒骂中对西医的"科学精神"不无揶揄讽刺,但大抵谈论的是协和医生的医术精专与否的问题,而不是医德方面的问题。

然而时隔70年以后,有两本书旧事重提,讲出了闻所未闻的荒诞故事。

一是美国哈佛大学教授、中国问题专家费正清的夫人费慰梅在《梁思成与林徽因》(中国文联出版社,1997年)中提到,40年后的1971年,梁启超的公子梁思成住进了协和医院,他从自己的医生那里得知了他父亲早逝的真相:"鉴于梁启超的知名度,协和医学院著名的外科教授刘博士被指定来做这肾切除手术。当时的情况不久以后由参加手术的两位实习医生秘密讲述出来。据他们说,在病人被推进手术室以后,值班护士就用碘在肚皮上标错了地方。刘博士就进行了手术(切除那健康的肾),而没有仔细核对一下挂在手术台旁边的X光片。这一悲惨的错误在手术之后立即就发现了,但是由于协和的名声攸关,被当作'最高机密'保守起来。"

无独有偶,几年以后,梁思成的续弦夫人林洙在《梁思成》(河北教育出版社,2001年)一书中也提到这件事:"梁启超因患肾病,多年来常尿血,经北京德国医院及协和医院诊断,一侧肾已坏死,应予切除。""在协和施行手术,执刀医师是院长刘瑞恒。但因他的判断有误,竟将健康的肾切去,而留下坏死的肾。对这一重大医疗事故协和医院严加保密。""在1971年梁思成住院时,才从他的主管医师处得知父亲真正的死因。"

两个人的说法如出一辙。这场医疗公案被演绎为协和医院院长、外科教授刘瑞恒玩忽职守的故事。而协和医院为了隐瞒事实,也扮演了极不光彩的角色。这样一来,事情的性质完全变了。这个病例不再是一次难以避免的误诊,

而变成协和医生无德、不负责任、草菅人命的证据。往严重里说，果真如此，医生的行为如同犯罪！

事实的真相果真如此吗？

二

为了辨析费慰梅和林洙二人说法的真实性，我查阅了梁启超本人和亲友在这场手术前后写下的多篇文章，发现所谓"割去健康的肾，留下坏死的肾"的说法，与当事人、知情人的原始记录相矛盾：梁启超之弟梁启勋（仲策）当时留下《病院笔记》和《病床日记》两篇文章，分别发表于1926年的《晨报》和1929年的《大公报》上，可视为知情人的第一手记录。

《病床日记》中说："（梁启超）入协和医院，由协和泌尿科诸医检验，谓右肾有黑点，血由右边出，即断定右肾为小便出血之原因。任公（指梁启超）向来笃信科学，其治学之道，无不以科学方法从事研究，故对西洋医学向极笃信，毅然一任协和处置。""及右肾割去后，小便出血之症并未见轻，稍用心即复发，不用心时便血亦稍减。"这里说得明白，诊断认为病在右肾，割去的也是右肾，并未割错，尿血不止是另一回事。

《病院笔记》里还记录了手术中协和医生力舒东和主刀医生刘瑞恒开的一句玩笑："据力舒东之言，则当腰肾割出时，环视诸人皆愕然。力与刘作一谐语曰：'非把他人之肾割错乎？'刘曰：'分明从右肋剖开，取出者当然是右肾，焉得有错？'乃相视而笑。"这玩笑也证明了主刀医生刘瑞恒是明辨左右的。

梁思成在1929年其父去世后，曾作《梁任公得病逝世经过》，文中也提到1926年其父"入协和医院检查多日，认为右肾生瘤，遂于3月16日将右肾全部割去，然割后血仍不止"。至于梁启超本人，则在手术后发表的《我的病与协和医院》的声明中，也明确说自己的病，"据那时的看法罪在右肾""右肾有毛病，大概无可疑，说是医生孟浪，我觉得冤枉"。

无论梁启超本人、其弟梁启勋，还是其子梁思成，都证明当初是梁启超的右肾被怀疑有病，而且正是这只被怀疑的右肾在手术中被切除了，并不存在费慰梅、林洙二人所说"竟将健康的肾切去，而留下坏死的肾"的事。他们三位作为当事人和知情亲属、见证人，在手术后几个月或几年之内所做的记录，总比外国朋友或不知情的亲属70年后根据第二、三手资料写下的回忆录来得可靠。当然，费慰梅也提到了她的资料来源，她说："上海的张雷，梁启超的一个好朋友，和两位实习医生也很熟，把这些告诉了我，并且说：'直到现在，这件事在中国还没有广为人知。但我并不怀疑其真实性，因为我从和刘博士比较熟识的人那里知道，他在那次手术以后就不再是那位充满自信的外科医生了。'"

原来，费慰梅依靠的只是这样由传话而来的间接人证，而林洙无非是复制费慰梅的说辞。因为根据上面引述的梁思成在其父去世时的说法，他在1971年住进协和医院时，即使是有人告诉他当年主刀医生"割下健康的肾，留下坏死的肾"的荒诞故事，他也不会相信。梁思成当年是亲眼看到其父右肋的手术刀口，也是见到其父右肾肿瘤病理检查结果的人，所以这故事不应是他告诉林洙的。我在这里判断林洙复制了费慰梅的说辞，当然也有证据。其一，林在费之后出书，她没有为费所讲述的故事添加一点新材料。其二，林、费二人的著作，竟然出现相同的差错，就是把梁启超1926年3月因尿血到协和就诊的时间，都错写成1928年3月。林作为梁启超的儿媳，犯下这种低级错误简直匪夷所思。同时还需要说明的是，貌似知情的她们，把手术时间错误地推后了整整两年，这对社会舆论形成严重的误导。因为1928年3月，距离梁启超去世只有大约10个月的时间。于是人们很自然地把梁的去世和这场手术联系在一起。

当然，始作俑者是那两位编故事的实习生。他们作为手术参加者，传出如此闲话，实在令人诧异。分析来龙去脉，极有可能的是，他们误把手术进行时力舒东医生和刘瑞恒医生那句玩笑话（"非把他人之肾割错乎？"）当作事实传播了。

然而令我不解的是，费慰梅和林洙两位女士在著书之时，为什么不去核对一下当年的原始资料？这些史料唾手可得，要弄清事实，实在不难。而以讹传讹，其害无穷，真不该是她们二位所做的事。

当然，最有分量的证据还是梁启超的病历档案。2006年8月10日，北京协和医院举办了一次病案展览。展览中出示的梁启超在协和医院就医的病案，使这桩与他有关的百年公案真相大白。

病案记载，1926年3月8日，梁启超因患尿血症住进协和医院，经X光检查发现其右肾有一黑点，诊断为瘤，遂决定予以手术割除。手术后解剖切下之右肾，可见樱桃大小之黑色肿瘤，经化验排除癌症，提示这黑色肿瘤是良性瘤。

病案内并附梁启超本人声明，即上文提到的《我的病与协和医院》一文的英文稿。这是梁启超为了避免人们误解协和医院，特地放在病案里面的。（《健康时报》2006年8月28日）

根据病案可知，梁启超的右肾只是长了一个较小的良性肿瘤，并没有恶性肿瘤，它不是尿血的病因，也完全没有必要切除。协和医院对此施以手术，显

第一章 世界的物质性及发展规律

然是基于对尿血原因的误判。

三

由于费慰梅和林洙的特殊身份，她们以貌似见证人的姿态独家"揭秘"，其文章的影响力便非同一般。一时间，文化界广为流传梁启超被"割错肾"的奇闻，甚至大家普遍接受了一个说法，即梁启超的早逝是由这次手术导致的。在互联网上，议论此事的文章铺天盖地，众口一词的议论，把"割错肾"当作协和医院早年的一件不可告人的重大医疗事故。有的文章竟然危言耸听地使用"协和医生杀人"这样的标题，也有人发表感想，说"我心目中的一个偶像（指协和医院）从此倒下了"。

至于主刀医生协和医院院长刘瑞恒，自然成了众矢之的。不仅网络上对他颇多激愤之词，甚至有的研究性文章也会提及此事，断定他不仅医术不精，而且医德有缺，草率行医，罔顾人命，制造了重大医疗事故以后，逃避责任，拒不认错。

其实，在梁启超病案中，无论是协和医院还是刘瑞恒本人，都有太多的事情需要澄清。

首先，这只是一个误诊，并不属于医疗事故。之所以说是误诊，原因在于协和负责诊病的医生错把右肾上的黑点当作尿血的原因，而且认定那黑点是恶性肿瘤，必须实施手术。事实证明尿血与那个黑点无关。但是在这样一种诊断下，主刀医生按照诊断要求，正常实施手术方案，顺利切除了右肾，这完全谈不上医疗事故。

其次，手术本身是非常成功的。梁启勋在《病院笔记》中说："至于刘瑞恒，不能不谓为高明。割后绝不发热，且平复速而完好，虽则病人身体之强健，医生认为有异于常人，然亦良工也。"

再次，当时西医刚刚引进中国，国人对西医的诊疗方法和分工缺乏认识，满脑子都还是中医"一体化"治疗的概念。中医诊病治病一人包办，哪位医生接诊，医好医坏，自然是他负全责。但是西医不然，各科医生各负其责，需要动手术的疾病，主治医生和主刀医生通常不会是一个人。在梁启超病案中，刘瑞恒并不负责尿血症的治疗。他作为协和医院的院长和外科教授，当时是国内外科第一把交椅，京城著名的"刘快刀"。他是被特地请来做手术的。费慰梅的书里说："鉴于梁启超的知名度、协和医学院著名的外科教授刘博士被指定来做这肾切除手术。"梁启勋也谈到，刘瑞恒做这场手术，是应梁启超本人的要求"越俎而动"的。也就是说，刘瑞恒出任主刀医生，一是因为盛情难却，二是因为对梁启超格外重视。

医学殿堂中的大道行思
——《马克思主义基本原理概论》（2018年版）教学案例集

最后，误诊的责任并不在刘瑞恒。他是外科专家，而梁启超的诊断，是由泌尿科和内科医生做出的。梁启超的好友伍庄在《梁任公先生行状》一文中说梁1926年"入北京协和医院养病数月，欧美医生凡五六人诊治之，断为肾坏，请施刀圭"。梁启勋的《病床日记》也提到，其兄入协和医院，是"经泌尿科诸医检验"，方得出诊断的。梁启超本人写给协和医院的声明中，则提到诊断他患有"无理由出血"的，是几位"内科医生"。这些都说明，刘瑞恒并未参与疾病的诊断，仅仅是被特邀动刀的外科专家。

然而，只因这一刀，刘瑞恒却被舆论塑造成了一场丑闻的主角。不仅手术被解释成重大事故，而且误诊也成了他的责任，污水全泼在他一人身上。舆论所指，他简直是玩忽职守，罪责难逃。但是站在客观的角度来看，刘瑞恒何其冤也。

上面所述已经表明，所谓刘瑞恒不辨左右"割错肾"的故事，肯定是子虚乌有。然而，从另一个角度发问，这场手术是不是一个"割错肾"的故事呢？也就是说，梁启超的"割肾"是否可以避免？

其实这个问题是可以讨论的。

如果从"割肾"以后的疗效以及对"樱桃大黑色肿块"的病理检验结果来看，"割肾"是无意义的，应该避免。然而在诊断的当时，当尿血不止而X光又在肾上发现异常黑点的情况下，就很难做出是否需要动手术的决策了。且不说那是90年前西医在民国刚刚建立之时，医疗设备还不完备，医务人员的诊断水平和临床经验还有待提高，就是在医学发达的今天，如果发现同样的病状，难道医生就可以断然决定不动手术，改用其他方法去治疗吗？须知，癌症凶险，防之宜慎，几乎每个医生和患者本人都会这样想。如今，在医院里，如果谁生了肿瘤，在不能断定肿瘤是良是恶之时，保险起见，医生大多主张切除。我们每个人的周围应该都不乏这样的事例，就是某人生肿瘤，医生决定切除，手术后发现，被切下的是良性瘤子，患者甚至为此而窃喜，而庆幸。梁启超的肿瘤切除的决定，大抵也是基于这样的考虑才做出的。只不过，他的肿瘤是在右肾的内部，手术无法剖肾取瘤，只好将右肾整个摘除。

那么，作为主刀医生的刘瑞恒，是否可以在手术过程中避免割下没有癌变的肾脏呢？手术以后，在这一点上，他受到很多诟病。最有代表性的文章是著名文人陈西滢的《尽信医不如无医》，其中有这样一段谈论梁启超手术过程的话："腹部剖开之后，医生们在左肾（按：应为右肾，下同）上并没有发现肿物或任何毛病。你以为他们自己承认错误了吗？不然，他们也相信自己的推断万不会错，虽然事实给了他们一个相反的证明。他们还是把左肾割下了！可是梁先生的尿血症并没有好。"

第一章 世界的物质性及发展规律

这意思无非是说，刘瑞恒应该在看到肾脏没有异样之后立即终止手术，把病人切开的腹部缝合。一般没有医学经验的读者，读到陈西滢这一观点，都会以为言之成理，但这恰恰是似是而非的见解。学习西医出身的鲁迅知道事情不像文人揣度的那样简单。他为此事撰文，在为西医辩护的同时，讥讽陈西滢的文章是"对腰子不很有研究的文学家"在"仗义执言"（《马上日记》），因为陈的说法，实在有悖常识。

我也不通医学，但是我就此事请教过肿瘤外科的专家，他告诉我："20世纪20年代，用X光诊断右肾肿物已经够先进了，手术后证实右肾确有肿瘤，这说明X光的诊断没有错误。因为肾脏的良性肿瘤（错构瘤、血管瘤）很少见，而且良性瘤不会导致血尿，所以这时医生自然会怀疑梁是生了恶性肿瘤。开刀时，打开腹腔，可能看到两个肾脏一样。因为大多数肾脏肿瘤生在肾脏内部，是没办法用肉眼看到的，手术全凭术前X光片指示该切哪个肾，肺癌手术也如此。"

于是我问："假如你是主刀医生，遇到这种情况会如何处理？"

他回答说："回到当时的情况下，因为没有其他检测方法，根据术前患者尿血之临床症状和X光片示右肾肿瘤，我是主刀医生也一定会切除右肾。"

所以说梁启超"丢腰子"，虽是源于误诊，但却带有某种必然性。

四

右肾切除手术之后，梁启超的尿血症未见好转，这是肯定的。但是若要说每况愈下，却也不符合事实。病情只是反反复复，时好时坏而已。梁自己认为，总体情况毕竟比手术前好些，"过去每天小便都有血，现在不过隔几天偶然一见"，"便血之多寡，则视工作之劳逸而定"。休息得好，也便多日没有血尿。所以医生总是嘱其静养。然而梁讲学著书，没有一刻稍闲，实在静不下来。这样，从手术以后直至他去世前，约3年时间里，他是协和医院的常客，曾多次就医，治疗不同病症，包括继续治疗血尿，也包括医治痔疮、小便堵塞和肺部感染等。

很多人根据手术后3年梁启超盛年而逝，时年57岁，便很自然地将他的死和"割肾"联系起来。最早发难的是他的好友伍庄，伍庄在写给梁启超的《祭文》中说："予不用爱克斯光镜，予知致君之命在于割肾。"至于今天的人们，在欣赏梁启超的超卓才华、叹息他的英年早逝之余，也难免想当然地认为，如果不是错割一肾，梁的一生或许不至于这样短吧。

但是梁启超的死，终究与尿血症无关，也与割去一肾无关。他不是因尿毒症或者肾功能衰竭而去世的。他留在体内的左肾一直工作正常。梁启勋在

51

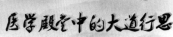

《病院笔记》中曾提到其兄右肾切除后,"幸而左肾之排泄功能,决无障碍"。所以尽管右肾被"冤枉"地割去,倒也"不必追悔矣"。这句话不仅证明了费慰梅、林洙所谓"割去健康的肾,留下坏死的肾"是虚妄之词,而且似乎也证明了梁启超的尿血症可能与两个肾都无关。既然长有肿瘤且排泄功能有问题的右肾都不是尿血的原因,那便无理由怀疑正常的左肾是尿血的原因了。

根据家属的记录,梁启超的死因是肺部感染。

梁思成的《梁任公得病逝世经过》一文记载,其父梁启超1928年秋开始患一种怪病,起初病情较为轻微,只是发烧,食欲不振,没有其他症状。先由日本医生诊治,未见效果,于1928年11月28日转到协和医院就医。协和医生为他拍了肺部 X 光片,发现左肋微肿,于是怀疑有肺痨。但是取痰化验,没有找到肺结核菌,却发现痰中有大量"末乃厉"菌(monelli)。之后医生又从梁肿胀的左肋取出脓血化验,同样发现此菌。医生做了实验,将梁的脓血注入小动物体内,结果看到小动物内脏溃烂出血。

协和的医生都没有治疗这种病症的经验,他们遍查医书,最后是在美国威斯康星州某医学杂志上查到唯一一篇论文,讨论的病历与梁启超的病情相似。但该论文建议使用的药物,协和医生考虑病人体质过于虚弱,担心发生副作用,只能勉强试之,结果未能控制病情发展,梁启超于入院50多天后去世。

梁的好友伍庄的文章中也说,梁启超最后患病十分怪异:"有瑞典医生谓其病甚奇,世界上患此病者曾有三人,二人死而一人生云。"

这些记录都表明,梁启超患的病,至少在当时,是绝难救治的。至于"末乃厉"菌究竟为何物,在今天看来,这种病菌引起的肺部感染应称之为何种病症?因在网上搜寻无果,我便请教了胸科专家和微生物科专家。

可是胸科及微生物科专家均不知道"末乃厉"这个细菌名称,自然也不知道由此细菌感染引起的疾病。微生物专家还专门查了细菌谱系,亦未发现此菌。专家告诉我:"可能是近一个世纪它已变异或不存在了,正如天花病毒当年肆虐世界百多年,后经全世界几十年种牛痘免疫,此病已被灭绝一样。"

如此说来,梁启超之死的病因,大概就没有人能说清楚了;但他的死肯定不是因为切去一个肾,这倒是清楚的。

然而坊间不断有人在编着名人故事。费慰梅曾说,刘瑞恒"在那次手术以后就不再是那位充满自信的外科医生了",意谓此人自惭形秽,从此变得灰溜溜。殊不知,就是在给梁启超做完手术之后,刘瑞恒当选中华医学会理事长。梁启超去世后,又有一个巧被故事高手发现了。他们注意到刘瑞恒离开了协和,到南京国民政府中央卫生署担任次长(副部长)。于是这次离职就被解释成刘因为在梁启超之死上难辞其咎,故而辞去外科医生的职务,黯然出

走,离开协和,目的是逃脱罪责。其实细心的读者都能看出,刘到南京上任,是升职,用今天的话来说,是"另有任用"。何况,他被调往中央卫生署的时间,并非在梁启超去世以后,而是在梁最后一次到协和就医之前,也就是1928年11月。而且后来一段时间,即使在南京工作,他仍然兼任北京协和医院的院长,直到1934年。

根据《刘瑞恒博士与中国医药及卫生事业》一书(台湾商务印书馆,1989年)介绍,刘瑞恒作为中国第一个哈佛医学博士、中国现代西医外科的开创者,之所以不顾家人反对,毅然放弃自己的外科医学专业,而到南京国民政府中央卫生署任职,先任次长(副部长),后长期担任署长(抗战期间兼任军医署署长),这是因为他认为在当时贫穷落后的中国,推动公共卫生建设是当务之急,此举更有利于救国救民。他在协和医学院教育学生,总是要求大家毕业后要为国家的公共事业效力,不要开私人诊所给自己挣钱。他有一句名言:"不管私人事业如何赚钱,公众职务总是更为重要。"于是这一次调动,他践行了自己的话。在所谓"公众职务"上,他推进和提高医学教育及公共卫生建设,大至创办各类医学院校,组织各种医疗培训,小至在落后地区修建公厕、消灭蚊蝇,向一般民众普及基本卫生知识。因而他对中国现代医学卫生事业发展是做出了重要贡献的,被誉为"中国公共卫生事业的奠基人"。

说到这里,读者可能已清楚,有关梁启超与协和医院的"百年公案",其实不过是一场有关名人私事的捕风捉影的集体炒作而已。

案例出处

李昕:《梁启超与协和医院的"百年公案"》,原载香港《橙新闻》和深圳《晶报》,http://www.sohu.com/a/14873748_105067。(有改动)

案例解析

梁启超是著名的历史人物,其与协和医院的故事在网络上也有很多版本。本案例通过梳理历史事件,还原历史真相,让学生了解西医东渐的过程中西医发展的曲折性,以及人们对西医的认知的误区,从而理解事物发展的曲折性和光明性的关系,同时学会用辩证的思维看待事物发展问题。

辩证唯物主义认为,世界是物质的,物质决定意识。这要求我们一切从实际出发,实事求是地看待问题,分析问题。对于梁启超是否被"误诊"的问题,在近代史上有着不小的影响,各方都从不同的角度、不同的证据出发,提出了不同的观点。由于很多观点是建立在非历史事实的基础之上的,因此得出的结论也是不恰当,甚至荒谬的。本案例作者坚持实事求是的原则,对相关历

史问题，从事实和逻辑的角度对梁启超是否被"误诊"进行了详细的分析，得出了令人比较信服的结论。

世界是普遍联系的，联系是客观的。要坚持用联系的观点看问题，但是联系是多样的：有现象的联系，也有本质的联系；有必然的联系，也有偶然的联系；有的是原因，有的是结果。因此，真正做到用联系的观点看问题是不容易的。梁启超是否被误诊？为什么被误诊？为什么不同的人会有不同的看法？梁启超被"切除右肾"的原因是什么？是误诊，还是必然？梁启超去世的原因到底是什么？是因为"丢腰子"，还是肺部感染？关于这些问题，只有坚持联系的客观性和普遍性原理，才能真正对"百年公案"有一个正确的认识。

梁启超的"误诊"谣言，并不是从客观实际情况出发、充分反映客观事实的认识。之所以会出现"传谣"和"信谣"，是因为没有对客观规律和客观事实进行精确把握，而错误地发挥人的主观能动性，人云亦云，以谬传谬。只有建立在正确认识和把握客观规律基础上的主观能动性的发挥才是真正积极有效的。

案例启思

1. 如何评价协和医院的"误诊"，以及当时名人对西医的怀疑和梁启超先生对西医的"辩护"？
2. 如何看待现在网络上关于此事的各种谣言？

教学建议

本案例通过对梁启超先生因协和医院的"误诊"而引发的一系列言论，向学生说明如何运用辩证的思维看待问题，如何正确地发挥人的主观能动性。

可用于第一章第三节"唯物辩证法是认识世界和改造世界的根本方法"部分的辅助教学和相关内容考核。

第一章 世界的物质性及发展规律

▶ 案例十　医者钟南山

每周四下午是钟南山的例行问诊时间，如无特殊情况，他会两点半准时出现在广州医科大学附属第一医院门诊三楼1号诊室，问诊全国各地慕名而来的患者。

他们通过专家热线预约，提交病例后由钟南山的助手筛选，紧急的病症有可能优先安排。每周只有十几人能坐在钟南山面前，由钟南山一对一问诊至少半小时。现在病人平均要等三到六个月。名声最盛时，约他看病的人甚至排到两年后。

门诊被钟南山视为"必要的事情"，同样必要的事情是周三上午的查房，他的学生、护士、护士长、主治医生、主任医师紧随其后。查房所看病人有限，有些病人会边哭边拉住他。

据广州医科大学附属第一医院广州呼吸疾病研究所张挪富教授的回忆，1992年刚到医院时，大查房就已经开始了，至今未曾间断过。"他主要是看一些诊断和治疗有困难的疑难病人，解决我们没有解决的问题。"

钟南山自认为是"临床医学家"，门诊发现的疑难病症，他会把它们当作学术研究的挑战，回到实验室攻关。在他心中，疑难病症是课题。"实践医学就是一边实践，一边科研，不能只是搞研究，最重要的还是解决病人的问题。"

他已经83岁，早过了退休年龄，但他从未停下工作，已经很多年没休息过了。"我有周六和周日，但我要干活。"

67岁那年发生的事情是钟南山人生众多转折点中最具传奇色彩的一笔。2003年，非典型肺炎（以下简称"非典"）来袭，在疾病最先爆发的广东，作为广东省乃至全国呼吸科的代表人物，原本只在行业内享有盛名的钟南山被推到了台前。

在这次中华人民共和国成立后最严重的疫情危机中，当疫情一度被瞒报、人心惶惶时，拥有准确的信息、有依据的治疗措施，主张无隐瞒披露的钟南山

55

迅速成了抗击"非典"的"领头人",他的每一句发言都能占据媒体醒目的版面,他的一举一动成了"非典"疫情的风向标。他被贴上"敢说真话"的标签,同时也成了非典时期医疗工作者的最佳代表。有关他的传记——《勇敢战士——钟南山传奇》排在"非典"时期畅销书前列。

关于钟南山所展示的形象,媒体多用"斗士"或"战士"来描述,《人民日报》形容他拥有"大无畏的献身精神、实事求是的科学精神、拯救生命于死神的博爱精神"。

"非典"之后,钟南山头衔与声名齐飞,先后当选为政协委员、人大代表、"感动中国年度人物"、中华医学会会长等。"敢说真话"的性格让他成为媒体追逐的热门人选,参加"两会"时一段被记者"长枪短炮"封锁的 50 米路段,他要走半小时,对于提出的问题,无论是否专业,他都会说点什么。电视上、报纸上、网络上都可以见到各式各样的"钟南山说"。他对公共事件的发声延续了"非典"时期的风格。2016 年他在政协医卫界会议上发问:"现在药品名称这么多,我临床 45 年,有的药我都叫不出名字,这么多新药是怎么出来的?同一种药能有十几到几十个名字,往往是一个药品改个名,摇身一变成新药,'身价'立刻飙升。这些批号是怎么拿到的?这些问题到底谁来把关?"也在论坛上批评广州的空气污染:"无论是有病还是没病,50 岁以上的广州人的肺都是黑色的!"2013 年在全国"两会"上他提出:"灰霾与肺癌有极大的关系。"他每一次发言,几乎都会引发广泛讨论。2011—2012 年,他多次呼吁检测公布 PM2.5 数值。2013 年 1 月,环境保护部(今生态环境部)公布了全国各城市 PM2.5 数值,而非按原计划到 2015 年在重点地区进行防控。

他的生活和工作没有太大的变化。每周三、周四、查房、问诊雷打不动。下午下班后快走或跑步 20～25 分钟,双杠、仰卧起坐、单杠,一套流程下来大约一小时,每周三到四次。10 年前(2009 年)的一次心脏手术让他告别了篮球场,"现在不太能做对抗性的运动"。然而球队并未忘记他,在他 82 岁生日那天,球队送了一件所有队员签名的球服给他,上面写着"福如东海,寿比钟南山"。

这些年,他一直忙于慢性阻塞性肺疾病的防治工作,大力推动肺癌筛查居民健康服务,建成广东呼吸中心依然是他最大的追求。

遭遇"非典"

2002 年 12 月 22 日,广州医学院第一附属医院呼吸疾病研究所(简称"呼研所")收治了一位从广东河源转来的危重肺炎病人。由于呼研所一直研究呼吸类疾病,一开始没那么紧张。该病人一直发烧不退,病情渐渐恶化,给

第一章 世界的物质性及发展规律

他做机械通气，只能小容量通气，做多了肺会破。当周周三钟南山查房时，第一次接触到这位病人。之后他得知，收治该病人两天后，河源救治该病人的8位医护人员全部被感染。根据多年的行医经验，钟南山警觉到这是一例值得关注的特殊病例。

广东省内接连出现相同病例，截至2003年1月20日，中山发现28例此类病人。21日，钟南山赶到中山，会同广东省卫生厅专家组，对病人进行会诊和抢救。22日，专家们起草了《中山市不明原因肺炎调查报告》，首次将这一怪病命名为"非典型肺炎"（2003年3月，世界卫生组织根据这种疾病的临床表现和流行病学特点，将其命名为"严重急性呼吸道综合征"），并提出了酌情使用皮质激素等治疗原则和可能通过空气飞沫传播的方式及通风换气等一系列预防措施。随后钟南山被任命为广东省非典型肺炎医疗救护专家指导小组组长。

呼研所党支部书记程东海对媒体回忆，钟南山根据可能发生的大规模感染，在大年二十九（那年没有年三十）晚上，连夜组建隔离病房，取消一线人员休假，同时采购物资。投建3天的呼吸危重症监护中心整建制投入，将优质资源全部投入"非典"防治工作。

1月中旬到2月中旬，用于控制非典的物资处于青黄不接的时段。"非典"研究不足，珠三角一带病人越来越多，第一批收治的医院，大批医护人员也被感染，病情渐渐控制不住了。钟南山急于弄清疾病来源，于是联络了香港大学的管轶教授和郑伯健教授，从病人身上取下病毒样本，交给他们带到香港检测，并签订协议：一方发现病原体，须共同协商，征得国家卫生部同意才能发布。

钟南山从上海开会回来，一下飞机就被接到广东迎宾馆开会。有消息称管轶会在第二天公布非典病原很可能是禽流感。为了解情况，钟南山凌晨3点赶去香港，与管轶确认后，钟南山将他和郑伯健带回广州解释情况。

那一次，38小时未合眼的钟南山发烧了，左上肺有肺炎，全身乏力，但据他对"非典"患者症状及体征的大量观察体会，他认为自己得的不是"非典"。为了不影响士气，他选择在家治疗，由于没地方挂吊瓶，他在走廊门框上钉了一颗钉子，那颗钉子至今没拔掉。5天后，肺部阴影消失。休息了3天，他回到医院。当时除了家人和一名打点滴的护士外，没人知道他病了。

2月11日，在广东省卫生厅召开的记者见面会上，钟南山受命对媒体讲解"非典"的发生和病人的发病情况。他以院士声誉担保，称"'非典'并不可怕，可防、可治"。

很长一段时间内，钟南山和攻关小组全力以赴钻研疾病的救治方法。他与

医学殿堂中的大道行思
——《马克思主义基本原理概论》（2018年版）教学案例集

肖正伦、陈荣昌等专家研究出了"无创通气"（与通常插管或切开气管通气不同，采用无创鼻部面罩通气），增加了病人的氧气吸入量。当病人出现高热和肺部炎症加剧时，适当给予类固醇激素。当病人继发细菌感染时，需针对性地使用抗生素。

在医学界，用类固醇治疗病毒性感染是大忌，对病人使用皮质激素，也与传统治疗肺炎的方法相反。

钟南山将以上措施写入《广东省医院救治非典型肺炎病人工作指引》，3月9日下发各地市与省直、部属医疗单位。3月是广东非典最严酷的时期，6家专门用于接收非典病人的医院已不堪重负。3月17日，广东省全省累计报告病例首次突破1000例。钟南山当时说出了至今仍被人们记住的话：把重症病人都送到我这里来。

郑伯健回忆，钟南山那时要求把广东最重的"非典"病人都送到他那儿，"重症患者都是要把气管切开的，很危险。但后来的结果是，他那里重病号的死亡率得到了控制"。他的措施得到了证明，双管齐下，危重病人的抢救成功率达到87%。

说出真相

疫情初期，钟南山压力颇大。2003年2月18日，中国疾病预防控制中心病毒病预防控制所的专家向社会公布了自己的研究成果："引起广东部分地区非典型肺炎的病原基本确定为衣原体。"权威媒体的报道使他的结论被认为得到了官方认可。

广东医疗界人士并不认同这一结论。钟南山对每一个携带"非典"病毒的病人进行了检查，他让病人忍住不咳嗽，观察每个病人的口腔，发现这些病人的咽喉部没有症状，如果是衣原体感染，患者应伴有上呼吸道炎症。而且临床证明，大量使用应对衣原体的抗生素对"非典"病人均无效果。广东省决策层采纳了他的意见，坚持和加强了原来的防治措施。

4月11日下午，呼研所拟在次日下午举行发布会，宣布"非典"病原和一个月前香港专家发现的一样，同为新型冠状病毒。12日，广东媒体刊载了这一消息。4月16日，世界卫生组织在日内瓦宣布，正式确认冠状病毒的一个变种是引起"非典"的病原体。钟南山的坚持再一次被印证。

2003年4月12日，北京召开了一场为世界卫生组织官员和中外记者举办的发布会，钟南山被要求参加。会前，有关部门让他"不要讲太多"，关于病人的情况，可以说有的医院做了转移。第一天的发布会他按照要求做了。第二天，在记者的追问下，面对"是不是疫情已经得到控制"的提问时，钟南山

第一章 世界的物质性及发展规律

忍不住大声说："现在病原不知道，怎么预防不清楚，怎么治疗也还没有很好的办法，病情还在传染，怎么能说是控制了？我们顶多叫遏制，不叫控制！连医护人员的防护都还没有到位。"现场哗然。

"我老有一种感觉，好像专门喜欢跟谁较劲，老觉得不管走到哪儿，自己都不太受欢迎。"

钟南山坚持认为，信息公开是疫情防治的重中之重。在一次采访中，他称："政府对疫情发展实情的信息发布越透明，公众就越稳定，诚实永远是上策。"思考良久，他决定说出真相。

发布会后，4月20日，国家卫生部部长、北京市委副书记由于防治"非典"不力被免职。这一天被外界称为"改写中国抗击非典的里程碑"的一天。

4月26日，在央视播出的《面对面》中，钟南山对主持人王志"你关心政治吗？"这一问题的回答广为流传，他几乎脱口而出："我只想搞好自己的业务工作，以及做好防治疾病的工作，这本身就是我们最大的政治。一个人在他的岗位上能够做到最好，这就是他的最大政治。"

同年4月，他被温家宝总理点名一同参加"中国—东盟领导人关于非典型肺炎问题特别会议"。那年，钟南山去了16个国家和地区，以一线医学研究者的身份讲解中国如何应对"非典"。程东海回忆："他非常忙，很疲惫，但只要有机会，他就主动到国外演讲。国外的人都知道他在呼吸疾病领域是中国的权威，他实事求是把中国情况告诉国外专家和媒体，讲述中国政府是怎么做的，采取了什么措施，取得了什么成效。这种做法得到很多国外学者的认可。当时很多国家都把中国封闭起来了，广交会也不派人来了，他的行为为政府缓解了很大的压力。既消除了国际社会的误解，又证明了真实的重要性。"

如果不是非典，钟南山此前的67年岁月，几乎可以用默默无闻来形容。

钟南山1936年10月20日生于南京，医院地处钟山以南，父亲钟世藩为他取名"南山"。父亲钟世藩是孤儿，9岁被带到上海做仆人，后来考入协和医科大学，成为40位入学者中最后成功毕业的8名学生之一，是南京中央医院儿科主治医师，中华人民共和国成立后成为中山医科大学一级教授，是中国著名儿科专家。母亲毕业于协和高级护理专业，曾任中山医科大学肿瘤医院副院长，是广东省肿瘤医院创始人之一。

父亲自费买来小白鼠在书房做实验，家里的三楼都是老鼠，钟南山的医学启蒙由此开始。他每天都去喂小白鼠。如果有人来找他父亲，被询问住址的邻居会说："闻到什么地方老鼠味道大，就是他们家。"

钟南山儿时经常在医院里，耳闻目睹父亲和别的医生对病人的态度以及做法。那时候晚上经常有家长带着孩子到他家看病，孩子康复以后，家长非常高

59

医学殿堂中的大道行思

——《马克思主义基本原理概论》（2018年版）教学案例集

兴，父亲也很开心。"那个时候给我一个感受就是：当医生能给别人解决问题，会得到社会的尊重，有很强的满足感，这是当时的一个热爱的原因。" 1955年，钟南山考入北京医学院（今北京大学医学部）医疗系。

大三那年，由于体育成绩突出，钟南山作为运动生代表参加了北京市高校运动会，获得400米跑第一名。1959年9月，他在首届全运会上获得400米栏冠军，并以54.4秒打破全国纪录。之后，他拒绝了北京体委的邀请，选择留校从事放射医学教学。次年，他获得北京市运动会男子十项全能亚军。

1964—1966年，钟南山被派往山东乳山搞"四清运动"，与农民同吃同住同劳动。"文革"开始后，钟南山的家庭受到严重影响，母亲因不堪大字报羞辱，在被红卫兵揪斗、批判后自杀。1968年，钟南山被学校"革委会"安排去烧锅炉。次年，他参加下乡医疗队，来到河北宽城县，遇到病人却束手无策，作为医学院的毕业生，他很自责。1971年，钟南山在妻子李少芬的帮助下，通过部队调令离开北京，到广州第四人民医院（今广州医科大学附属第一医院）成为一名医生。

"我上大学时做师资，从事新专业，后来搞放射生物化学。一直都服从分配，从来都是标兵、先进。所以从1960年到1971年，整整11年我都没做医生。做医生是我的愿望，但不是我所能选择的。挑到了这个医院还是因为我爱人的身份，这也是她挑定的，因为它离我们家最近，用不着整天下乡。"这时，他已经快36岁了。

到医院不久，他将一位咳出黑红色血的病人误诊为结核病，次日发现是消化道呕血，病人险些丢了性命。这件事刺激了钟南山，他开始付出从未有过的努力，跟着大夫余真学习怎么处理病人，为什么要这么处理，要做什么检查。晚上回家继续研究功课。余真后来回忆：不过两三个月，原先粗壮黑实的运动员体格，减了不止一个码；原先圆头满腮、双目炯炯发光、笑口常开的一个小伙子，变得高颧深目、面容严肃，走路也在思考问题；原先紧绷在身上的白大褂，竟然显得飘逸宽松。外人甚至向她打探钟南山是否健康出了问题。8个月后其他医生评价他"顶得上一个主治医生啦"。

此时，医院"革委会"来要人去做慢性支气管炎的群防群治工作。20世纪70年代初，针对我国慢性支气管炎发病情况，周恩来总理向医务界发出号召，要求广大医务工作者做好这一群防群治工作。全国各地把这事当作医疗卫生问题来抓，掀起了开展慢性支气管炎防治与研究的高潮。"革委会"下令，在四医院成立慢性支气管炎防治小组。钟南山因"没有专业，也没有专长"被指派，另外两个成员是组长侯恕和大夫余真。在1974年和1975年，防治小组在《中华医学》和《中华内科》杂志发表了两篇论文，填补了广州地区多

第一章 世界的物质性及发展规律

年来没有在国家一级医学刊物发表论文的空白。

打倒"四人帮"后,广东省卫生厅决定大力支持慢性支气管炎防治小组,成立研究所,专门拨了10万元作为所里的科研经费。1978年,第一届全国科学大会在京召开。作为广东代表,钟南山参加了会议。他与侯恕副教授合写的论文——《中西医结合分型诊断和治疗慢性气管炎》被评为"国家科委全国科学大会成果"一等奖,他也因此获得赴英国爱丁堡大学深造的机会。

他花了3个多月的时间,每天深夜整理白天实验获得的数据,最终以中医理论使英国同行信服。皇家医院呼吸系副主任瑟特罗教授说:"看来中国对呼吸衰竭疾病真有点研究呀!"

在英国,他对呼吸系统疾病的防治研究取得了6项重要成果,完成了7篇学术论文,其中有4项分别在英国医学研究学会、麻醉学会及糖尿病学会上发表。回国前,英国爱丁堡大学极力挽留他在皇家医院工作,他拒绝了。

1981年11月18日,钟南山从伦敦飞回祖国,一直在呼研所工作。1996年,钟南山当选中国工程院院士。

早诊早治,我们这种战略能在国际上起到引领作用

在英国留学时,钟南山的研究方向是慢性阻塞性肺病。弗兰里教授计算血红蛋白解离曲线变化对组织利用氧气的影响时,钟南山拿自己做实验,吸入一氧化碳使血液碳氧血红蛋白达22%,相当于一个人在短时间内连抽六七十支香烟。借助这次实验的数据,他证明导师的推算只有一半是正确的。

从1999年开始,钟南山带领团队提出对慢性阻塞性肺病进行早期干预。慢性阻塞性肺疾病在中国是占人群死因前三位的一种疾病,是钟南山的一个重要研究方向。

"非典"之后,除去对公共事件发言,钟南山将大部分精力放在专业科研上。10多年过去,终于和研究小组第一次从流行病学证实生物燃料可引起慢性阻塞性肺病,第一次发现两种含硫氢基的老药用于预防慢性阻塞性肺病急性发作安全有效。

针对慢性阻塞性肺病的治疗,世界卫生组织的指南依然是只针对有症状的人。钟南山经研究发现,当出现呼吸困难等症状就医时,这些病人的肺功能已经损害50%以上,失去了最佳的治疗时间。

"我们发现早期控制血压、早期控制血糖就能够预防重症,但是对慢性阻塞性肺疾病,直到现在,全世界的医疗手段还是非常落后的,发现症状才治。我们经过十年的努力,现在全国都加强了早期的干预。"

关于慢性阻塞性肺病的研究,很少人愿意做。这需要医生到社区对病人进

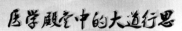

行筛查,但因患者早期没有症状或极少症状,所以可能觉得没必要。"如果医者不做,这部分病人就成为'没人管的孩子'。"钟南山和冉丕鑫与团队一同到广州市区,到连平、翁源等各乡镇社区寻找病人。在对40周岁以上,有长期吸烟、职业粉尘暴露等危险因素接触,或咳嗽、咳痰等人员进行细致筛查后,最终为研究提供了841例个案。

"实验证明,早期少量的一些行动就会使肺功能得到大大的改善,有一些恢复到正常,所以我们开辟了一条路,就是慢性阻塞性肺病的治疗战略应该和其他病症一样,早诊早治,我们的研究在去年发表了,我相信我们再做多一些工作,我们这种战略能在国际上起到引领作用。"

2017年9月7日,钟南山、冉丕鑫有关慢性阻塞性肺病的论文发表在《新英格兰医学杂志》上,随机、双盲、安慰剂对照的实验结果显示:使用噻托溴铵的一组患者和使用安慰剂的一组患者相比,肺功能改善率明显提升,从一般的50~60毫升提高至120~170毫升。成果引发全球呼吸疾病领域的轰动,这被他视为"非典"后最满意的一件事情。

此前,钟南山及其团队相关成果被写进世卫组织编撰的新版《慢性阻塞性肺病全球防治指南》,其中两篇论文分别被评为《柳叶刀》2008年度最佳论文和2014年度国际环境与流行病研究领域最佳论文。

2017年,有感于肺癌患病率的增加,他开始做推广肺癌筛查方面的居民健康服务工作。由于工作繁忙,这一实践只能在空余时间去做。82岁的他,又有多少时间是空余的呢?就在采访当日,他要做的事情就有与区领导见面、与呼和浩特市市长见面、问诊……

有时,他不得不承认自己确实老了。"非典"后,他的身体一直出现状况:2004年得了心肌梗死,做手术装了支架;2007年出现心房纤颤,逼得他告别篮球场;2008年得了甲状腺炎,短短两个月瘦了10斤;2009年又做了鼻窦手术……

但面前的钟南山头发依然乌黑,说话中气十足。他提起已经说过多次的三个追求:"第一个就是促进呼吸中心全方位建成,现在非常艰难,一定要通过大家的努力,想办法搞成;第二,我已经研究了26年的抗癌药,我希望把它搞成,现在已经走过了大半路程;第三,我希望把慢性阻塞性肺病的早诊早治形成一个全国的乃至全世界的一个治疗思想。"

与呼和浩特市市长约定的时间到了。他看了看表,起身,健步如飞,消失在走廊尽头。

第一章 世界的物质性及发展规律

案例出处

张明萌：《医者钟南山》，《南方人物周刊》，2019年1月18日，http://nfpeople.infzm.com/article/8987。（有改动）

案例解析

钟南山是一位在医学界甚至整个中国都非常有影响力的人物。他与医学和非医学领域的故事，总能引起社会的关注。关于钟南山的形象，媒体多用"斗士"或"战士"来描述，《人民日报》形容他拥有"大无畏的献身精神、实事求是的科学精神、拯救生命于死神的博爱精神"。他在医学界的影响力源于他的努力和奋斗，他对社会"痛点"的关注体现了他的责任与担当。他在医学界和服务社会方面的杰出贡献，与他卓越的思维能力分不开。

学习和掌握唯物辩证法，要求我们在实践中不断增强思维能力，特别是增强辩证思维能力、历史思维能力、战略思维能力、底线思维能力和创新思维能力。辩证思维能力是唯物辩证法在思维中的运用，是指从事物相互联系、相互作用的关系出发，分析矛盾、抓住关键、找准重点、洞察事物发展规律的能力。辩证思维能力具体表现为从对立统一中把握事物及其发展过程，具体问题具体分析，善于抓住事物主要矛盾和矛盾的主要方面。具备较强的辩证思维能力，能够使人更加全面准确地认识和把握事物，真正做到透过现象看本质。在"非典"救治中，钟南山和攻关小组研究出"无创通气"，使用与传统治疗肺炎相反的治疗方法，坚持认为信息公开是疫情防治的重中之重，这些看似非常规的做法，其实都与他善于抓住主要矛盾、善于分析事物本质属性的辩证思维能力分不开。历史思维能力是辩证思维与历史眼光的结合，是马克思主义科学历史观的具体体现和实践运用。历史思维能力的培养能够使人正确理解和掌握历史知识，认识历史发展规律，进而对社会现实问题进行科学的观察和思考。钟南山直言广州的空气污染严重，在2013年全国"两会"上提出："灰霾与肺癌有极大的关系。"2011—2012年，他多次呼吁检测公布PM2.5数值。2013年1月，环境保护部（今生态环境部）公布全国各城市PM2.5数值，而非按原计划到2015年在重点地区进行防控。战略思维能力强调思维的整体性、全局性、长期性，是高瞻远瞩、统揽全局、善于把握事物发展总体趋势和方向的能力。钟南山提出对慢性阻塞性肺病早诊早治，努力推进把慢性阻塞性肺病的早诊早治形成一个全国乃至全世界的一个治疗思想。底线思维能力是严守原则、划清底线、坚守底线、不踩红线、居安思危的能力，以及以积极的态度研判风险、以实际行动化解风险的能力。钟南山年轻时因为一次误诊而下决心提

高诊疗水平,在付出非同寻常的努力后,在短短几个月就使自己成了一名合格的主治医生。创新思维能力是对常规思维的突破,就是破除迷信,超越陈规,善于因时制宜、知难而进、开拓创新的能力。钟南山对每一位携带"非典"病毒的病人进行检查,否定了"非典"病人是衣原体感染,宣布"非典"病原是一种新型冠状病毒,并得到世界卫生组织正式确认,钟南山的创新思维能力使他的坚持再一次被印证。

案件启思

1. 钟南山的人格魅力表现在哪些方面?
2. 医学生如何学习钟南山的科学精神?

教学建议

本案例适用于第一章第三节"学习唯物辩证法,不断增强思维能力"部分的辅助教学和相关内容考核。

第二章 实践与认识及其发展规律

▶ 案例一 一株小草改变了世界

 案例

"青蒿素是传统中医药送给世界人民的礼物。"

2015年10月5日,中国中医科学院研究员屠呦呦获得2015年诺贝尔生理学或医学奖。一时间,各大新闻网站、朋友圈被这位85岁的老太太刷屏了。外界热闹,她却出人意料的平静,"青蒿素的发现,是中药集体发掘的成功范例,由此获奖是中国科学事业、中医中药走向世界的一个荣誉"。

"恭喜屠呦呦,恭喜中国!"

5日上午10点,瑞典卡罗琳医学院的诺贝尔大厅内,挤满了来自世界各国的记者。11点30分,诺贝尔生理学或医学奖评委会常务秘书乌尔班·林达尔和3位评委进入诺贝尔大厅。林达尔先后用瑞典语、英语宣布,将2015年诺贝尔生理学或医学奖的一半授予中国药学家屠呦呦,另一半授予爱尔兰科学家威廉·坎贝尔和日本科学家大村智。屠呦呦获奖的理由是"有关疟疾新疗法的发现"。在林达尔宣布的同时,大屏幕上出现了照片和简介,让世界认识了这位来自中国的科学家,照片中,屠呦呦戴着眼镜,嘴角微微带笑,简介中写着"生于1930年,中国中医科学院,北京,中国"。

接着,评委们介绍了获奖科学家的贡献:屠呦呦发现了青蒿素———种可以显著降低疟疾患者死亡率的药物。在20世纪60年代末,常用治疗疟疾的药物——氯喹或奎宁已经失效,但疟疾患者却在持续增加。那时,中国的屠呦呦

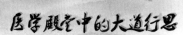

将目光转向了传统中草药学,并发现了植物青蒿中的提取物对抑制疟疾有疗效。屠呦呦翻阅古典,找到提取的办法,并将该物质命名为青蒿素。青蒿素代表了一种新型的抗疟载体,能够在疟疾寄生虫发展的早期就迅速杀死它们,因此在治疗严重疟疾方面产生了前所未有的疗效。

诺贝尔生理学或医学奖评委让·安德森在接受本报专访时表达了祝贺:"恭喜屠呦呦,恭喜中国!这是诺贝尔生理学或医学奖历史上首次奖励寄生虫疾病的治疗领域。因为这三位科学家的贡献,千百万人得到了对症治疗的药物,这具有里程碑式的意义。"

屠呦呦是诺贝尔生理学或医学奖首位中国得主,也是该奖项的第十二位女性得主。"因疟疾死亡的人每年可以达到两亿人,她以惊人的毅力发现了青蒿素,是第一个证实青蒿素可以在动物体和人体内有效抵抗疟疾的科学家。青蒿素可以将受疟疾感染的死亡率下降20%,她的研发对人类的生命健康贡献突出。她的研究跟所有其他科研成果都不同,为科研人员打开了一扇崭新的窗户。"安德森说,"中医关于中草药有着丰富的知识,而西方科学家可以从分子生物学的角度对中草药进行分析提炼。屠呦呦既有中医学知识,也了解药理学和化学,她完美地把这些结合在一起。因此东西方医学研究携手合作,会得到丰硕成果。"

青蒿素是中医药造福人类的体现

1971年10月4日,一双双眼睛紧张地盯着191号青蒿提取物样品抗疟实验的最后成果。随着检测结果的揭晓,实验室沸腾了:该样品对疟原虫的抑制率达到了100%!44年后的2015年10月5日,屠呦呦收获了诺贝尔生理学或医学奖。

青蒿,在我国南北方是很常见的一种植物,郁郁葱葱地长在山野里,外表朴实无华,却内蕴治病救人的魔力。屠呦呦正是用一株小草改变了世界。

屠呦呦的名字出自《诗经》"呦呦鹿鸣,食野之蒿"。宋代朱熹注称:"蒿即青蒿也。"名字是父亲起的,当时,并没有人预料到诗句中的那株野草会改变这个女孩的一生。

1930年年底,屠呦呦出生在浙江宁波。她是家里五个孩子中唯一的女孩。作为一名生药专业学生,屠呦呦考入北京大学医学院时就和植物等天然药物的研发应用结下不解之缘。1955年进入中医研究院(现为中国中医科学院),除了参加过为期两年半的"西医离职学习中医班"外,她几乎没有长时间离开过东直门附近的那座小楼。

1969年,屠呦呦所在的中医研究院接到了"中草药抗疟"的研发任务,

第二章 实践与认识及其发展规律

那是一个重要的军事计划的一部分,代号"523"。39岁的屠呦呦临危受命,开始了一段征服疟疾的艰难历程。

从1969年1月开始,历经380多次实验、190多个样品、2000多张卡片,屠呦呦和课题组以鼠疟原虫为模型,发现青蒿提取物对鼠疟原虫的抑制率可达68%。但是,后续的实验结果显示,青蒿提取物对鼠疟原虫的抑制率只有12%～40%。屠呦呦分析,抑制率上不去的原因,可能是提取物中有效成分浓度过低。

为什么在实验室里青蒿提取物不能很有效地抑制疟疾呢?是提取方法有问题,还是做实验的老鼠有问题?屠呦呦心有不甘,她重新把古代文献搬了出来,细细翻查。有一天,东晋葛洪《肘后备急方》中的几句话吸引了屠呦呦的目光:"青蒿一握,以水二升渍,绞取汁,尽服之。"为什么这和中药常用的煎熬法不同?原来里面用的是青蒿鲜汁!

"温度!这两者的差别是温度!很有可能在高温的情况下,青蒿的有效成分被破坏了。如此说来,以前进行实验的方法都错了。"屠呦呦立即改用沸点较低的乙醚进行实验,终于发现了青蒿素。从12%到100%,用乙醚提取青蒿素,这个看似极为简单的提取过程,却弥足珍贵。那一幕,屠呦呦记忆犹新:"太高兴了!千千万万人的生命得以挽救,这是最值得欣慰的事情。青蒿素是属于我们中国的发明成果,而且是从中医药里集成发掘的,是中医药造福人类的体现。我们倍感自豪。"

屠呦呦并未止步,1992年,针对青蒿素成本高、对疟疾难以根治等缺点,她又发明了双氢青蒿素这一抗疟疗效为前者10倍的"升级版"。

2011年9月,屠呦呦获得有"诺贝尔奖风向标"之誉的拉斯克医学奖。

这项荣誉属于中国科学家群体

"科学研究不是为了争名争利。"她说,"那时候大家工作都很努力。工资待遇挺低的,但大家也不考虑这些,自觉来加班,争取快速推进工作。"

中国中医科学院中药研究所原所长姜廷良研究员说,在做青蒿素动物实验时,曾发现有一过性转氨酶升高等现象。屠呦呦和她的两位同事决定亲自试服,证实药物的安全,然后才投入临床给病人服用。当时科研条件差、环境简陋,盛放乙醚浸泡青蒿的大缸时时发出刺鼻的气味……后来,屠呦呦得了中毒性肝炎。

屠呦呦自己也没想到,40多年后,青蒿素研究能被国际认可。"您的获奖,是中国科学界的骄傲,我相信,这必将激励更多的中国科学家不断攀登世界科学高峰,为人类文明和人民福祉做出更多更大的贡献。"中国科学院院长白春礼在贺信中说。

"我们应该学习屠呦呦研究员这种埋头苦干、潜心钻研、坚韧不拔、持之以恒的工作作风，去掉浮躁、淡泊名利，始终围绕科学目标脚踏实地勤奋工作。"中国中医科学院院长张伯礼说。

国家卫生计生委、国家中医药管理局在贺词中称，屠呦呦的获奖，表明了国际医学界对中国医学研究的深切关注，表明了中医药对维护人类健康的重要意义，展现了中国科学家的学术精神和创新能力，是中国医药卫生界的骄傲。

"这是中医中药走向世界的一项荣誉。"屠呦呦说，"它属于科研团队中的每一个人，属于中国科学家群体。"屠呦呦强调，中医中药是一个伟大的宝库，经过继承、创新、发扬，它的精华能更好地被世人认识，能为世界医学做出更大的贡献。我们中国人的成果被国际认可，关键是它真正解决了问题，挽救了许多生命。用现代科学手段不断认识中医药，是我们这一代和下一代科研工作者的责任。

案例来源

王君平、刘仲华、吴月辉：《屠呦呦，打开一扇崭新的窗户》，《人民日报》，2015年10月6日。（有改动）

案例解析

从中医药里挖掘宝藏，用一棵小草改变世界。屠呦呦从事青蒿素研究和发现青蒿素的故事，充分说明马克思主义哲学中实践与认识的辩证关系。

实践是马克思主义认识论的首要的和基本的观点。在实践和认识之间，实践是认识的基础，实践在认识活动中起着决定性的作用。实践在认识活动中的决定作用表现在四个方面：一是实践是认识的来源；二是实践是认识发展的动力；三是实践是认识的目的；四是实践是检验认识真理性的唯一标准。人的认识活动的本质就是主体在实践基础上对客体的能动反映。人的认识过程是在实践基础上不断深化的发展过程，既表现为实践基础上由感性认识到理性认识，再从理性认识到实践的具体认识过程，又表现为从实践到认识，再从认识到实践的循环往复和无限发展的总过程。屠呦呦从事的青蒿素研究的科学认识活动是人类开展认识疟疾发生机制和研究治疗方法的一个重要组成部分。人类对疟疾的认知和研究也经历了一个较长的历史过程。

疟疾并不是现代出现的疾病，在中国古代，疟疾被称为"瘴气"。该病是经按蚊叮咬或输入带疟原虫者的血液而感染疟原虫所引起的虫媒传染病，病人得了该病之后会出现周期性寒战、发热、出汗，该病又俗称"打摆子"。若治

疗不及时，可出现贫血，以及脑、肝、肾、心、肠、胃等受损引起的各种症状。疟疾仍然是全球主要的健康威胁之一。长期以来，人们对它的认识只限于表象，面对疾病被动而盲目。直到19世纪初，法国化学家从印第安人治疗疟疾的金鸡纳树粉末中找到了奎宁，奎宁便成了治疗疟疾的灵丹妙药。"二战"之后，仿照奎宁结构合成的氯喹等药物也在临床中被广泛应用，后因疟原虫对此产生严重耐药性而失去了抑制效果。20世纪60年代初，全球疟疾疫情高发，难以控制，寻找新的药物成为必然选择。1967年，中国启动了代号"523"抗疟研究项目。在卫生部中医研究院中药研究所任实习研究员的屠呦呦成为中药抗疟研究组组长。通过整理中医药典籍、走访有名的老中医，屠呦呦和团队汇集编写了640余种治疗疟疾的中药单秘验方集。在研究中草药的过程中，"青蒿"引起了屠呦呦的注意。医方著作《五十二病方》已经对植物青蒿有所记载，东晋葛洪的《肘后备急方》首次描述了青蒿的抗疟功能，明代李时珍的《本草纲目》则说它能"治疟疾寒热"。屠呦呦后又因《肘后备急方》中"青蒿一握，以水二升渍，绞取汁，尽服之"的记载受到启发，重新设计了实验方案，改用沸点较低的乙醚来提取青蒿素，这个细节成了解决问题的关键。1971年10月4日，在经历了数百次失败的实验后，屠呦呦终于获得了对动物体内的疟原虫抑制率为100%的青蒿的"近亲"黄花蒿中性提取物。青蒿素代表了一种新型的抗疟载体，能够在疟疾寄生虫发展的早期就迅速杀死它们，因此在治疗严重疟疾方面产生了前所未有的疗效。44年后的2015年10月5日，屠呦呦因此获得了诺贝尔生理学或医学奖。这是诺贝尔生理学或医学奖历史上首次奖励寄生虫疾病的治疗领域，具有里程碑式的意义。

今天，疟疾仍然是在非洲中部、南亚、东南亚及拉丁美洲等地区流行的全球性寄生虫传染病。据世界卫生组织统计，2017年共有87个国家和地区的2.19亿人患病，43.5万人死亡，全球半数人口面临感染风险，全球抗疟任务还非常严峻。以"青蒿素之母"屠呦呦为代表的中国科学家群体"有关疟疾新疗法的发现"为人类解决疟疾问题提供了卓有成效的治疗方案。以青蒿素为基础的联合疗法（ACT）也是世界卫生组织推荐的疟疾治疗的最佳疗法，挽救了全球数百万人的生命。面对所获的荣誉与人类抗疟的现实，屠呦呦谦逊而冷静地说："青蒿素是人类征服疟疾进程中的一小步，也是中国传统医药献给人类的一份礼物。""荣誉越多，责任越大，我们还有很长的路要走。"屠呦呦科研团队将继续对青蒿素抗疟的药物深层机理开展研究。2019年6月17日媒体公开报道，针对近年来青蒿素在全球部分地区出现的"抗药性"难题，屠呦呦和她的团队经过多年攻坚，在抗疟机理研究、抗药性成因、调整治疗手段等方面取得了新突破，于近期提出切实可行的应对"青蒿素抗药性"难题的治疗方案,并在青蒿素治疗红斑狼疮等适应证、传统中医药科研论著走出去等方面取得新进展,获得世界卫生组织和国内外权威专家的高度认可。关注社会和时代发展中的大问题,以自身专业和责任担当对接国家和社会需求,埋头苦干、潜心钻研、坚韧不拔、持之以恒的工作作风,去掉浮躁、淡泊名利,始终围绕科学目标脚踏实地勤奋工作,正是屠呦呦等中国科学工作者们坚守的初心和奋斗的体现。

案例启思

1. 屠呦呦为什么要从事青蒿素研究?
2. 屠呦呦是怎样发现青蒿素的药理价值的?
3. 我们如何学习屠呦呦所秉持的科学精神?

教学建议

本案例通过介绍屠呦呦研究青蒿素的原因及经过,以及在获奖后取得的新进展,说明实践与认识的辩证关系。

可用于第二章第一节"实践与认识的辩证运动及其规律"部分的辅助教学和相关内容考核。

案例二 哈维和血液循环理论

案例

哈维出生在英国东南部宁静的海滨小镇弗克斯顿(Folkstone),从小接受良好的经典文科教育,对希腊文和拉丁文都颇为娴熟,尤其擅长用拉丁文写作。他于1597年从剑桥大学本科毕业后,第二年便进入当时欧洲最为著名的医科学府——帕杜瓦大学医学院专攻医学,他的解剖学教授就是维萨利昔日的学生法布利西斯。哈维在帕杜瓦读书期间,法布利西斯发现了静脉瓣,这给哈维留下了很深的印象。不过法布利西斯认为静脉瓣的主要作用是维持静脉管壁的机械耐力,防止静脉管壁的过度扩张。哈维于1602年以优异成绩在帕杜瓦获得医学博士学位,随即返回英国从事医学。

第二章 实践与认识及其发展规律

两年后哈维与伦敦著名医生布朗的女儿成婚。哈维的事业一帆风顺，不久就被声誉卓著的 St. Bartholomew 医院聘为常任医师，任职长达 34 年之久。65 岁以后，哈维前往牛津大学任职，在牛津度过了晚年。

哈维原是一位秉承传统、趋于保守的医生，他曾经对古希腊医学和盖伦的学说十分崇拜，只希望认真行医，无意于标新立异。有趣的是，历史却偏偏为哈维做了另一种安排。

就在 St. Bartholomew 医院任职期间，哈维被选为皇家医师学会会员，并被聘任为解剖学及外科学讲师，定期为公众演示人体解剖，从 1616 年开始，长达 40 年之久。期间，他再一次对人体内心脏的活动和脉搏之间的关系感到迷惑，决定进行探索，并从中找出真正满意的回答。哈维意识到，要仔细了解心脏的活动，关键是观察活体内的心脏，这就必须进行动物活体解剖。然而他很快发现，高等哺乳类的动物像鹿、羊、猪的心脏跳动太快，除非到了死亡前夕，否则根本无法观察到心脏活动的详细过程。于是哈维想到了冷血动物蛇、青蛙、蜗牛、活虾和鱼类。他甚至还想到了早期的鸡胚。因为这些动物的心跳比较缓慢。哈维开始对低等动物进行活体解剖，果然看到了前所未有的现象。他首先注意到，心脏最为活跃的阶段其实是收缩期，这时候心脏的颜色变浅、质地变硬；在两次收缩的间期，心脏很快舒张，颜色变红，质地也变得柔软。哈维还惊奇地发现，心脏的心耳（心房）和心室的收缩并不是同时发生的，而是有规律的"周期性"运动：每一次总是心耳先收缩，随后心室才发生收缩。而当心耳收缩时，心室却处于舒张状态。他终于相信，心脏在体内的作用就像一个机械泵。他还注意到，每一次的心脏收缩，都同时伴随着动脉血管的膨胀与搏动。显然，动脉有节奏的膨胀并不是其本身的主动扩张，而是对心脏收缩的被动反应。哈维写道："全部动脉扩张的情形，就好像我对着手套吹气时，手套也跟着膨胀一样。"

差不多这个时候，哈维已经比较清楚地意识到血液在体内循环流动的情形，他在自己的手稿上用英文和拉丁文写着"血液以持久循环的方式在体内流动着，而这种循环依赖于心脏的跳动"。然而，处事缜密的哈维并不急于向公众发表自己的见解。他决定用更多的时间，通过更细致的观察、实验来证实这个重大设想的每一个关键环节。

在这个重大发现的基础上，哈维凭借自己雄厚的解剖学知识，开始了一系列的实验，进一步追踪动、静脉血流的方向。哈维发现在结扎了腔静脉之后，心脏只需要几次跳动就可以排空内部的血液；而在结扎了大动脉之后，心脏就很快因为积血而膨胀起来。这就证明，血管内的血液是朝着一个方向流动的，静脉血流入心脏，而动脉血则由心脏流出，而绝不是像海潮一样来回涌动。

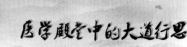

医学殿堂中的大道行思
—— 《马克思主义基本原理概论》（2018年版）教学案例集

哈维很快在人体内也证实了这一点。他巧妙地使用橡皮带适度地结扎人的前臂，就可以暂时阻止表浅部位静脉的流动，甚至观察到静脉瓣的位置，而位于深部的动脉则不会受到影响。这时候如果用两个手指选择性地挤压一段静脉，然后松开一个手指，就可以清楚地观察到静脉的排空或充盈，特别是静脉充盈的方向，证实了静脉血液始终是朝着心脏的方向流动。如果用力挤压前臂的血管，就可以同时阻断动脉和静脉的流动。他用同样的方法，又反复证实了动脉血液的流动方向与静脉恰恰相反。

按理说，哈维已经有了足够的观察、实验结果来支持血液循环的理论，但他依然对这些不满足，他坚持从另外的角度来证明这一点。

哈维通过仔细地观察和测量，发现人的左心室在完全舒张的时候可以容纳2～3盎司的血液。而心脏每一次收缩，至少可以排出近一盎司（大约30毫升）的血液。他进一步采用简单的计算来估计每小时心脏排出血液的总量。如果按照心脏每小时收缩4000次计算，就要排出4000盎司的血液，即250磅，这将超过一个普通人的体重！而这简直是不可思议的情形。唯一合理的解释是人体内的血液依赖于心脏的机械性推动，通过动脉和静脉系统，反复循环流动、反复使用。也就是说，人体内的血液循环实际上包括肺循环（小循环）和体循环（大循环）两个部分，而心脏则是连接这两部分的枢纽和驱动泵。这是医学史上第一次对心脏运动和血液循环机理的完整理论，也是生物医学史上第一次采用定量的方法探索、证实科学原理。

经过将近12年的反复观察、实验，哈维终于对血液循环过程的每一个关键环节都深信不疑。他这才把自己的研究结果用颇为简洁的拉丁文写成一本书，于1628年公布于世。这本名为《动物心脏与血液之运动》（De Motu cordis et sanguinis in Animalibus，简称为 De Motu Cordis）的惊世之作，主要内容分为17章，全书一共只有72页。哈维一改前人引经据典、长篇累牍的习惯，他简笔直书，从第二章开始，严格按照科学思维、探索、求证的过程，分别叙述心脏本身的运动、心脏运动与动脉脉搏的形成、心耳及心室的周期性运动、心脏运动与动脉、静脉血流的关系、肺循环过程、瓣膜的作用、人的心排血量和全身血液总量的估算，以及人体表静脉和动脉流向的演示。最后，哈维在第14章郑重宣告：

"此刻，请允许我对血液循环的观点做如下总结，并告之于众：到目前为止，所有的直接演示和推算结果都已经证明了我的全部假设，即血液通过心室的搏动性收缩而流经肺部再进入心脏，然后由心脏的收缩而排入动脉，被输送到全身各部；从全身各部与肌肉，血液又经过静脉和肌肉的孔隙进入大静脉，并逐步汇流到腔静脉，再返回心耳和心室。

我们只可能做出这样的结论：动物体内的血液在心脏的驱动之下，周而复始，以循环不息的方式运流着。这正是心脏无比重要的唯一理由。"

这无疑是人类医学史上最为神圣、最为响亮的宣言书。它用毫不含糊的语言宣告了盖伦在西方医学界长达1400年的统治地位的终结，标志着以科学实验为基础的医学新纪元的真正开始。

案例出处

余前春：《西方医学史》，人民卫生出版社2009年版，第49－53页。（有改动）

案例解析

哈维发现血液循环原理，始于对人体内心脏的活动和脉搏之间的关系的疑惑。为了找出满意的回答，他决定进行一番探索。哈维通过对低等动物进行活体解剖，认识到，心脏在体内的作用就像一个机械泵。与此同时，哈维已经比较清楚地意识到血液在体内循环流动的情形。在发现血液在体内循环流动的基础上，哈维凭借自己雄厚的解剖学知识，通过一系列的实验，发现血管内的血液是朝着一个方向流动的，静脉血流入心脏，而动脉血则由心脏流出，绝不像海潮一样来回涌动。哈维很快在人体内也证实了这一点。人体内的血液是依赖于心脏的机械性推动，通过动脉和静脉系统，反复循环流动、反复使用。这是医学史上第一次对心脏运动和血液循环机理的完整理论，也是生物医学史上第一次采用定量的方法探索、证实科学原理。

经过了将近12年的反复观察、实验，哈维终于对血液循环过程的每一个关键环节都深信不疑。他这才把自己的研究结果公布于世。

哈维对血液循环原理的探索过程说明科学理论的形成始于观察和实验，但还需要经过从感性认识到理性认识的飞跃。马克思主义认识论指出，人的认识活动是在实践基础上的主体对客体的能动反映，反映特性和能动的创造特性是不可分割的。只有以科学的实践观为基础，坚持反映性和创造性的辩证统一，才能真正弄懂认识的本质和规律。人的认识过程首先是从实践到认识的过程，这个过程主要表现为在实践基础上认识活动由感性认识飞跃到理性认识，即由生动的直观到抽象的思维的阶段，是认识运动的第一次飞跃。感性认识是人们在实践基础上，由感觉器官直接感受到的关于事物的现象、事物的外部联系、事物的各个方面的认识，包含感觉、知觉、表象三种形式。感性认识用具体的、生动的形象直接反映外部世界，以事物的外部联系为内容，还没有深入对事物本质的认识，所以感性认识具有不深刻的局限性，必须进一步上升到理性认识。理性认识是指人们借助抽象思维，在概括整理大量感性材料的基础上，达到对事物的本质、全体、内部联系和事物自身规律性的认识。理性认识包括概念、判断、推理三种形式。认识活动还要经过从认识到实践的飞跃，才能完成人的一次认识过程。经过从实践到认识再回到实践的循环往复和螺旋式上升的过程，认识主体对自己所获得的理性认识经过反复的逻辑论证和实践检验，从而形成由一系列概念、判断和推理表达出来的关于客观事物的本质及其规律性的相对正确的知识体系，也就是理论。

哈维提出血液循环理论的过程就是从实践到认识再回到实践，并反复循环和不断提升的过程。哈维没有止步于观察和实验，这是因为科学的认识固然来自观察和实验，但是单纯来自观察和实验的感性认识并不一定正确，还要在观察和实验的基础上，借助逻辑推理来形成关于血液循环的理性认识，并在实践中进行检验。

案例启思

1. 哈维是怎样发现血液循环原理的？
2. 为什么哈维对血液循环原理的探索没有止步于观察和实验，还要从另一个角度进行证明？

教学建议

本案例通过叙述哈维发现血液循环的经过，说明人的感性认识的不足，要弥补感性认识的不足，就有必要进一步上升到理性认识，同时还要在实践中加以检验。

可用于第二章第一节"认识的本质与过程"部分的辅助教学和相关内容考核。

案例三　青霉素的非偶然发现

案例

1943年春天，花儿在浓烈的硝烟中绽放，第二次世界大战正在激烈地

第二章 实践与认识及其发展规律

进行。

这时，在美国的柏西乃尔医院里，人们送来了许多伤兵。其中，有19名伤兵的伤口严重化脓，发着高烧，生命危在旦夕。往常，护士们看到这些伤兵，总是赶紧拿来纸和笔，让他们在临死之前，给亲人们留下几句话。然而这一次护士们却没有这样做，而是拿来了一种淡黄色的粉末，把它溶解在蒸馏水里，然后注射到伤兵身体中。奇迹出现了，其中有12名伤口化脓的伤兵退烧了。不久，这12名伤兵痊愈出院了。

这下子，那淡黄色的粉末引起了人们的普遍注意。后来，人们不断改进制造、提纯的方法，制得了大批白色粉末。

这种奇妙的粉末，叫作青霉素。

1945年，青霉素的发现者——英国细菌学家弗莱明，与他的合作者——钱恩和佛罗理，荣获诺贝尔生理学或医学奖。

说起来，弗莱明发现青霉素，有点偶然。那是在1928年，弗莱明在英国圣玛丽学院担任细菌学讲师。当时，他正在起劲地研究对付葡萄球菌的办法。人们受伤后伤口化脓，原因之一便是葡萄球菌在"捣蛋"。

弗莱明在一只只玻璃小碟子（培养皿）里培养出葡萄球菌，然后再尝试用各种药剂消灭葡萄球菌。弗莱明已经花费了几年的时间研究消灭葡萄球菌的方法，但一无所获。

1928年秋天，有一次，弗莱明发现，有一只碟子培养剂发霉了，长出了一团青绿色的霉花。弗莱明没有急于把这发霉的培养液倒掉，而是拿显微镜仔细观察，结果发现了一件出乎意料的事：在霉斑附近，葡萄球菌死了！

弗莱明激动地在实验记录本上写下这样的话："我对这种现象详细观察，感到十分有兴趣，细菌培养皿里的情况竟使我不能控制这一天所应做的工作。"

弗莱明想，这些葡萄球菌会不会是霉菌杀死的呢？于是，这位细心的科学家特地大量培养霉菌，把培养液过滤后滴到葡萄球菌中。结果，葡萄球菌在几小时内全部死亡！弗莱明把滤液稀释800倍，再滴到葡萄球菌中，发现它依然能杀死葡萄球菌。

弗莱明进一步深入研究，查明原来是霉菌能分泌出一种杀菌的物质。1929年6月，弗莱明把自己的发现写成论文，发表在英国的《实验病理学杂志》上。他指出："事实表明——有一种盘尼西林霉菌分泌了有非常强大杀菌能力的物质，它不仅能杀死葡萄球菌，而且还能杀死链状球菌等许多病菌。"

不久，弗莱明把在霉菌培养液中浸渍过的绷带包扎在病人化脓的伤口上，结果伤口愈合了。

75

照理来说,弗莱明的发现,可以马上应用到医学上去。可是,霉菌培养中所含的这种杀菌物质太少了,而且很难提取。如果直接把培养液注射到人体中,一次要注射几千毫升,这怎么行呢?于是,人们在这一科学难关前停滞下来了。

1935 年,钱恩和佛罗理加入了研究行列。他们把青霉素分离、纯化。为了寻找最合适的青霉菌,美国动员了许多人四处寻找,最后选中了一位名叫玛丽的姑娘从烂甜瓜上采集到的青霉菌。

自从发现和提取出青霉素之后,人类获得了战胜疾病的有力武器。据统计,当时每年有将近 2000 万人患肺炎。给这些肺炎病人注射青霉素之后,他们很快就康复了。另外,用青霉素还能治好传染性脑膜炎、白喉、猩红热等疾病。

有人把弗莱明发现青霉素归结为偶然。的确,这一发现有它的偶然性,但这与弗莱明历来认真、细致的工作态度分不开。正如法国著名微生物学家巴斯德所说:"在观察的领域中,机遇只偏爱那种有准备的头脑。"所以,弗莱明发现青霉素,说偶然,也不偶然。

案例出处

叶永烈:《弗莱明:偶然,也不偶然》,《叶永烈讲述科学家故事 100 个》,湖北少年儿童出版社 2001 年版,https://www.xuexi.cn/ecc0a7a3e66b08e7de8949ab9fe4510e/e43e220633a65f9b6d8b53712cba9caa.html。(有改动)

案例解析

弗莱明是英国细菌学家、青霉素的发现者,曾任伦敦大学细菌学教授和瑞特 - 弗莱明研究所所长。他的主要科学研究成果是 1922 年发现溶菌酶,1928 年发现青霉素。其中,最著名的成果是发现青霉素,并因之与英国病理学家弗洛里、德国生物化学家钱恩共获 1945 年诺贝尔生理学或医学奖。弗莱明对青霉素的发现过程充满了戏剧色彩,他一直专注于葡萄球菌的实验研究,目的就是希望可以从中发现以解决病人伤口细菌感染的问题。一次偶然的机会,他在一个发生了微生物交叉污染即将被丢弃到消毒缸里的葡萄球菌培养皿中发现了某种非葡萄球菌的物质——青绿色的霉花,思维敏捷、独具慧眼的弗莱明马上捕捉到这个特殊的现象,并展开深入的观察和进一步的研究。他通过反复、严谨的科学实验,探究现象背后的本质,最终发现了具有杀菌作用的物质——青霉素。青霉素的发现以偶然的机遇开始,却以获得必然的研究结果结束,体现了科学认识活动的本质和规律。

第二章 实践与认识及其发展规律

科学发现属于探寻事物本质，揭示事物规律的理性认识活动。要达到对事物的理性认识，必须具备两个条件：第一，投身实践，深入调查，获取合乎实践的感性材料。第二，必须经过缜密思考，运用理性思维和科学抽象，将丰富的感性材料进行加工改造，上升为概念和理论。理性认识虽然与感性认识有着本质区别，但二者又有着不可分割的联系。感性认识是认识的起点，是达到理性认识的必经阶段，没有感性认识，就没有理性认识。新的发现固然来源于实验，但是盲目的实验并不会带来理论成果。因为实验只能帮助科学家收集感性材料，但收集感性材料仅仅是科学发现的第一步。必须对感性材料运用理性思维，才能使其上升到理性认识，这是科学发现更重要的一步。

🧠 案例启思

1. 弗莱明是偶然发现青霉素的吗？
2. 弗莱明的科学发现活动对我们有何启迪？

🎤 教学建议

本案例通过叙述弗莱明"偶然"发现青霉素，说明偶然中孕育着必然，通过偶然获得的感性认识必经经过严谨的科学认知活动，上升为理性认识，并为实践所检验，才可能成为科学共同体所认可的科学结论。

可用于第二章第一节"认识的本质与过程"部分的辅助教学和相关内容考核。

▶ 案例四　卡尔顿先生的诊断故事

案例

2001年春，在我的实习期即将结束时来了一位病人，他出现不明原因的体重下降，而且常常感到疲乏。病人56岁，是灯塔山的一位居民，灯塔山是马萨诸塞州一个美丽富裕的地区，拥有乡间砖舍、成荫绿树、鹅卵石路，与马萨诸塞州综合医院毗邻。

卡尔顿先生是一位纯正的灯塔山人。他穿着蓝衬衫、肘部打补丁的夹克，

77

 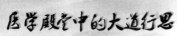

系着一条磨破了的丝质领带。他要给我钱,是那种旧得可以塞在靠垫里当作填充物的钱。从他的举止可以看出,他性格有些善变、易怒,我完全无法压制住他。他站起来的时候,我注意到他腰间的皮带系得很紧。更不祥的征兆是,他前额上的肌肉已经开始萎缩,这是一种被称为"暂时性虚耗"的病征,说明他体重下降是最近的事,而且还很严重。他告诉我过去 4 个月以来他已经瘦了 12 千克,称完体重之后他必须坐下来休息,好好喘口气。

最明显的罪魁祸首可能是癌症——某种神秘的隐藏着的恶性肿瘤造成了这种极度瘦弱的体质。卡尔顿先生并没有明显的病征诱因:他不吸烟,也没有家族遗传病史。我让他做了一些体检,总体状况都很正常——除了白细胞数量急剧减少以外,但发生这种情况的诱因有很多。

接下来 4 周,我对他进行了彻底的检查,试图查找癌症迹象。首先是计算机断层扫描,呈阴性,证明没有什么问题。我又让他做了结肠镜检查,看看是不是患了难以发现的结肠癌,但结果显示只是长了个息肉而已。后来卡尔顿先生去看了一位风湿病专家,因为他的手指常出现间歇性关节疼痛,但这一次仍然什么都没发现。我又让他做了一轮实验室检验,血象化验室的医生跟我抱怨,说卡尔顿先生的静脉太硬,几乎抽不出血来。

有一阵子什么事也没发生,诊断就这样陷入僵局——很多体检结果都呈阴性。卡尔顿先生很沮丧,因为他的体重还在不停往下降,几乎只剩皮包骨了。

后来某天晚上,我在从医院回家的路上看到的一幕彻底改变了我对这一病例分析的视角。

波士顿是一个小镇,而疾病的地理分布是按地区的地理情况来分布的。波士顿的东北部是北端区,是意大利聚集区,查尔斯镇和多切斯特混乱的造船厂也位于这一地区,吸烟者及长期暴露于石棉环境下的船工在这里的分布十分密集。南部是极其贫困的地区,海洛因和可卡因泛滥成灾。灯塔山和布鲁克林区地处这两个区域之间,这两个地方是中产阶级坚固的堡垒。

那天晚上我看到的情形是这样的:

轮班过后,大约晚上 6 点我离开医院,这时我看到卡尔顿先生在咖啡厅旁边的大厅与一位男士在交谈。我一眼就认出那位男士,他曾是我的病人,几个月前因为误将注射毒品的针头插入静脉被确诊为患有严重皮肤感染症。他们两人的交谈没持续几分钟,看起来就像是稀松平常的交流。但在坐火车回家的路上,那幅画面一直盘旋在我的脑海里:一个灯塔山的居民竟然与一个来自米申希尔的瘾君子在聊天。我无法摆脱这种冲击——两人各自所在的区域、口音、衣着和社会层次完全不同,却在肢体语言中流露出一种相识甚久的协调。等我到站时,我恍然大悟:卡尔顿先生是一名吸毒者。仔细回顾一下,我当时应该好好想想血象化验室工作人员说的话——很难从卡尔顿先生的静脉中抽出血样来。一切昭然若揭：因为长时间惯性服用毒品，卡尔顿先生的静脉已经结痂被堵住了。接下来的一周，我让卡尔顿先生做了艾滋病病毒检测。我没有告诉他我看到他和那位男子的会面，我也不确定他是否早就认识那位来自米申希尔的男子。检测结果让其他人大跌眼镜——阳性。在完成了两个必要的检查后，我们确定卡尔顿先生患有艾滋病。

案例出处

［美］悉达多·穆克吉著，潘斓兮译：《医学的真相》，中信出版社2016年版，第15－19页。（有改动）

案例解析

在医疗诊断过程中，由于医生面对的是一个复杂的对象，因此我们可以把医生对病人疾病的诊断想象成一个概率游戏。设定一种可以解释病人症状的某种病理学上的机能障碍的概率，然后收集证据以加强或减弱之前设定的概率。案例中医生刚开始没有直接考虑给卡尔顿先生做艾滋病的相关检查，这是因为卡尔顿先生的一般生活情况不支持得艾滋病的设定。案例谈到医生先给卡尔顿先生做了很多的体检，结果都呈阴性，使诊断陷入僵局。直到医生看到卡尔顿先生与一名男士交谈，并给他做了艾滋病相关检查，结果呈阳性，才给卡尔顿先生下了艾滋病的诊断。因为那名男士曾是医生的病人，几个月前因为误将注射毒品的针头插入静脉被确诊为患有严重皮肤感染症。卡尔顿先生与那名男士两人各自所在的区域、口音、衣着和社会层次完全不同，却在肢体语言中流露出一种相识甚久的协调，这一情况使医生判断卡尔顿先生是一名吸毒者，从而顿悟到卡尔顿先生可能是艾滋病患者而决定给他做艾滋病的相关检查。

人的认识是一个复杂的过程，无论在感性认识中还是理性认识中，都有一些非理性因素存在。非理性因素是指人的情感和意志，具有不自觉、非逻辑性等特点，其形式有联想、预感、直觉、顿悟、猜测等。以追求普遍性与必然性为目的的理性认识，似乎与非理性因素无关。其实不然，非理性因素对人的认识活动和认识能力的发挥可以起到激活、驱动和控制的作用。医生看到卡尔先生和艾滋病患者的交谈而发生了联想，于是找到了诊断卡尔顿先生疾病的切入口。但医生要对疾病做出准确的判断，不能仅仅依靠非理性思维，还需要借助理性思维在概括整理大量感性材料的基础上达到对疾病的本质认识。

案例中医生的诊断，无论是设定机能障碍还是证据的收集，都不仅要借助医生的顿悟、猜测等非理性的方法，还要借助医生的抽象思维与理性思维，这

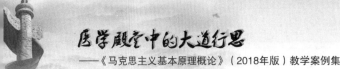

充分说明理性因素与非理性因素是协同起作用的。因此,在认识过程中,我们既要注重理性因素的作用,也要充分发挥非理性因素的作用。

🧠 案例启思

1. 医生是怎么给卡尔顿先生诊断出艾滋病的?
2. 为什么一开始医生没有直接考虑给卡尔顿先生做艾滋病的相关检查?

🎙 教学建议

本案例表明,认识活动是一个复杂的运动过程,这个过程是理性因素和非理性因素协同作用的结果。因此,在认识过程中,我们要借助理性因素,但也要记得充分发挥非理性因素的积极作用。

适用于第二章第一节"感性认识和理性认识的辩证统一关系"部分的辅助教学和相关内容考核。

▶ 案例五 世界输血发展简史

输血作为一种有效的治疗手段,发展至今已有百余年历史。在古代,人们对血液的理解是未知且毫无科学依据的。同时,输血救人也并不是一蹴而就的,而是经过了漫长且曲折的道路才发展至今。

古代输血

人类输血,是从饮血和放血开始的。古罗马斗剑士在斗剑场上争相饮用濒临死亡的人的鲜血,想从中获得力量和勇气。1492 年,罗马教皇八世患中风,群医束手无策。一名医生提出饮用人血来治疗,结果病未治好,有 3 位年轻人还因放血过多白白送了命。15 世纪后期,人们曾一度认为精神错乱、抑郁、癫狂等病症都是血中"有毒"所致,因而放血疗法曾相当盛行,这种疗法一直延续到 16 世纪。当时科学技术落后,人们对血液缺乏正确的认识,其治病救人的结果是可想而知的。

直到1616年，英国医学家哈维发现血液在体内是流动的，才为此后的输血奠定了基础。这一发现还启发了人们往血管内注射药物，借助流动的血液把药物带到全身，治疗疾病，即现在人们所熟知的输液。

动物血输给人

1665年英国生理学家和医生理查·罗维尔首先将一条放血后濒临死亡的狗的静脉与另一条健康的狗的动脉用鹅毛管连接起来，接受输血的狗竟然从濒死中恢复过来，这一发现证明输血能够救命，开创了动物输血的先河。

1667年，法国医生丹尼斯用同样的方法把羊血输给一名有病的男孩，也取得了成功，随后他又给一位愿意做实验的健康的人输羊血，还是安然无恙，因此他被公认为第一位在人体上输血成功的人。可是，他在把小牛动脉血输给一位患有梅毒的并伴有疯病的病人时出现了意外，输血后患者出现发热、腰疼，并有黑色尿，不久便死亡，死者家属以杀人罪起诉丹尼斯。法庭判决自1668年4月17日起，未经巴黎医学部批准不得输血。以后法国议会和英国议会均下令禁止输血。在此后的150年间，曾一度轰动医学界的输血术再也无人问津。

人血输给人

1817—1818年，英国妇产科医生布伦德利因经常见到产妇失血死亡而想到用输血来挽救她们，他在进行动物之间的输血取得成功后，设计了一套输血器材（一把椅子、一个漏斗、注射器和管子），开始将健康的人的血液输给大出血的产妇。他一共治疗了10例，除2例濒死未能救活外，其余8例中有4例被救活。因为当时还不知道血型不同的输血，红细胞会遭到大量破坏，所以无法解释输血后有的出现致死性的输血反应，而有的竟神奇般活下来的现象。

尽管如此，1818年12月22日，布伦德利在伦敦举行的内科学会上所作的输血报告还是引起了医学界的轰动。此后，他又改进了输血器材，用黄铜注射器和导管抽取健康人血液注入患者的静脉内。他还首创了重力输血器，利用重力来做输血时的推动力。这种输血方法一直沿用了大约100年。目前，人们公认布伦德利开创了直接输血法，布伦德利也因此作为把人血输给人的先驱者而被载入史册。

按血型输血

1900年，奥地利病理遗传学家卡尔·兰德斯坦纳首次发现人类红细胞血型。这一划时代的发现，对以后按血型输血，避免不同血型输血引起的致死性输血反应,保证输血安全,具有重大的意义。为此他获得了1930年的诺贝尔生理学或医学奖,并享有"血型之父"的美誉。

按成分输血

1927年以后,为解决血液的贮存和运输问题,方便急救随时应用,人类不断探索血液中血浆、红细胞、血小板等成分的分离方法和技术,为此后成分输血的发展奠定了基础。成分输血在1959年由Gibson首先提出,但到了20世纪60年代末70年代初,成分输血才真正发展起来,特别是20世纪70年代中期以后,人们开始进入成分输血的新时代。

成分输血不但使宝贵的血液资源得到充分利用,达到"一血多用"的目的,而且提高了疗效和安全性,其先进性、科学性和合理性目前得到普遍认可,是输血史上的一次革命。现在世界各国普遍开展成分输血,一些国家将成分输血比例的多少作为衡量一个国家医疗技术水平高低的重要标志之一。

输血史发展至今,越发成熟。输血也拯救了很多人的生命。先人之所以有这样探索与实验的勇气,只为把涓涓热血用来铺平他人的生命之路。

案例出处

韩冰:《世界输血简史》(转载),https://www.haodf.com/zhuanjiaguandian/hanbingpumch_1854454648.htm。(有改动)

案例解析

人类输血的漫长历史,可以说是惊心动魄。最初,人类对血液一无所知,凭心血来潮鲁莽地饮血和放血,结果不但不能救人,反而加重了病情甚至会导致人死亡。后来,虽然有了粗浅的实验依据,但人类对血液的认识并不多,大胆输血的结果不可估量,有时能够成功救治病人,有时却仍会导致人死亡。血型理论的发现,避免了不同血型输血引起的致死性输血反应,保证了输血安全。按血液成分为基础的输血,不仅使宝贵的血液资源得到充分利用,达到"一血多用"的目的,而且提高了疗效和安全性。

输血成为一种有效的医疗手段,其所经历的漫长而曲折的过程说明,人们对客观事物的认识要经历一个由不知到知,由知之不多到知之较多,由错误到正确的过程。正如毛泽东强调的:"一个正确的认识,往往需要经过由物质到精神,由精神到物质,即由实践到认识,由认识到实践这样多次的反复,才能完成。"如此"实践、认识、再实践、再认识,循环往复以至无穷,而实践和认识之每一循环的内容,都比较地进到了高一级的程度"。这个过程既是认识

在实验基础上沿科学性方向不断深化的过程，也是实践在认识的指导下沿着合理性方向不断深入推进的过程。因此，我们对事物的认识不可停留在某一个阶段，而要不断地跟随实践的发展而发展。

案例启思

1. 输血成为一种有效的医疗手段，经历了一个怎样的发展过程？
2. 为什么输血要经历一个漫长而曲折的过程才成为一种有效的医疗手段？

教学建议

本案例通过叙述人类漫长的输血史，说明人们对事物的认识不是直线的，而是一个充满矛盾运动的过程，因而是一个波浪式前进和螺旋式上升的过程。

可用于第二章第一节有关"实践与认识的辩证运动及其规律"部分的教学和相关内容考核。

案例六　强大的西医与伟大的中医

案例

20世纪以来，关于中医存废的争论一直没有停止过。作为一名有着几十年经验的医生，我的观点是，中医是传统文化的瑰宝，永远不会消失。

有人之所以主张废除中医，是因为他们不懂中医，总是用西医的思维方式看中医。西医研究的是物质的身体，它是一门技术，可以标准化，人才也可以"批量生产"，所以西医很强大。中医研究的是形而上的身体，它是一门艺术，需要灵感和悟性，所以很难像西医那样上规模。

中医是一门伟大的艺术，高明的中医可以"司外揣内"，不需要现代化的检测设备就可以窥透人体内部的疾病。中医不仅可以在疾病的初级阶段发现它，还能提前消除疾病，这就是常说的"中医治未病"。我认为，这两点是中医的最高境界，也是中医的生命所在。如果理解了这两点，那些高喊着废除中医的人就得放弃他们幼稚的观点了。

中医还是一门哲学，一门关于人生的哲学。学好了中医，不仅可以治病救

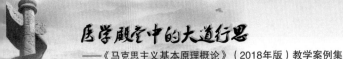

医学殿堂中的大道行思
—— 《马克思主义基本原理概论》（2018年版）教学案例集

人，还可以修身养性，成就人生的其他事业。现在许多企业家都在钻研中医，如网易总裁丁磊先生就曾在浙江中医院学习中医。我想他们除了对医术感兴趣外，恐怕对中医蕴含的人生哲理更感兴趣。

"有诸内，必形诸外"，这是我对中医最深的体会。通俗一点说，就是可以通过人体外部的变化诊断出人体内部的疾病。有意思的是，最先让我认识到这一点的并不是那些中医经典，也不是什么名医高人，而是一位卖西瓜的小贩。

一个烈日炎炎的夏日，街边的一排西瓜棚生意清淡，唯有拐弯处的一个瓜棚围满了人，还不时传出叫好声。我走过去一看，原来是摊主正与一位顾客打赌。摊主说自己能连选十个西瓜，保证个个都甜，这位顾客偏不信，两人就较上了劲儿。我仔细观察小贩选瓜，只见他先看瓜的形状和颜色，然后用手拍几下，再把瓜举到耳边，一边拍一边听。三下五除二，十个西瓜就选好了，而且个个又沙又甜。

围观的人啧啧称奇，我则陷入了深思。小贩选瓜一看、二拍、三听，中医看病一望、二闻、三问、四切，行业虽然不同，但道理却惊人的相似。《内经·灵枢》里说"故远者，司外揣内；近者，司内揣外"，意思是说，高明的人可以通过事物的外部表征看透事物的本质。我想，这也应该是医生的最高追求。

这让我联想到历史上的很多神医，他们神奇之处就在于将"司外揣内"发挥到出神入化的境界。下面举两个事例，其中一个是扁鹊四望蔡桓侯的故事。一天，扁鹊拜见蔡桓侯，见蔡桓侯面色异常，就说："主公啊，趁着病还在浅表赶紧就医吧。"蔡桓侯不信，对身边的人说："这些医生，成天想着给没病的人治病，好叫人说他医术高明。"过了十天，扁鹊再次拜见蔡桓侯，见他的疾病已经深入肌肉，仍然劝他早些治疗，但蔡桓侯还是不听。到了第三次拜见蔡桓侯时，扁鹊一看就知道他的病已经发展到脏腑了，再不治疗，将无药可救了，可蔡桓侯仍然无动于衷。当第四次见蔡桓侯，扁鹊远远一望，二话没说，拔腿就跑，因为这时候任何人都回天乏术了。五天后，蔡桓侯果然死了。

另一个是关于东汉名医张仲景与王粲的故事。张仲景晚年行医到洛阳，遇到当时著名的诗人王粲，见他眉毛异常，就判断出他20年后会得一种病，并劝他服用五石散。当时的王粲正值青春，并且处处得意，哪里听得进别人的劝告，最后，张仲景无奈地说："20年后你将脱眉而死。"20年后，张仲景的预言果然应验了。

在西方医学日盛的今天，对于那些已经习惯了使用现代检测设备的人来说，这两个故事玄之又玄。扁鹊既没给病人做心电图，也没给病人量血压，更

第二章 实践与认识及其发展规律

没有化验血液,他凭什么就能诊断出蔡桓侯的病呢?张仲景的故事就更不可思议了,他凭什么能从眉毛的细微变化预知20年后的疾病?今天的基因检测技术都做不到,何况是1700多年前呢?

这就是中医的神奇之处,它将人体看作有机的整体,在这个有机整体中,五脏六腑的盛衰和病变都会通过精血津液等介质表现于体表,高明的中医常常能从脉象、舌苔、眉毛、头发、皮肤、手掌纹路、指甲颜色等身体表面的细微变化诊断出体内的疾病。中医的这一理论并不是凭空产生的,它源于自然万象的规律。美国气象学家爱德华·诺顿·罗伦兹曾提出著名的"蝴蝶效应"理论,简单地说,就是一只蝴蝶在巴西轻拍翅膀,可以引起一个月后美国德克萨斯州的一场龙卷风。世界万象的联系是如此神奇微妙,它们相互影响,互为表里。人体也是如此,头发、指甲、耳朵……身体外部的一切都在反映着体内的情况。

记得小时候,一看见蚂蚁搬家,大人就叫我们回家,说天要下雨了。蚂蚁搬家就表示天要下雨。在医学院学习西医时,我就常常思考:人体内是不是也存在"蚂蚁搬家"的现象呢?在学校的西医课程里,我找不到答案,现代西方医学过分重视技术成分,而将这种奇妙的联系斥为"玄学"。而学习中医让我茅塞顿开,像扁鹊和张仲景这样的神医之所以能出神入化,不就是看出了病人身上的"蚂蚁搬家",暗合了"蝴蝶效应"吗?

我曾与一位美国西医讨论过人体的"蚂蚁搬家"现象,这位美国西医惊讶得张大了嘴,怎么都不相信,以为我在开玩笑。正巧吃饭的时候,我无意中发现他的耳垂上有条清晰可见的"冠脉沟",便笑着问他是不是有冠心病,不知是因为话题来得唐突,还是没有心理准备,他差点没噎着,连忙喝了口水,使劲往下咽了咽还没嚼烂的红烧牛柳,瞪大眼睛吃惊地问我:"你是怎么知道的?"我笑着跟他说:"这就是'蚂蚁搬家'现象在你身上的验证啊!人的心脏出现了问题,就会表现在耳朵上,耳朵上的冠脉沟就是冠心病在身体表面的反映。因为心脏的冠状动脉堵塞会让耳朵上的毛细血管凝固,形成皱纹,这就是冠脉沟。"他听完我的解释后心悦诚服地点点头。作为一个土生土长的西方人,又受了多年的西医教育,一开始不相信神奇的中医文化,这是可以理解的。但现在有很多已经"西化"了的中国人也是如此,他们只看重现代技术,却低估了前人的智慧。他们就像青春期的叛逆少年,总认为自己的父母这也不好,那也不行,一旦自己成熟了,才发现原来父母是多么的杰出。胡适的经历就恰恰说明了这一点。

胡适是新文化运动的领袖人物,一生致力于西方文化的传播,以中医为代表的传统文化自然成为其攻击的对象。然而,天有不测风云,人有旦夕祸福,

85

1920年胡适突然生病了。他发现自己吃得多，喝得多，尿也排得多，人却日益消瘦下去。新派人物生病当然要去看西医了，北京协和医院的专家们经过认真诊断之后得出结论：糖尿病晚期，已无药可治，只能回家休养。言下之意，胡适只能回家等死了。

西医没有办法，朋友就劝胡适看中医。当时正是学界"科玄论战"的关键期，胡适是科学派的主将，反对的就是像中医这样没有科学依据的"传统"。叫他去看中医，那岂不是主动放倒手中的旗子吗？然而，面子事小，性命事大，胡适最终还是答应了。

来给胡适看病的是北京名医陆仲安。中医没西医那样复杂，又是验血，又是验尿的，陆仲安只是用手把了把胡适的脉，并询问了一下病情，从容不迫地说："这个病很好治，吃几服以黄芪为主的汤药就可以了，如果病没好，唯我是问。"被西医判了死刑的胡适将信将疑地喝下了陆仲安开的中药，没想到几个月后症状就消失了。再到协和医院检查，果真是好了！医生们非常惊奇，这怎么可能？谁给胡先生治的病？胡适当下就把实情说了。

这件事轰动一时。被新文化运动者认为不科学的中医，偏偏治好了新文化运动名将的病。这令新文化运动者很是尴尬。胡适也觉得很没面子，对此事不置可否。然而，救命之恩是万万不能忘记的，胡适曾在林纾的一幅画上撰文表达了自己的感激之情。原来，林纾也受过陆仲安妙手回春的益处，为表示谢意，他亲自作了一幅儒医研究经典的《秋室研经图》送上。陆仲安别出心裁地请胡适在上面题字，胡适欣然答应，他在画上的题词内容为：

"我自去年秋季得病，我的朋友是学西医的，总不能完全治好。后来幸得陆先生诊看，陆先生用黄芪十两、党参六钱，许多人看了摇头吐舌，但我的病现在竟全好了……现在已有人想把黄芪化验出来，看它的成分究竟是什么，何以有这样大的功效。如果化验结果能使世界的医药学者渐渐了解中国医与药的真价值，这不是陆先生的大贡献吗？
……"

民国十年三月三十日
胡适

中医源远流长，博大精深，华夏子孙受益了几千年，岂是现在几个人就能轻易废止的！与其高谈阔论，不如去读一读《内经》和《伤寒论》。我敢肯定，只要你认真研究了中医，就一定会发现西医虽然很强大，但中医更加伟大！

第二章 实践与认识及其发展规律

🔍 案例出处

胡维勤：《将中医进行到底》，吉林文史出版社 2008 年版。（有改动）

🖊 案例解析

扁鹊四望蔡桓侯、张仲景预言王粲 20 年后之疾病、作者一眼就看出同桌吃饭的美国人有冠心病、北京名医陆仲安治好"糖尿病晚期，已无药可治"的胡适，这些关于中医的故事，充分说明了中医在对人体疾病规律的探寻和医疗实践中做出的伟大贡献。

西医很强大！中医很伟大！中医虽然伟大，但是仍有自己的局限性；西医虽然很强大，但也有解决不了的问题。中西医不可相互取代的事实，生动地反映了真理问题上的辩证法，任何真理都是绝对性和相对性的统一，二者相互联系、不可分割。

真理的绝对性是指真理主客观统一的确定性和发展的无限性。任何真理都标志着主观与客观之间的符合，都包含着不依赖于人和人的意识和客观内容。真理的相对性是指人们在一定条件下对客观事物及其本质和发展规律的正确认识总是有限度的，不完善的。任何真理都只是对客观对象一定方面、一定层次和一定程度的正确认识。

中医西医作为两种不同的医学研究方法和医疗实践模式，都对探寻人体疾病的规律和促进人们的身体健康做出了不同的贡献。但二者不可取代，因为它们有各自擅长的领域和不足。两种医学模式应该沿着既定的轨道开展医学活动，从不同的角度，用不同的方式探索生命的规律，从而形成相互对立又相互补充相互促进的学术体系，最终成为各显风采的人体生命科学。

💡 案例启思

1. 扁鹊四望蔡桓侯、张仲景预言王粲 20 年后之疾病、作者一眼就看出同桌吃饭的美国人有冠心病、北京名医陆仲安治好"糖尿病晚期，已无药可治"的胡适，这些关于中医的故事说明了中医诊疗的什么特点？

2. 西医很强大！中医很伟大！中西医各有长短。为什么中医不能取代西医，西医也不能取代中医？

👤 教学建议

本案例通过对中医、西医两种医学模式特点的探讨，使学生明白任何一种医学模式既有其优势，也有其劣势，从而认清医学的发展方向，并引导学生深

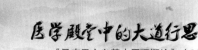

刻理解真理的相对性与绝对性的辩证关系原理。

适用于第二章第二节"真理的绝对性与相对性的辩证关系"部分的辅助教学和相关内容考核。

案例七　自闭症与"冰箱母亲"假说

1908年，精神病医生接触到一些孩子，他们沉默寡言，沉浸在自己的世界里，在情感上不愿意与人交流，并且有重复行为的倾向，医生们将这种疾病归为精神分裂症的一种奇怪的变体，但又与精神分裂症的诊断不相符合。儿童精神病学家不断研究这类孩子，发现尽管二者有一些特征是重合的，但显然这种疾病和精神分裂症是完全不同的。患这种疾病的儿童似乎沉浸在他们自我的迷宫里，无法逃离。1912年，瑞士精神病学家布鲁勒（E. Bleuler）创造了一个新词语来命名这种疾病——自闭症。

在几十年的时间里，精神病学家研究了自闭症家庭和自闭症儿童，试图了解这一疾病。他们注意到，这一疾病会以家庭遗传的方式出现，常常出现在好几代人中，患有自闭症的儿童的父母年龄往往比较大，尤其是父亲较为年长。当时医学界对这一已存在的疾病还没有系统的模型。许多科学家认为自闭症和异常的神经系统发育有关。20世纪60年代，在对精神分析和行为学思维的苦苦求索中，一种有力的理论产生了，它逐渐扎根并很快广泛地被人接受：自闭症是父母对孩子冷淡的结果。

几乎所有与自闭症相关的现象看起来都很符合这个理论的内在逻辑。仔细观察的话，你会发现，患有自闭症的儿童的父母确实和孩子比较疏离。那种认为孩子通过模仿父母的行为来学习并运用的理论，在自闭症患者的身上得到了很好的证明——他们可能也模仿了父母的情感反应。在实验情形下，失去父母的动物会出现适应不良的重复性的行为，因此可以推断，失去父母的孩子可能也会出现这些症状。20世纪70年代早期，这一理论被确定为"冰箱母亲"假说。"冰箱母亲"不仅无法温暖她们自己，而且还养育出冰冷、寡言、有社交障碍的孩子，最终导致孩子患上自闭症。

"冰箱母亲"理论给精神病学提供了新的想象空间——是否有一种比性别偏见和神秘疾病更强有力的组合?这样一来,就可以涌现许多针对自闭症的疗法。患有自闭症的儿童要凭借接受电击、"依恋疗法"、致幻药来"温暖"他们的世界,同时还要向患病儿童的父母提供行为咨询,以纠正他们不恰当的养育方式。一位精神病学者提出一种彻底的"父母切除术"——与乳腺癌患者的乳房的切除术相似,意思是将自闭症儿童的父母从孩子的生活中完全割离。

然而,自闭症家庭并不符合这一模型。很难想象,情感上的冷淡——无论它以何种方式呈现——会在几代人之间不断遗传,没有人做过关于这种传递效应的记录。要解释清楚为什么老来得子的家庭里的孩子有显著的自闭症发病率,还真不是一件容易的事情。

我们知道,自闭症与"冰箱母亲"几乎没什么关联,遗传学家在检验同卵双胞胎患上自闭症的风险时发现,两个人的患病率出乎意料的一致——大多数研究显示概率为50%~80%——这有力地说明了自闭症的基因学诱因。2012年,生物学家开始分析患有自发性自闭症的儿童的基因组。在这些实例中,患自闭症的儿童的兄弟姐妹及父母并未患病,这就促使生物学家们比对了患病孩子及其父母的基因组。这些基因排列研究揭示了未患有自闭症的父母与患有自闭症的孩子之间有十几种基因不相同,再次有力地说明了自闭症的基因学诱因。与大脑及神经发育有关的基因周围聚集着一些变异体,许多变异体导致神经发育结构的改变,也就是说,脑回路的结构出现异常。

回顾前文所述,我们可以知道,自闭症儿童的母亲的行为并不是孩子自闭症的起因,而是结果——对一个几乎没有情感反馈的孩子做出的情感反应。简言之,"冰箱母亲"并不存在,实际存在的是因缺乏恰当信号和分子结构而"变冷淡"的神经发育路径。

案例出处

[美]悉达多·穆克吉著,潘斓兮译:《医学的真相》,中信出版社2016年版,第39-42页。(有改动)

案例解析

科学假说是人们将认识从已知推向未知,进而变未知为已知的必不可少的思维方法,是科学发展的一种重要形式。科学假说的提出要有理论根据,符合逻辑。"冰箱母亲"假说以精神分析为理论基础,同时,几乎所有和自闭症相关的现象也很符合这一理论的内在逻辑。患有自闭症的儿童的父母确实和孩子比较疏离。那种认为孩子通过模仿父母的行为来学习并运用的理论,在自闭症患者的身上得到了很好的证明：他们可能也模仿了父母的情感反应。在实验情形下，失去父母的动物会出现适应不良的重复性的行为，因此可以推断，失去父母的孩子可能也会出现这些症状。

然而，"冰箱母亲"假说无法解释为什么老来得子的家庭里的孩子有显著的自闭症发病率。同时，遗传学家在检验同卵双胞胎患上自闭症的风险时发现，两个人的患病率出乎意料的一致——大多数研究显示概率为50%～80%——这有力地说明了自闭症的基因学诱因。由此可以推断，"冰箱母亲"假说不成立。

在检验真理的过程中，逻辑证明可以起到重要的作用。所谓逻辑证明，是指运用已知的正确概念和判断，通过一定的推理，从理论上确定另一个判断的正确性的逻辑方法。逻辑证明是探索真理和论证真理的方式，是正确思维和表达的必要条件，也是建立科学理论体系的重要途径。但是，逻辑证明只能回答前提与结论的关系是不是符合逻辑的问题，而不能回答结论是不是符合客观实际的问题。已被逻辑证明了的东西，还必须经过实践的检验，并最终服从实践检验的结果。"冰箱母亲"假说的提出及被证伪的过程说明了逻辑证明的作用及其局限性。

案例启思

1. "冰箱母亲"假说依据何在？
2. "冰箱母亲"假说是怎么被证明是错误的？

教学建议

本案例通过叙述"冰箱母亲"假说的提出及其被证伪的过程，让学生明白新的理论的提出固然要借助逻辑证明，但实践才是检验真理的唯一标准。

适用于第二章第二节"实践是检验真理的唯一标准"部分的辅助教学与相关内容考核。

第二章 实践与认识及其发展规律

▶ 案例八 FDA 申报迎来美国合作药企

据天士力 2018 年 9 月 6 日晚公告，公司、控股子公司天士力北美与美国 Arbor 公司三方签署许可协议。Arbor 公司将出资最高 2300 万美元用于研发，与天士力方共同进行复方丹参滴丸［美国食品药品监督管理局（FDA）临床研究申报代码：T89］在美国的 FDA 临床开发研究和药政申报；天士力方则将 T89 相关适应证在美国本土的独家销售权有偿许可给 Arbor 公司；产品上市后，天士力方可获得最高 5000 万美元的销售里程碑付款，以及按照毛利分层提取最高可达毛利 50% 的销售分成（特许权使用费）。

据介绍，Arbor 公司成立于 2006 年，总部位于美国佐治亚州亚特兰大，是一家专注于药品研发和销售的私有制药公司，目前销售超过 20 个 NDA 或 ANDA 批准的产品，主要包括心血管、神经科学、医院、儿科用药领域，另有多项产品正在开发中。

1998 年，复方丹参滴丸以药品身份正式通过 FDA 的第一次临床研究（IND）申请，并于 2006 年再次获得 FDA 的 IND 批准，确定了预防和治疗慢性稳定性心绞痛（CSA）的临床适应证。2018 年其又获得了 FDA 对另一新临床适应证的 IND 批准，用于预防和治疗急性高原综合征（AMS）。根据此次公告，天士力将于近期在美国地区开展一个多中心、双盲、随机对照的临床验证性研究（试验代码：T89-08-ORESA），用于满足 FDA 对 CSA 适应证的药政审批要求。在美国地区开展的双盲、随机对照 AMS 临床研究正在美国加州高原白山地区顺利开展中。

中药国际化探索

在推动中药现代化国际化的进程中，中药企业的努力不可或缺。其中最大的难点在于中药在国际市场上的接受度依然不高，目前只是在海外某些国家或区域零散、局部、随机地开展若干特定的中医药产品贸易，尚未形成广泛可持续发展的全方位发展模式。此外，由于中药产品主成分源于天然物质，成分复杂，受种植环境和加工方式的影响较大，导致部分产品治疗疾病的有效成分和作用的"靶点"都无法明确判断，关于这类产品（包含部分经典名方在内）的临床研究更是寥寥可数，这也是中药产品在国际市场不被接受的主要原因之一。

为了提高国际市场对中药产品的接受度和认可度，在相关部门的推动和中药企业的不懈努力下，目前已有部分中药产品在国际市场上获得了临床和上市批准。其做法或对计划涉足国际市场的中药企业有一些借鉴意义。

美国：以化药新药为准入方向

美国 FDA 从未把中草药当作一种药物来看待，都是以一种膳食补充剂来批准的，且其中大部分都是单味成分或结构简单的复方产品。

因此，复方丹参滴丸另辟蹊径，希望以药品的名义获得 FDA 的批准。然而，FDA 没有相关的政策支持，只能按照化药新药的要求对复方丹参滴丸进行审评，要求提供详细完整的结构组成、生产信息、质量标准、检验报告、原辅料来源、稳定性数据、非临床试验和临床试验结果等信息。加上其本就复杂的成分组成——丹参、三七、冰片相互发挥作用，想要说清楚药理作用更是难上加难。

作为进入 FDA 市场的先驱者，天士力集团只能在摸索中前行，前方道路阻且长，但未来可期。

荷兰：做好质量控制和验证性临床试验

地奥心康胶囊的国际化之路相比天士力复方丹参滴丸走得快一些，从向荷兰药品审评委员会（MEB）递交欧盟药品注册申请到最终获批在荷兰上市，仅用了 4 年时间，造成这种差别的主要原因在于美国和欧盟两个药监部门监管体制的差异。

欧洲药品管理局（EMA）有专门针对天然药品和传统中药研究、注册和审评的《传统植物药注册程序指令》和《欧盟传统草药专论》，这些指导性文件对中药企业在欧盟的注册都有不小的帮助。

文件规定，对于在申请日之前已有长期安全使用历史的草药产品，可以进入简易审批程序，只需要做好质量控制工作和验证性的临床试验，甚至只需提供相关的文献或专家论据来证明中药产品的安全性和有效性便可以了。这在为企业节省大量的人力、物力、财力和时间的同时，也大大降低了注册的难度和成本。

地奥集团正是借助这一政策优势加快了产品获批的速度。地奥心康胶囊

1987年在我国获批上市，2006年与荷兰国家应用科学院（TNO）合作为欧盟注册展开研究准备工作，2008年提交申请时已在国内拥有20年的安全使用经历。此外，它建立了原材料"穿龙薯蓣"规范种植基地，并建立起一整套先进完整的检验检测设备和程序，以保证心康胶囊质量的优异稳定。2011年年底，地奥通过基于循证医学大样本双盲临床试验，完美解答了评审人员对于药效和人种适用性的疑问，最终于2012年3月获得了荷兰MEB的上市批准，并且创造了中国医药发展史上的三个"第一"：全球第一个突破高纯度甾体总皂苷工业化生产的技术难题；我国第一个进入发达国家主流市场的具有自主知识产权的治疗性药品；世界上第一个获准进入欧盟市场的非欧盟成员国植物药。

中药产业的国际化，需要千千万万个像天士力和地奥这样的企业，从基础研究做起，充分了解产品的成分、疗效和作用机理，提高产品的质量标准，从容应对国际标准的随机双盲对照研究（RCT）和药品生产质量管理规范现场审核。希望未来有更多的中药企业大胆研究、开拓创新，让更多的中药产品以药品的名义踏入国际化的道路。

案例出处

《天士力复方丹参滴丸FDA申报迎来美国合作药企!》，《医药经济报》，2018年9月10日。（有改动）

案例解析

近几十年来，具有几千年历史的中药越来越受国际社会的关注。但是，中药走向国际化的过程却困难重重。中药国际化困难的原因主要在于我国中药尚缺乏科学的临床药理依据，对中药的药效基础物质研究还不够，对中药尤其是复方中药里含有什么成分、哪些成分在起作用、如何起作用等一系列问题，还不能给出满意的回答。中药临床疗效的认定与现代科学评估方法相去甚远，传统中成药的临床疗效绝大多数停留在经验医学基础上，至今仍然缺乏根据循证医学原则、采用"双盲对照，随机分组，多点观察"等现代临床科学实验方法提供的数据说明，难以为世界上其他国家现代医学工作者及各国卫生行政主管部门所信服和接受。

由于美国FDA没有把中草药当作药物来看待，都是以膳食补充剂来批准，因此，复方丹参滴丸要以药品的名义进入美国市场，就得按照化药新药的要求对其进行审评。复方丹参滴丸之所以赢得美国药企合作，是因为此前复方丹参滴丸通过了美国FDA的三期临床验证，解决了中药治疗的不确定性难题。这充分说明实践是检验真理的唯一标准。

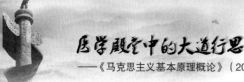

实践能够成为检验真正的标准，首先从真理的本性看，真理是人们对客观事物及其发展规律的正确反映，它的本性在于主观和客观相符合。检验认识的真理性，就是检验人的主观认识同客观实际是否符合，因而这种检验的标准，必须是能够把主观认识同客观实际联系起来的"桥梁"。实践且只有实践才能满足这一条件。更重要的是，实践作为人们改造世界的客观的物质性活动，具有直接现实性的特点。也就是说，人们遵循一定的认识去实践，就可以引出现实的结果，把主观的东西变为客观的东西。一般来说，如果在实践中达到了原来预想的结果，那么人的认识就被证实了，就可以称之为真理性的认识；如果失败了，并且不是由认识之外的其他原因所引起的，那就是错误的认识。所以，实践的直接现实性的特点，是作为检验真理标准的主要根据，使实践成为最公正的审判官，具有最高的权威。

案例启思

1. 中药国际化的困难有哪些？
2. 从认识论的角度分析复方丹参滴丸为什么会赢得与美国药企 Arbor 的合作。

教学建议

复方丹参滴丸能不能在美国通过临床验证并在美国上市是国内医药界的热点事件，而通过美国食品药品监督管理局（FDA）的第三期临床验证，并迎来与美国药企的合作，这无疑是一个里程碑事件。

本案例可用于第二章第二节"实践是检验真理的唯一标准"部分的辅助教学和相关内容考核。

案例九　心脏支架被神化还是妖魔化

在一段时间里，长期受病痛之苦的病人，以及具备专业知识的心内科医生，都曾把心脏支架手术当作治疗发病率越来越高的冠心病的"神器"。心脏

支架又称为冠脉支架，传入中国至今已 30 多年。随着支架手术应用的日益广泛和成熟，心脏支架逐渐出现被神化的现象，部分心脏手术出现过度使用支架的情况。一时间，社会舆论甚至医学界对心脏支架手段的运用产生了一些争论和质疑。

近年来，心脏支架手术被妖魔化的论调开始以各种面目出现在公众面前：心脏支架是人体内的定时炸弹；心脏支架手术的利益比卖毒品还要暴利；心脏支架技术在国外早已被淘汰……走下神坛的心脏支架，将如何面对扑面而来的种种质疑？

"缺德的心脏支架"所引发的集体惶恐

2014 年 1 月，一篇名为《拒绝可怕的心脏支架！缺德的手术！》的文章开始在微信朋友圈以及各大门户网站的微博大量转发。在百度搜索输入"缺德的心脏支架"，也能获得接近 400 万个搜索结果。该文章对支架手术的看法是，"实际上这种在中国普遍使用的手术在国外（20 世纪）七八十年代就淘汰了"。

"做完了这个手术后，就意味着在身体里埋藏了一颗'定时炸弹'，而且突然发作起来 3 分钟内就会死亡，比心肌梗死的 12 分钟死亡还快。"

"做了这手术，终身吃的药就是阿司匹林，美国卫生署公布阿司匹林这种药物是最容易致癌的，你不死在心脏病上就得死在这药上。"

"今天去急诊遇到一位同事，给我看之前网上流传的那篇支架手术是缺德手术的文章，竟然问我这个是不是真的。"在浙江省某医院心内科工作多年的丁医生听到同事的疑问颇感震惊，"看来不只是普通老百姓对支架的认识不足，就连医院里有专业知识背景的医生也存在理解误区。"

网友 A 就是看了这篇文章之后对支架手术开始怀疑的普通人之一。通过微博，她无助地询问丁医生："我家老人也准备做这个手术，可是我看网上说支架就是人体内的'定时炸弹'，医生你说这到底是不是真的？"

"我可以很负责任地告诉你，我和我的同事都往自己的家人身体里放过你说的这颗'定时炸弹'。"丁医生这样回答她的提问。

实际上，对于很多长期从事介入治疗研究的心内科医生而言，这种"黑"心脏支架手术的论调早就不是第一次听说，只是这一次更加离谱而已。

"曾经我真有一个装了心脏支架的病人，因为在电视上看了一些讲座说长期服用支架手术后的药物会致癌，就擅自停药，结果发生心肌梗死而导致死亡。"北京大学某医院心内科主任张医生有些愤怒地说道，"各种资料都显示，1986 年人类第一例心脏支架手术才获得成功，居然就被该文缺德的作者描述

 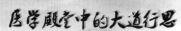

成'在国外20世纪七八十年代就淘汰了',真不知道居心何在?"

让心内科医生们啼笑皆非的是,这篇文章竟然说"现在国外使用的治疗方法是在动脉外用一个钳子,将血管里的浮渣挤压出来,要不就做人造血管"。

"用钳子挤压这种方法还是比较适合清洗猪肠,而不是去除血管斑块。"丁医生无奈地解释,血管里的动脉斑块实质上是由位于动脉血管内膜下的脂质核及表面的纤维帽组成,不可能通过钳子挤压出来。实际上,挤压斑块会造成斑块破裂,诱发血栓形成,造成心肌梗死。

对于人造血管的说法,张医生也给予驳斥:"即便是心脏搭桥手术,用的也都是患者自身的血管。而且,就算真的造出能用的人造血管,那也必须进行开胸手术才能完成,如此手术的风险远大于支架。"

很多心内科医生的说法和相关资料也都表明,目前世界上冠心病的手术治疗实际分为两大类,一类是心脏支架治疗,另一类是心外科的冠脉搭桥治疗,人造血管的疗法几乎是闻所未闻。

让医生们担心的不仅仅是这些抹黑心脏支架的文章给患者造成的迷惑,还有这些文章作者背后的目的。比如说这篇被疯传的文章作者在文中就声称"只要先找到患者生物电的特点,然后通过特定的仪器给它一种共振,提高平滑肌的电性,血管壁力量自然就起来了,收缩力增加后血液流通就顺畅了,根本不需要什么支架什么的。"从文章最早的出处也可以知道,是出自一家医疗器械公司的微博,这一所谓的治疗原理正是该公司所长期宣扬的。

经济利益是心脏支架被过度使用的"原凶"?

各种医学资料都显示,由于心脏支架手术创伤小,患者康复快,近年来发展迅速,目前已发展成与药物治疗、外科手术并驾齐驱的三大治疗手段之一。心脏支架技术在国内外至今仍然是大多数冠心病患者的常规和首选治疗。至1997年,全球有超过100万的患者接受了心脏支架治疗。目前美国每年完成超过100万例的心脏支架手术,我国每年完成超过40万例的心脏支架手术。

为什么使用率和科技含量如此高的一项技术屡屡轻易地沦为被"妖魔化"的对象,并且让很多人轻易相信呢?很多专家认为这是因为近年来有关心脏支架的信息经常与其背后的经济利益,以及过度使用之类的字眼相联系起来,再加上普通人缺乏专业医学知识,所以很容易对它产生怀疑。

2013年9月,一篇《医疗器械多暴利:一个进口支架至少回扣2千》的新闻反响热烈,报道主要叙述医院及医生对心脏支架收取的高额回扣。"普遍的回扣,可能是10%~15%,就心脏支架这样一个动辄三五万块钱,两三万

块钱的这样一个东西,一个医生植入一个心脏支架的话可能就有两三千块钱的这样一个回报。"

很多看过这篇文章的人,都认同把心脏支架行业比作"比卖毒品还要暴利"的行业。甚至微博上有消息称,一个国产支架的出厂价只有3000元甚至几元,可是经过层层加价,到了病人身上就是两三万元。更有消息称,在国外做一个支架手术比在国内便宜得多,技术也可靠得多。此外,过去几年,诸如一个病人被放入七八个支架的新闻也屡见不鲜。越来越多的人认为,正是心脏支架的暴利导致了过度医疗的出现和行业的混乱。

在采访中,很多心内科医生都没有回避这个问题。在他们看来,在一些地方出现医生为了自身的利益为病人植入过多心脏支架的现象确实存在,之所以会出现这种问题,与个别医生的职业素养有关,但是也与当前医疗管理体制的利益化倾向有关。

一位不愿透露姓名的医生表示:"医生能够为医院创收多少,与个人的经济收入直接相关,当然就会有很多人为了利益而放弃原则。像是心脏支架这种高技术门槛,且价格昂贵的医疗技术,当然也就成为谋利的主要对象,这是所有医疗行业出现过度医疗的共同原因。"

然而,在很多人认为高昂的经济利益是导致心脏支架被过度使用的原因时,心内科专家们也给出了一个一般人会忽视的理由:"在支架刚出现的10多年中,基于病例数较少、临床经验的局限性、缺少相关规范和指南的指导等原因,无论是医生还是患者,都对支架抱有过多幻想。"丁医生解释,这一时期就是心脏支架被医生或病人所"神化"的时期。

关于一些曾经把心脏支架"神化"的事实,我们也并不陌生。过去在医院里曾经一度发生病人身患冠心病之后,希望提高自身的生存质量,出现主动要求医生为自己多装几个支架的现象;一些医生也曾经希望让病人的治疗效果接近完美,而建议病人植入更多的支架。

"曾经对于支架植入的热衷与那个时期对支架技术的认知水平有关,是为了获取一个'完美'的扩张后的冠状动脉。"丁医生表示,实际上是近些年,介入医生们才开始意识到,支架植入应该达到"够用"就行的程度,不再追求"Normal to Normal"(从正常血管到正常血管,即支架应该覆盖所有病变位置)的治疗效果。但是,由于很难把握"够用"的分寸,实际上支架到底应该植入多少是很难确定的。

随着医学的进步,人们认识到支架技术并不完美,有其无法突破的局限性,它并不能根治冠心病,只能保持血管的血流通畅,但是由于人体血管的修复机制等诸多因素,支架植入后存在再狭窄、血栓形成等问题,这些都是无法回避的事实,支架技术不断改进的方向也正是这些。

与丁医生一样,很多心内科医生都认为除了经济利益的驱使,心脏支架被过度使用,另外一个非常重要的原因正是技术的时代局限性。因此,他们认为,"以现在的治疗理念去评价过去的治疗实际是不公平的,毕竟医学在进步,就像不能用高铁的先进性证明蒸汽机车是多么的幼稚一样"。

走出质疑还需规范的行业标准和监管

尽管随着科技的普及,心脏支架开始走下神坛,"神化"的外衣被剥离,越来越多的人也开始客观地认识心脏支架的正面和负面作用。然而,让很多心内科医生苦恼的是,到底什么时候心脏支架才能走出质疑,让一些欺骗性极高的论调遁形。

"2007年美国的数据显示,最便宜的裸金属支架,再狭窄率相对较高,需要800美元,这只是裸架的价钱,加上高额的手术费远远超出中国。2012年在美国做一个支架甚至可高达5万美元的费用。"面对很多认为国外支架手术比国内便宜的说法,北京大学某医院心内科主任张医生予以澄清。

对于媒体报道中出现过的很多数据,丁医生也不是很认同,认为需要纠正,以免迷惑大众。"我并不知道支架的出厂价格,但目前支架的终端价格肯定不是两三万,浙江省国产支架的价格是9000元左右,进口的在16000元左右。从我在美国时了解的情况看,美国植入支架的开销是远大于中国人的,他们更重视将医疗成本放在人力成本上,而中国的治疗成本大部分是材料成本。"

在信息传播过程中,医生们认为,最为重要的是让更多的人用理性、客观、科学的角度去认识它,知道心脏支架技术本身并非洪水猛兽,更不是缺德的和无用的,它只是一种技术门槛较高、价格较贵的医疗技术,还谈不上完美,但能够解决很多单纯药物治疗无法解决的病例,提高大多数患者的生活质量、延长寿命。

在保证客观真实的信息得到传播的同时,医生们也认为,不断完善规范的行业标准和监管体制,才是当前让心脏支架走出质疑的关键。虽然我国冠脉支架治疗起步较早,但地区之间、医疗机构之间的发展很不均衡,尤其是早期的粗放型发展,缺乏统一规范的标准和行业监督,专家们认为这是当前心脏支架领域迫切需要解决的问题,也是需要向国外借鉴的地方。

近年来,我国相关卫生管理部门也逐渐认识到规范地介入治疗的重要性,一系列有针对性的措施也开始出台并且发挥作用,整个规范框架体系正在搭建和完善。

2008年起，卫生部印发了《心血管疾病介入诊疗技术管理规范》。规范规定，心血管介入医生都需要在经过认证的介入培训基地经过系统化的培训，通过全国统一的考核合格后才能上岗独立从事心血管介入治疗。

此外，国家还对从事介入治疗的医院也进行考核和认证管理进行规范，不具备条件或不规范的医院将没有资格开展这类技术。同时，卫生部成立了一批介入质量控制中心对各个介入中心的介入治疗质量进行监管，并定期组织专家队伍进行督导检查，督促各个介入中心不断走向规范。对于支架使用的合理性，督导检查的专家也会进行随机抽查，提出整改意见，如有严重违反的情况，介入中心将会被取消相关介入诊疗的资质。

目前，我国也建立了专门的网站和数据库用于介入治疗病例的上报和统计，便于掌握各个介入中心和介入医生的情况，有利于介入质量的监管。

"但相对欧美更加发达的介入诊疗信息收集体系来说，我国的介入诊疗管理信息化做得还相对落后，还需要不断完善和发展。"丁医生表示，目前我国介入诊疗网络上报的信息还相对简单，很多数据仍停留在纸质记录上，信息孤岛现象还比较明显，对介入质量的大规模监管还存在许多技术层面和政策层面的障碍。

与我国相比，在美国，目前已经有了"ACC-NCDR"这样的综合性全国注册心血管数据储存库，是评价心导管室的"金指标"，它为各个医院心导管室提供介入数据的搜集统计分析服务，既可以用于质量控制，也有利于开展各项大规模的心血管介入临床研究，有利于推动心血管介入水平的进步，而这需要政府、医院、第三方机构共同努力才能完成。

案例出处

吴晋娜：《心脏支架被神化还是妖魔化》，搜狐资讯，http：//roll. sohu. com/20140224/n395526947. shtml。（有改动）

案例解析

由于心脏支架手术创伤小，患者康复快，近年来发展迅速，目前已发展成与药物治疗、外科手术并驾齐驱的三大治疗手段之一。心脏支架技术在国内外至今仍然是大多数冠心病患者的常规和首选治疗。至1997年，全球有超过100万的患者接受了心脏支架治疗。目前美国每年完成超过100万例的心脏支架手术，我国每年完成超过40万例的心脏支架手术。

支架被"神化"，源于支架刚出现的10多年中，病例数较少、临床经验的局限性、缺少相关规范和指南的指导等原因，无论是医生还是患者，都对支

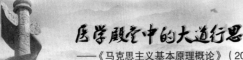

架抱有过多幻想。因此,在医院里曾经一度发生病人身患冠心病之后,希望提高自身的生存质量,而主动要求医生为自己多装几个支架的现象;一些医生也曾经希望让病人的治疗效果接近完美,而建议病人植入更多的支架。

支架被"妖魔化",很多专家认为这是因为近年来有关心脏支架的信息经常与其背后的经济利益,以及过度使用之类的字眼相联系起来,再加上普通人缺乏专业医学知识,所以很容易对它产生怀疑。

对心脏支架的评价和对任何事物或现象的评价一样,不同的人可能做出不同的评价。这是因为,一是价值评价是以主客体价值关系为内容。二是评价结果与评价主体直接相关,主体的客观存在状态,包括主体的需要、特点及其他的规定性等,作为价值关系的构成要素会对评价结果产生直接影响,使评价结果依主体的具体特点而转移。三是评价的正确与否依赖于对客体状况和主体需要的认识,评价是对主客体之间价值关系的认识,是对客体对于主体需要的意义的判断。因此,要对事物或现象做出比较正确的评价,有赖于对客体和主体的双重认识。这种双重认识不仅包括对客体属性和规律的认识,也包括对主体的规定性和需要等的认识。只有对主体和客体都有正确的认识,才能对主客体的价值关系做出正确的评价。

因此,支架既不需要被"神化",更不需要被"妖魔化"。它是心脏介入手术中常用的医疗器械,具有疏通动脉血管的作用,适合部分冠心病患者使用。是否安装心脏支架,医学专家有三点总结:第一,对于心肌梗死患者,支架是救命的,不要犹豫,时间就是生命。第二,对于稳定型心绞痛患者,如果药物加康复治疗,症状缓解得很好,就不要放支架。支架不能预防心肌梗死,其本身就存在长期血栓风险,可能进一步导致心肌梗死,这应该成为常识。第三,体检中发现的临界斑块(狭窄程度达70%~75%),如果症状不明显,要做评估,不要轻易做支架。因此,理性的选择是,在规范足量的药物治疗基础上,根据症状严重和血管狭窄的程度,充分评估权衡支架手术带来的获益和风险,与医生共同商议是否接受这种治疗。

案例启思

1. 对于心脏支架,为什么有人将其"神化",有人将其"妖魔化"?
2. 如何才能对一个事物或现象做出比较正确的评价?

教学建议

本案例切合医学生的专业,在教学中可通过引导学生们对心脏支架争论的探讨,引导学生思考价值评价及其特点,学会客观理性地评价对象。

第二章 实践与认识及其发展规律

可用于第二章第二节"价值评价及其特点"部分的辅助教学和相关内容考核。

▶ 案例十　重复打扫的清洁工

卢克是美国一家大医院的清洁工,他曾接受一些社会科学家的采访。这些科学家希望了解人们工作的方式。采访中,卢克提到他曾为一位长期昏迷的年轻患者打扫了两遍房间,而且一直和颜悦色。对此,他做了这样的解释:"我多少了解那位年轻患者的情况。他入院很久了……据说是因为打架受伤而瘫痪的。他一直昏迷着……我听说了他的遭遇,他跟一个黑人打了起来,那个黑人下手很重,这不难看出来……我负责打扫他的房间,他父亲每天那个时候都在房间里陪他,但有时出去抽烟。那天我打扫房间时他父亲出去抽烟了。我打扫完在大厅遇到他父亲往回走。他父亲情绪失控了,说我没有打扫他的房间,说我什么也没有做。起初我想反驳,打算跟那位父亲争论一番,但不知怎么的,我改变了主意,说:'对不起,我这就打扫。'"

采访者:"你重新打扫了房间?"

卢克:"是的,这样那位父亲可以看着我打扫……我理解那位父亲的心情,他儿子在这6个月了,他心里不好受,所以我又打扫了一遍。我不生他的气,我能理解他。"

乍一看,身为清洁工的卢克不需要什么智慧。确实如此,我们来看看他的工作描述:

操作地毯及室内饰品清洁设备

操作器械清洁及擦洗设备

清洁地板并打蜡

以清扫、撒盐和刮擦等方式维护入口区域的清洁

捡拾地上的纸片或垃圾

疏通堵塞的马桶、小便器和排水管,但不用拆卸设备

用湿拖布拖地面和楼梯

操作吸尘器

清洁镜子、外部玻璃内侧及内部玻璃两侧

清洁洗手间及其设备

补充洗手间物品

清洁百叶窗

清洁病床两侧设备

整理床铺、更换床单

收集废弃物并运送至中心位置

用湿布拖地面和楼梯的小区域，清洁液体或食物污渍

更换白灯泡

摆放家具及其他设施

收集脏床单并运送至中心位置

卢克的工作描述并没有列出对病人的责任和关心。他的职责颇多，但没有一项提及人。单从工作描述判断，卢克可能在一家鞋厂工作，而不是一家医院。根据卢克的工作描述，他完全有理由向那位父亲解释自己已经打扫过房间了。如果那位父亲还有怒，他可以找主管来调解。此外，卢克也可选择无视那个人，继续自己的工作。当然，他也可以选择发火来抗议。

但卢克没有这样做。卢克的事例表明，他的"规定"职责只是其真正工作的一部分，他要做的还包括使患者及其家人感到舒适，抚慰他们的情绪，聆听他们的心声。卢克的目标超出了纯粹的清洁工作。

案例出处

［美］巴里·施瓦茨、肯尼斯·夏普著，杜伟华译：《遗失的智慧：除了抱怨制度，我们还能做什么？》，浙江人民出版 2013 年版。（有改动）

案例解析

实践活动要取得成功，需要遵循两个尺度：真理尺度和价值尺度。实践的真理尺度要求人们在实践中必须遵循正确反映客观事物本质和规律的真理。只有依照真理办事，才能在实践中取得成功。实践的价值尺度，要求人们在实践中要按照实践对象的尺度和需要去认识和改造世界。

从清理工作来看，卢克的职责只要将房间打扫干净就可以了。但是，作为医院的清洁工，其工作就要服从医院存在的目的，减轻病人的痛苦。因此，卢克在被病人的父亲质疑没有打扫房间时，虽然他完全有理由向那位父亲解释自己已经打扫过房间了。如果那位父亲还有怒气，他可以去找主管来调解。此

第二章 实践与认识及其发展规律

外,卢克也可选择无视那个人,继续自己的工作。当然,他也可以选择发火来抗议。但卢克没有这样做。卢克明白"规定"职责只是其真正工作的一部分,他要做的还包括使患者及其家人感到舒适,抚慰他们的情绪,聆听他们的心声。试想,如果卢克只顾着完成自己的工作职责规定的事情,视病人及其家属的需求不顾,房间打扫得再干净,意义也不大。可见,做好一份工作不仅要符合实践的真理尺度,也要以价值尺度为指导。

关于实践的真理尺度,人们易理解和遵循,而关于实践的价值尺度,人们却常常容易忘记。本案例可加深学生对实践的价值尺度的理解,在实践中自觉用真理和价值两个尺度衡量自己的行为,不断提高自身素养,成为真正对国家和社会有用的人才。

案例启思

1. 如何衡量一个人的工作完成得好坏?
2. 从清理工作来看,卢克的职责只要将房间打扫干净就可以了,他为什么要重复打扫?

教学建议

卢克虽然只是一个清洁工,但通过他的事迹,我们也可以认识到,一个成功的实践、一次工作任务的完成依赖于遵循人实践活动的两个尺度:真理尺度和价值尺度。

本案例可用于第二章第二节"真理和价值在实践中辩证统一"部分的辅助教学和相关内容考核。

案例十一 弗莱斯勒的医学教育报告

 案例

在南北战争之后大批新建的医学院之中,除了少数佼佼者以外,绝大多数因为缺乏明确的办学目标,缺乏统一的培养标准,缺乏高水平的师资和必要的设备条件,在教育质量上存在着非常大的差异。其中有相当一部分医学院是所

103

谓私人产业性的机构,纯粹以招生盈利为目的。大多数医学院对新生没有基本的入学标准,不少学生连中学文化程度都没有。学校没有合格的教授,几乎所有的教授均为兼职;学生选修课程,必须按一定的费用向授课的教授购买"门票"。学校没有统一的培养计划和课程设置,没有起码的临床教学医院,也没有严格的毕业考试。这些以课堂宣教方式所"培养"出来的医学生的素质也就可想而知了。华盛顿总统因为过度放血而导致极度衰竭就是一个例证。即使在历史悠久的医学院里,同样存在教育质量低劣的状况。在波士顿,就发生了一位哈佛医学院的"合格毕业生"因为用药过量而导致3名患者先后死亡的悲剧。

鉴于这种状况,不少医学界和学术界的有识之士深感忧虑,明确提出需对医学教育进行必要的改革。早在1904年,美国医学会就开始采取措施,改善美国医学教育的现状,专门成立了医学教育委员会,研究改进医学教育的具体步骤。

医学教育委员会于1905年通过了两项重要的决议,对全国医学教育实施改组:大力提高医学生的入学标准,实行统一的医学教育学制;废除不合标准的医科学校。决议明确要求,美国医学院统一实行四年学制,其中前两年为临床前期的基础学科学习阶段,以实验室为主,后两年为临床各科轮转实习阶段。

美国医学会于1908年决定对全国所有的医学院进行完整、细致的普查。这一决定,获得了卡内基教育基金会的赞助。基金会主席特别选聘来自肯塔基州一位颇有经验的教育家亚伯罕·弗莱斯勒主持这项艰巨的工作。

从1908年开始,弗莱斯勒花费将近两年的时间走访了全美国155所医学院。他以约翰霍普金斯医学院的模式为标准,重点考察了每所医学院的入学标准、教授水平、办学资金、基础教育设施、临床教育设施等情况。在此基础上,他于1910年完成了一份题为《美国医学教育之现状》的报告书,又称"弗莱斯勒报告"。弗莱斯勒在报告中详细列举了全美各州每所医学院的现状,毫不客气地提出了自己的评论和改进意见。有些观点甚至相当尖锐。即使对于宾夕法尼亚大学医学院、哈佛医学院这样的老牌学校,弗莱斯勒也分别提出了中肯的评语和期望。

弗莱斯勒认为,一个国家的整体医疗水平关键在于医学教育。然而当时除了3所条件合格的医学院外,全美国至少3/4的医学院都是失败的,其中有些医学院的存在简直就是一种奇耻大辱。他对自己的本州——肯塔基州的批评尤为尖锐,称之为"制造劣等医生的重点地区"。而芝加哥也被认为是全国"医学教育的重灾区",除了芝加哥大学所属罗希医学院和西北大学医学院令人满意外，其余13所医学院纯属无稽之谈。他认为这些徒有虚名的学校应当全部关闭。而那些基本合格的学校，大多数也需要进行若干改进，才能保证为社会提供高质量的医务人员。弗莱斯勒强调，优秀的医学教育必须以综合性大学为背景，必须拥有足够的办学资金、合格的专职教师、高中以上学历的入学标准、四年全日制、正规的医学基础科学培养、扎实的临床教学和严格的毕业考试。

"弗莱斯勒报告"的发表，立即对整个医学教育界和美国社会造成极大的震动。由于他对几乎每所学校毫不留情的评论，人们把各学校的现状看得清清楚楚。不少受到严厉批评的学校几乎无地自容，根本无法生存。报告发表之后短短5年，就有60多所有名无实的医学院纷纷倒闭或者合并；10年之后，全美国的近160所医学院只剩下85所；15年之后，全美国人口不断增加，而医学院的数目却继续减少，只有66所，其中有57所归属综合性大学。这60多所医学院，完全按照弗莱斯勒的建议进行了认真的改革，终于成为今日美国医学教育的主流。

第二次世界大战结束后，美国人口激增，迅速达到1.5亿，而当时全国的医学院也只有79所。在美国医学教育委员会的定期检查、审核制度管理之下，这些学校在各方面都有了显著的改进，不仅大大提高了医学生的入学标准（具备大学本科学历，不低于大学本科三年，成绩优秀），实现了四年全日制教育，专职教授全部实行薪金制，采取有效措施鼓励教授从事科学研究，还投入大量资金建设新型、完善的基础医学实验室和教学医院，保证学生受到良好的基础医学和临床医学培养，学生通过必要的执业考核，然后才能独立行医。

在过去的40多年里，美国人口稳步增长，对医务人员的需求也日益迫切，又陆续增加了70多所医学院。但所有新建立的医学院都必须具备美国医学教育委员会所规定的办学条件。目前，全美国拥有近150所医学院，每年近23000名医学生毕业。这些学校虽然在办学历史、学生来源、学术实力、课程设置、社会声望各方面有较大差别，但都经过严格的定期审核，具备了美国医学教育委员会所规定的基本条件，得到医学教育委员会的认可。这个基于约翰霍普金斯医学院的医学教育模式，经过"弗莱斯勒报告"的强力推动，被美国绝大多数医学院采纳，延续到今天。

美国医学教育的改革与发展，直接推动了美国临床医学事业。一大批教学医院的建立，代表了美国临床医学的最高水平。目前全美国拥有3000多所综合型或专科型教学医院，隶属于近150所医学院。这些教学医院，不仅具有完备的临床学科、高水平的医护人员、先进的医疗设施，还经常从事着最前沿的基础医学和临床医学研究。美国政府每年通过国家卫生研究院国家自然科学基金会所颁发的数十亿美元科学基金会，通过各种私人捐款来赞助医学研究和临床医学事业。有些私人捐款的数额可达上亿美元。其中最为著名的是创立于1913年的洛克菲勒基金会，创设于1953年的霍华德·休斯医学研究所和创设于2000年的比尔及梅琳达·盖茨基金会。

正是在这种官方和民间力量的大力支持下，美国的医学科学事业得到了迅速发展。10多年来，许多实验室的科研成果，包括新型药物和尖端医学诊断技术，往往在短期内就会通过合理的手段转化为有关的临床医疗技术，改善诊断或治疗的效果。从某种意义上说，美国目前的医学教育和临床医疗水平，也集中代表了西方医学所达到的最高水平。

案例出处

余前春：《西方医学史》，人民卫生出版社2009年版，第133、140–143页。（有改动）

案例解析

本案例讲述了美国医学教育改革的经过。改革前，美国的医学院众多，但绝大多数因为缺乏明确的办学目标，缺乏统一的培养标准，缺乏高水平的师资和必要的设备条件，教学质量低下。如今，美国的医学教育和临床医疗水平均达到世界最高水平。美国医学教育改革的成功，得益于医学界和学术界众多有识之士的重视，得益于医学教育委员会的改组决议和对全国所有的医学院进行完整、细致的普查。最为重要的是，弗莱斯勒在对美国医学院校现状进行调查的时候，能够不顾情面、如实地反映各学校的实际情况，敢于实事求是地提出批评意见。弗莱斯勒报告发表之后短短5年，就有60多所有名无实、质量低劣的医学院纷纷倒闭或者合并；10年之后，全美国的近160所医学院只剩下85所；15年之后，全美国人口不断增加，而医学院的数目却继续减少，只有66所，其中有57所归属综合性大学。这60多所医学院，完全按照弗莱斯勒的建议进行了认真的改革，终于成为今日美国医学教育的主流。

一切从实践出发，就是要把客观存在的事物作为观察和处理问题的根本出发点，这是马克思主义认识论的根本要求和具体体现。从实际出发，就是要从实际变化发展着的客观实际出发，从特定的社会历史条件出发，按照客观世界的本来面目认识世界而不附加任何外来的主观成分。从根本上说，就是要从客观事物存在和发展的规律出发，在实践中按照客观规律办事。美国的医学教育改革实践成功的关键在于贯彻了实事求是的精神，这说明马克思主义的精髓实事求是的正确性。

案例启思

1. 美国医学教育改革成功的关键一环是什么？
2. 美国医学教育改革的成功带给我们什么样的启示？

教学建议

本案例通过美国医学教育改革的成功说明了实事求是对实践成功的重要性，能够帮助学生树立实事求是的态度。

可用于第二章第三节"一切从实际出发是马克思主义认识论的根本要求"部分的辅助教学和相关内容考核。

第三章 人类社会及其发展规律

案例一 公共卫生科学认知的历史变迁

案例

历史上对人类社会生活造成重大影响的传染病、地方病,往往是人与环境互动的结果。这些疾病的出现和传播大多源于人类对自然环境的过度开发、一些地方特定的自然条件、气候的异常变化以及人类对环境的破坏和污染等。工业革命以前,环境污染规模小、程度较低,对人类健康的威胁有限;工业革命以后,环境问题日益突出,并不断加剧,早期主要以煤烟尘、二氧化碳等大气污染和采矿冶炼、无机化学工业的废水污染等工业污染物为主。环境历史学家约翰·麦克尼尔对20世纪的世界环境变化及其社会影响进行了分析,认为其环境污染的程度和类型比之前的任何一个时期都严重。这一时期环境对卫生的影响大体可以分成区域性环境健康公害与全球性环境健康危害两个阶段。

目前,国际社会在环境问题对健康的影响方面展开了大量研究工作,获得了丰富的科学认知,成为开展全球环境与卫生治理的重要科学支撑。

1. 气候变化是当今世界面临的最严峻的环境挑战

联合国政府间气候变化专门委员会(Intergovernmental Panel on Climate Change,IPCC)进行了长期的跟踪研究。1990年IPCC第一次评估报告认为,全球变暖使得地球表面的UV-B辐射强度增加,导致眼睛和皮肤损伤的风险增加,甚至可能破坏海洋食物链。1995年IPCC第二次评估报告从直接影响和间接影响两个层面分析了气候变化对人类健康的影响,并认为间接影响是较为主要的形式。2001年IPCC第三次评估报告证实了一些经细菌、食物、水传播的传染性疟疾受气候变化的影响。此外，气候变化还会引起粮食产量下降。2007年IPCC第四次评估报告扩大了关于健康问题的研究范围，将食品安全和水污染纳入其中，具体分析了人类面临气候变化的脆弱性。2014年IPCC第五次报告更加系统和翔实，指出气候变化对人类健康的影响体现在直接影响和间接影响两个方面。直接影响是指由温度和降水的变化导致来自热浪、洪水、干旱和火灾的威胁不断增加。2003年法国有15000人死于当年的极端高温天气。1980—2009年约28亿人受到洪水影响。间接影响是指由气候变化带来的生态破坏（农作物歉收，疾病转移扩散）、环境污染（环境疾病）或在长期干旱气候下的社会反应（如人口的迁移）等对人类健康产生的危害。

1979年至今的气象及疾病数据表明，气候变暖助推了疟疾的扩散传播，仅2010年，全球有123.8万人死于疟疾。而2010年又被称为"自1850年以来最热的三年之一"。IPCC第五次报告预计，由于气候变化的影响，21世纪中期人类现有的健康问题将更加严重。特别是目前已经存在粮食安全问题的地区，气候变化导致的营养不良现象将更加严重。温度上升正在强化与高温相关的疾病和死亡的危险性。如有的地区因为洪水泛滥洪水而导致疾病传播，有的地区表现为粮食减产引起营养不良等。近年来，世界卫生组织（WHO）也加大了对气候变化对健康影响问题的研究。2009年世界卫生组织的评估报告认为，1970—2004年气候变暖导致每年14万人的额外死亡。

2. 臭氧层损耗的后果

臭氧层被大量损耗后，吸收紫外辐射的能力大大减弱，导致到达地球表面的紫外线UV-B明显增加，从而对人类健康产生直接和间接影响。直接影响包括破坏免疫系统、眼睛损伤［包括光照性结膜炎（雪盲和焊工）、角膜和晶状体损伤、视网膜退化、视力下降、白内障眼疾］、皮肤损伤等。大气臭氧每减少1%，紫外辐射增加1.2%～1.4%，皮肤癌发病率增加4%。间接影响包括低空大气层中UV-B辐射增加，会催化氮氧化合物和碳氢化合物产生高浓度的大气污染物，对人类的呼吸系统产生不良影响；又如，紫外线辐射对粮食作物和海洋浮游植物产生不利影响，破坏食物链，进而影响人类健康。因此，臭氧层的保护逐渐受到全球重视，1985年签署的《保护臭氧层维也纳公约》和1987年签署的《关于消耗臭氧层物质的蒙特利尔议定书》明确指出大气臭氧层损耗对人类健康和环境可能造成的危害，呼吁各国政府采取合作行动，保护臭氧层。其后在发达国家和发展中国家的共同努力下，消耗臭氧层物质的排放得到有效控制。

3. 重金属及化学品污染后果

重金属和包括持久性有机污染物在内的危险化学品，在使用中直接与人体接触，或废弃后进入大气、水和土壤中，通过食物链和水体等进入人体，威胁人类健康。如汞通过消化道、呼吸道和皮肤进入人体，血液吸收后扩散至全身与蛋白质巯基结合，抑制巯基酶活性，从而引发震颤、易兴奋、运动失调、呼吸困难等问题。此外，由于汞也能以气态形式存在，从而对人体产生多种形式的损害，治理也更加困难。2013 年，《关于汞的水俣公约》的签署，标志着全球开始加强汞的治理。由于持久性有机污染物在环境中广泛存在，其控制和消除需要全球共同行动。2001 年，全球范围内签署了《关于持久性有机污染物的斯德哥尔摩公约》，呼吁各国采取减少或消除持久性有机污染物释放的措施，以保护人类健康和环境。此外，其他有关化学品管理的公约还包括《控制危险废物越境转移及其处置巴塞尔公约》《关于在国际贸易中对某些危险化学品和农药采用事先知情同意程序的鹿特丹公约》等。

4. 生物多样性退化

生物多样性是人类生存的基础，与人类健康密切相关。生物多样性能够保障食物安全，并提供药物资源。生物多样性为人类提供了多样的食物选择，保障人体所需各类微量元素的供应。在防治疾病方面，即使目前医药业比较发达，但当传统粮食品种遭受无法防治的病虫害威胁时，相应的野生植物可以提供抵御该虫害的遗传物质。此外，研究发现，生物多样性丰富的地区疾病发生率和严重性较生物多样性缺乏的地方低很多。生物多样性良好，可减少 4.3% 的全球疾病。生物多样性退化会引发多种健康问题，如森林退化会影响多种流行病（虫媒病、疟疾、黑热病、丝虫病、血吸虫病等）的传播和分布规律，威胁人类健康。

5. 空气污染

近年来，空气污染给人类健康造成的威胁日益严重，城市空气问题引发了人们越来越多的关注。据世界卫生组织 2014 年公布的"城市空气质量数据库"显示，全球只有 12% 的人口生活在空气质量符合世界卫生组织健康标准的城市。相比之下，生活在空气污染指标至少超过该标准 2.5 倍的人口数量约占全球总人口的一半。全世界大多数城市的室外空气质量不仅没有达到该组织制定的安全标准，其污染的状况还在不断加剧，城市空气污染已经成为当今世界主要的公共卫生挑战之一。空气污染导致全球每年约 700 万人口死亡，是国际社会必须立即采取行动应对的首要环境问题。减少空气污染不仅可以拯救数百万人的生命，同时还会有益于保护气候、提升生态系统服务能力、保护生物多样性和保障粮食安全。IPCC 第五次评估报告也指出，所有影响气候变化的空气污染物（二氧化碳除外）已对人类健康产生影响：2010 年超过 7% 的全球性疾病与这些污染物的吸入有关。

6. 对环境问题引发的健康结果进行综合定量评估

近年来，学术界对环境问题引发的健康结果在全球范围内进行了定量分析。《2004年世界卫生报告》指出，在全球102类主要疾病、疾病组别和残疾中，环境风险因素会导致85类产生疾病负担。2006年，世界卫生组织对环境引发的健康问题进行了全球范围的评估，认为全球范围内24%的疾病负担（健康寿命年损失）和23%的所有死亡（早逝）可归因于环境因素。14岁以下的儿童中，可归因于环境的死亡比例高达36%，而且环境所引发的健康问题在发展中国家更为严重。

当前，人们对环境引发的健康问题的研究不断深入。2009年，世界卫生组织针对全球疾病风险的评估报告认为，影响人类健康的5个环境因素（气候变化、室外空气污染、固体燃料引发的室内空气污染、铅暴露、不卫生的水和生活环境）导致了全球10%的疾病。其中，约有1/4的疾病与5岁以下儿童有关。2014年，联合国环境规划署年鉴《日益紧迫的全球环境问题》认为，多种健康问题与环境恶化有关，包括部分癌症、病媒传播的疾病、营养不良、呼吸系统疾病等。该研究认为全球近1/4的疾病与死亡是由不健康的生活和工作环境造成的，全球每年有370万死亡病例与户外空气污染有关。因此，联合国环境规划署表示将通过能力建设、数据平台建设和定期跟踪评估报告，加大对各国政府的支持，以应对全球环境与卫生挑战。

综上所述，可以得出：①环境问题对健康的影响已越来越受到国际社会的关注和重视。②现有科学研究证明，环境问题与人类健康风险之间存在明显的因果关系。环境问题是导致人类各种疾病的重大因素之一。③从全球层面对环境的健康影响进行量化研究是当前相关研究的重点、亮点和难点。目前国际上在研究方法和具体结论方面还存在诸多分歧，未来研究方兴未艾。④如何将现有的科学认知与全球层面的政策制定与实施有机结合是摆在全球环境与卫生治理面前的一大课题。

案例出处

王志芳、陈婧嫣、张海滨：《全球环境与卫生的关联性：科学认知的深化》，《中国卫生政策研究》，2015年第7期。（有改动）

案例解析

随着工业化程度加深，环境问题所引发的人类健康和公共卫生问题越来越受到国际社会的关注和重视。作为一个世界性问题，从全球层面对环境问题的健康影响进行量化研究是当前相关研究的重点、亮点和难点，必须将现有的科学认知与全球层面的政策制定与实施有机结合起来。马克思主义唯物史观为我们正确认识全球环境与公共卫生提供了重要的方法论。

唯物史观认为，社会存在即社会物质生活条件，是社会生活的物质方面，主要包括自然地理环境、人口因素和物质生产方式三种基本构成。其中，自然地理环境是人类社会生存和发展永恒的、必要的条件，是人们生活和生产的自然基础。自然地理环境提供了社会生活和生产资料的基本来源，对生产力产生积极或消极的影响，对社会发展起着促进或延缓的作用。同时，自然地理环境的作用要受社会发展状况的制约，特别是受物质资料生产方式的制约。两者是相互影响、相互作用的辩证关系。因此，人们的物质生产活动应该合理地利用自然资源，保护生态平衡，营造良好的生产生活环境。

马克思主义认为，应当合理地调节人与自然之间的物质变换，在最无愧于和最适合人类本性的条件下进行物质变换。事实证明，如果片面掠夺自然资源，忽视人与自然的和谐关系，就会带来生态、环境、人口、资源等全球性危机问题，进而影响人类自身的生存和发展。历史上所出现的许多持续时间长、影响范围广的传染病、地方病，往往与人类片面掠夺自然资源有关，是人类与环境非良性互动的产物。工业革命之前，人类活动范围和对自然的利用程度有限，环境污染规模小、程度较低，对人的健康影响和威胁还比较有限；工业革命之后，随着对自然资源使用的大幅度增加，环境问题日益突出并不断加剧，出现了以煤烟尘、二氧化碳等大气污染和采矿冶炼、无机化学工业的废水污染等工业污染物为主的环境问题。20 世纪后，世界环境变化的程度和类型又带来了较之前任何时期都严重的卫生后果。20 世纪 30—60 年代，人类面临区域性环境健康公害不断侵扰的威胁，其间发生了一些影响大的重要环境事件，如比利时马斯河谷烟雾事件、美国洛杉矶光化学烟雾事件、美国多诺拉烟雾事件、英国伦敦烟雾事件、日本水俣病事件、日本四日市哮喘病事件、日本爱知县米糠油事件、日本富山骨痛病事件等，一些国家纷纷设立专门政府部门应对环境危机。1962 年，美国环境科普作家蕾切尔·卡逊出版了《寂静的春天》。该书以生动而严肃的笔触，描述了因过度使用化学药品和肥料而导致环境污染、生态破坏和人类健康损害的状况，指出人类用自己制造的毒药来提高农业产量，无异于饮鸩止渴，批评工业文明时代的生产与科学实践活动方式和政府政策，呼吁人们认真思考人类社会的可持续发展问题。《寂静的春天》的出版激发了全球范围内的环境保护意识，使越来越多的人开始正视全球性的环境健康危害，直接推动了世界环境保护主义的发展。但在单一的经济利益驱动下，《寂静的春天》并没有遏制住人类向地球过度索取的步伐。20 世纪 60 年代后，环境问题更演化为全球性的大气问题、大面积生态问题、突发性严重污染事

件，从根本上严重威胁了人类的生存与发展，具体如北美死湖事件、卡迪兹号油轮事件、墨西哥湾石油井喷事件、库巴唐"死亡谷"事件、西德森林枯死病事件、印度博帕尔公害事件、切尔诺贝利核泄漏事件、莱茵河污染事件、雅典"紧急状态事件"、海湾战争石油污染事件等。21世纪的今天，这些全球性环境问题仍然是影响人类生存与发展、亟待彻底解决的重大问题。

马克思主义唯物史观与中国传统文化天人合一的自然观相结合，形成了中国特色社会主义生态文明建设的基本理念。党的十八大以来，我们党关于生态文明建设的思想在不断丰富和完善。在"五位一体"总体布局中，生态文明建设是其中一位。在新时代坚持和发展中国特色社会主义基本方略中，坚持人与自然和谐共生是其中一条。在新发展理念中，绿色是其中一大理念。在三大攻坚战中，污染防治是其中一大攻坚战。这"四个一"体现了我们党对生态文明建设规律的把握，体现了生态文明建设在新时代党和国家事业发展中的地位，体现了党对建设生态文明的部署和要求。2018年，中国将生态文明建设写入宪法。"绿水青山就是金山银山"已成为全民共识。生态环境是关系党的使命宗旨的重大政治问题，也是关系民生的重大社会问题。环境就是民生，青山就是美丽，蓝天就是幸福。生态问题归根结底是发展方式和生活方式问题。把建设生态文明作为关系人民福祉、关乎民族未来的千年大计来抓，坚决贯彻创新、协调、绿色、开放、共享的发展理念，坚持探索以生态优先、绿色发展为导向的高质量发展新路径，加快形成节约资源和保护环境的空间格局、产业结构、生产方式、生活方式，坚持人与自然的和谐共生，是人类永续发展的千年大计。

案例启思

1. 国际相关组织对全球环境变化与卫生健康的跟踪与研究的重要意义是什么？

2. 全球环境变化与卫生健康有哪些相关性？如何消除环境对卫生健康的负面影响？

3. 中国在改善环境问题方面做了哪些工作和努力？

教学建议

人类自身的活动打破了人与自然的平衡，因而也破坏了人类赖以生存的"生命支持系统"。历史证明，必须把经济活动、人类的行为限制在自然资源和生态环境能够承受的限度内，给自然生态留下休养生息的时间和空间，否则，人类仍然将为自己的行为付出惨痛的代价。对环境问题危害健康的担忧开

始成为大家的共识,并引发全球范围的环境运动。生态文明建设关乎人类未来,建设绿色家园是各国人民的共同梦想。在解决自身环境问题的同时,中国更以理念和行动积极参与全球生态治理,推动实现全球可持续发展。倡导生态文明,爱护生态环境,坚持绿色、低碳、环保的生产生活方式,创造可持续发展的良性环境,共建美丽地球。

本案例可用于第三章第一节"社会基本矛盾及其运动规律"部分的辅助教学,或用于该部分课程内容的考核。

▶ 案例二 疫苗的功利主义与道德选择

 案例

想象一下,在一条轨道上有 5 个人,一辆失控的电车朝他们驶来,并且片刻后就要碾压他们了。幸运的是,你可以拉一个拉杆,让电车开到另一条轨道上。然而问题在于,另一个电车轨道上也有一个人。这时,你将会做何选择?这就是著名的"电车难题",指的是功利主义,即为最多的人提供最大的利益与个人道德直觉之间的两难选择。

《新英格兰医学杂志》的评论文章指出,这也是登革热病毒流行地区——南非和拉丁美洲所面临防控的新问题。登革热疫情影响着全世界 4 亿人,根据世界卫生组织统计,其每年导致出现 320 万重症以及 9000 例死亡患者。2016 年,世界卫生组织推荐登革热流行的国家对 9 岁以上儿童接种 Dengvaxia 疫苗。然而,临床试验数据发现,年龄较小的儿童接种可能产生疫苗相关危害。假设疫苗的公共健康获益是明确的:如果对 100 万名 9 岁以上儿童接种登革热疫苗,将会减少大约 11000 例住院和 2500 例重症。但如果在使这一人群获益的同时,疫苗还会导致本来不会生病的儿童中发生 1000 例住院和 500 例重症呢?

Sridhar 等人的报告重新分析了试验受试者的血清,以评估其基线血清状态,报告结果支持了这个假设:疫苗对既往暴露者具有保护作用,但也增加了既往未暴露者住院和罹患重症的风险。分析还提醒我们,即使在登革热流行地区,9 岁以上儿童也有可能保持血清阴性。当前的挑战在于很多初次感染是无症状的,而且目前尚无测定血清状态的即时检测方法可用。功利主义的计算很

明确：在登革热流行地区，对9岁以上儿童接种疫苗可降低严重感染和住院率80%。然而，在道德上这却站不住脚。

为了保护更多的儿童，登革热流行地区的政府陷入困境。最符合伦理的策略可能是告知家长有关Dengvaxia疫苗的获益与风险，并让他们自己决定是否接种疫苗。但我们应该认识到，这种对自主权的尊重可能是以牺牲生命为代价的。被告知潜在死亡风险后，人们可能不愿意接种疫苗，即使不接种的死亡风险更高。而且，如果人们被告知有检测方法可以确定谁有风险却不可用时，将会更加不情愿接种疫苗。

那么，大规模接种疫苗运动是否是挽救更多生命的最好办法呢？很可能并非如此。与"电车难题"不同，在现实生活中，卫生疾控行为所产生的影响并不仅仅限于当时挽救或死亡的人数。大规模接种疫苗运动可能引起公众的强烈反感，不仅导致Dengvaxia疫苗接种率下降，还会加剧对所有疫苗的怀疑。

为此，世界卫生组织最近提出"疫苗接种前筛查策略"的建议，仅对血清反应阳性的人进行疫苗接种，目前这似乎是社会上最可接受的解决方案。由于这一策略的实施需要一个现成的、准确的即时检测方法，因此理想情况是该推荐能够激励行业和政府投资此类技术的基础研发工作。

案例出处

牛艳红：《疫苗功利主义与道德之间的艰难抉择》，《医师报》，2018年8月30日。（有改动）

案例解析

马克思主义基本原理认为，社会存在决定社会意识，社会意识能动地作用于社会存在，这是人类思想史上第一次正确地解决了社会历史观的根本问题，是社会历史观上的革命性变革。唯物史观关于社会存在与社会意识的关系问题的科学回答，也为我们认识复杂多样的现实世界提供了根本的思想工具。唯物史观指出，社会存在也称社会物质生活条件，是社会生活的物质方面，主要包括自然地理环境、人口因素和物质生产方式。社会意识是社会生活的精神方面，是社会存在的反映。社会意识具有复杂的结构，可以从不同的角度对其进行划分。根据不同的主体，社会意识分为个体意识和群体意识。个体意识是个人的生活经历和社会地位等在自己头脑中的反映，是个体社会实践的产物；群体意识是群体成员共同的意识，是群体实践的产物。因此，对同一事件或现象，个体意识与群体意识的反映内容可能是有差异的。根据不同的层次，还可以把社会意识分为社会心理和社会意识形式。社会心理是低层次的社会意识，

医学殿堂中的大道行思
——《马克思主义基本原理概论》（2018年版）教学案例集

是自发的、不系统的、不定型的社会意识，表现为人们的感知、情绪、情感、心态、习俗等，以感性认识为主；社会意识形式是高层次的社会意识，是自觉的、系统的、定型的社会意识，包括政治法律思想、道德、艺术等，以理性认识为主。社会意识形式中又存在意识形态与非意识形态之分，其中，意识形态是指反映社会的经济关系、阶级关系的社会意识，主要包括法律思想、道德、艺术、宗教、哲学等，反映着特定社会集团的利益和要求，服务于特定经济政治制度和特定阶级。社会存在决定社会意识，社会意识以理论、观念、心理等形式反映社会存在，对社会存在具有依赖性。同时，社会意识是适应一定的社会物质生活发展的要求而产生的，它具有满足这些需求的功能与价值，在一定的条件下会转化为物质力量并作用于社会存在，这是社会意识相对独立性的表现。

社会存在决定社会意识，社会矛盾存在的多样性决定了社会意识产生的复杂性。面对南非和拉丁美洲登革热疾病防控所出现的新问题，国际卫生组织和相关国家政府面临政策和伦理选择的两难处境。一方面，登革热疫情严重，采取防控策略和建立防控机制非常重要。根据世界卫生组织统计，登革热疫情影响着全世界4亿人，每年导致出现320万重症以及9000例死亡患者。如果对100万名9岁以上儿童接种登革热疫苗，将会减少大约11000例住院和2500例重症，疫苗的公共健康获益是明确的。为此，世界卫生组织在2016年推荐登革热流行的国家对9岁以上儿童接种Dengvaxia疫苗。另一方面，临床试验数据表明，年龄较小的儿童接种疫苗可能产生相关危害，例如在达到上述人群获益的同时，疫苗还会导致本来不会生病的儿童中发生1000例住院和500例重症。防控专家的研究还预测，疫苗对既往暴露者具有保护作用，但也增加了既往未暴露者的住院和罹患重症的风险。因此，在卫生政策上是否应选择对9岁以上儿童接种疫苗，登革热流行地区的政府陷入两难的困境。

但面对疾病肆虐消极对待，肯定不是国际卫生组织和相关国家政府的最佳选择。唯物史观认为，社会意识对社会存在有相对的独立性和能动的反作用。卫生组织和卫生部门可以采用告知策略，将有关Dengvaxia疫苗的获益与风险告知家长，给予他们接种疫苗自主权，但这样的结果，又可能出现自己和他人生命受到威胁的风险，出现个体利益与整体利益矛盾冲突的结果。为此，世界卫生组织最近提出"疫苗接种前筛查策略"的建议，仅对接种血清反应阳性的人进行疫苗接种，这似乎是目前社会上最可接受的解决方案。而策略的实施还需要一个现成的、准确的即时检测方法，因此，行业和政府更需要在此类技术的基础研发方面做大量投资工作，使策略变成实际操作的方法。

第三章　人类社会及其发展规律

🧠 案例启思

1. 人们的社会行为、社会管理会受到哪些因素的影响？
2. 上层建筑是怎么影响人们的社会实践活动的？
3. 政治法律思想、道德、艺术、宗教、哲学等观念上层建筑是如何相互影响的？

🎤 教学建议

本案例通过分析登革热病毒流行地区——南非和拉丁美洲所面临防控的新问题，即年龄较小的儿童接种可能产生疫苗相关危害，政府、卫生管理部门、国际卫生组织在功利主义和道德选择的权衡中不断改进卫生疾控策略，说明社会存在与社会意识的辩证关系是极为复杂的，我们只有全面系统掌握二者的辩证关系，才能认清现实世界的复杂问题。

适用于第三章第一节"社会基本矛盾及其运动规律"部分的辅助教学，或用于该部分课程内容的考核。

▶ 案例三　利益集团为何要干预科学研究

 案例

大概两年前（2016 年），我在撰写铅对人体健康影响的文章时，几乎没有人对此有疑问。但是之前可不是这样的。在 20 世纪 80 年代，赫伯特·内德勒曼等人研究铅暴露的影响，受到各种利益集团的阻止。由于对内德勒曼博士的发现不满，铅行业的相关企业动用了联邦政府的科学诚信处和匹兹堡大学对他的工作和个人进行侵入性调查。虽然最终他被证明是无辜的，其发现也将继续提高全美国儿童的生活质量，但是对于他本人来说，那是一段可怕的经历。

我经常抱怨人们缺乏可靠的证据来证明枪支与公众健康之间的关系。原因之一是 20 世纪 90 年代就有公共健康人员研究枪支的危害。而那些持不同意见的人却设法让美国伤害预防与控制中心停止研究。虽然没有得逞，但是从那以后，类似的研究基本上是不可能得到资助的。

117

我还讨论过"背痛的治疗进展缓慢"的问题。这也存在类似的原因：在20世纪90年代初期，研究人员已经发表论文指出适合背痛的疗法并不是手术，但是与外科手术相关的经济利益集团试图说服美国卫生保健政策研究所停止资助这项研究。虽然这些利益集团没有得逞，但是剩下的研究人员都被吓得不敢再从事相关研究了。

关于膳食补充剂的纠纷

我抱怨最多的是营养品，包括膳食补充剂。这个领域让我们关注到另一种威胁：诉讼。

2013年，美国食品药品监督管理局（FDA）的科学家们在《药物与生物医学分析杂志》上发表研究论文，声称在美国市场上出售的9个品牌膳食补充剂中，均含有一种安非他明的合成类似物——β-甲基苯乙胺，这种物质有类似兴奋剂的效果，但其功效和安全性并未在人类身上研究过。

一年后，加拿大卫生当局召回了含有这种兴奋剂的膳食补充剂，并提醒消费者，服用这些补充剂可能导致严重心血管并发症。而FDA莫名其妙地继续保持沉默。该机构并未向公众发出警告、召回产品或者提醒生产厂家。

彼得·科恩博士是美国哈佛医学院的助理医学教授，他重复2013年的研究后，给出了与FDA专家相同的结论：这种兴奋剂在很多品牌的膳食补充剂中都存在，而检索生物医学和化学文献后，都没有发现关于该兴奋剂对人体有效性或安全性的科学研究。2015年，这一结果发表在《药物检测与分析》期刊上，很快被美国和国际媒体广泛转载。两周之后，FDA向消费者发出警示，指出这种兴奋剂可能带来的危险，并要求生产厂家从配方中剔除这一成分。

有一个收到FDA警告信的膳食补充剂制造公司反过来控告科恩博士，以诽谤为由向其索赔2亿美元。他们宣称，那些同行评议文章中的陈述和随后在媒体上的采访都是不真实的。在没有科学证据的情况下，该公司声称，科恩博士的文章说这种兴奋剂不是"天然的"，但是其实是从一种墨西哥灌木中提取出来的。公司发言人还声称，他们有证据证实，这种兴奋剂在人体内的有效性和安全性。这桩诉讼最初在佐治亚州提起，被以无管辖权的理由驳回，后来又在马萨诸塞州的联邦法院继续进行。

在诉讼的调查阶段，该公司要求查看有关研究的邮件，包括与共同作者、期刊编辑、FDA外来专家和新媒体之间的通信。该公司还要求查看所有版本的原稿，还有同行评议的内容和作者的反馈。尽管在这个过程中，没有发现不法行为，但法院还是受理了此案。

科恩博士由此陷入了法学家所谓的"反对公众参与的战略诉讼"。该法本

来是防止人们利用法院甚至是诉讼，来威胁执行美国宪法第一修正案的。但是在科恩博士的案子中，法院拒绝充分重视马萨诸塞州的反对公众参与的战略诉讼法，理由是驳回此案会阻止补充剂制造公司享受陪审团审判的权利。

虽然陪审团最终做出了对被告有利的判决，但是这个经历还是使人非常不安。科恩博士告诉我："为审判做的准备包括6小时的笔录证词、模拟审判和审查超过4000页的研究、电子邮件、通信、草稿和证词。审判本身持续了7天，让我们全家人心力交瘁。"不过，他还是幸运的，得到了供职大学的全力支持。

2017年11月，科恩博士又发表了一份新的研究报告：《运动和减肥补充剂中还存在实验性兴奋剂》。

这就是研究应该做的：给我们更多的数据，以便更好地进行健康管理。

法律何时才能干预科学研究？

最近，我、科恩博士及密歇根大学的法律学教授尼古拉斯·巴格雷，在《美国医学会杂志》（JAMA）上撰文，表示这类诉讼破坏了科学研究。我们指出，在论文发表之前，同行评议的步骤已经提供了质疑研究结论的途径，而发表后，还可以继续进行不太正式的同行评议，比如写信给编辑。如果认为实验误差和错误是欺诈行为，那么评议机制存于研究系统中。只有当舞弊的证据浮现出来，法院才能登上舞台。

巴格雷认为："法庭不具备裁决科学争论的能力，他们有义务防止肆无忌惮的原告滥用司法系统来扼杀科学。"

实际上，这些诉讼在健康研究中太普遍了。巴格雷对过去40年来的案例进行了相当全面的搜索。他在20世纪80年代和90年代各发现了两个例子。但是，自2000年以后，一下子涌现出10个案例。然而，这些数字大大低估了提起案件的数量，因为绝大多数案件已经和解了。

2008年，一家生产髋关节保护器的厂商状告某位科学家，因为这位科学家在JAMA上发表文章说，该厂商的这种装置不能预防骨折；一家制药公司的CEO起诉了一位研究人员，因为2011年这位研究人员带领数据监测委员会在《内科学年鉴》上发表了一篇文章，质疑该CEO对一项研究结果的描述。

像这样的诉讼不一定受到意识形态或党派政治的束缚。斯坦福大学能源系统工程师马克·Z.雅各布森（Mark Z. Jacobson）正在起诉美国国家科学院和其学术期刊《美国科学院院报》（PNAS）上一篇论文的作者。因为这篇论文批评了雅各布森的分析，即雅各布森认为美国可以用风能、水能和太阳能来满足自身的能源需求。包括环保主义者在内的许多人批评了这起诉讼。

医学殿堂中的大道行思
——《马克思主义基本原理概论》（2018年版）教学案例集

🔍 案例出处

张文韬编译：《从膳食补充剂引发的纠纷看利益集团对科学研究的干预》，"世界科学"微信公众号，2018年1月16日。（有改动）

✏ 案例解析

在对待社会历史及其规律问题上，有两种根本对立的观点，即唯心史观和唯物史观。唯心史观的主要缺陷是至多考察了人的活动的思想动机，没有进一步考究思想动机的物质动因和经济根源，因而从社会意识决定社会存在的前提出发，把社会历史看成精神发展史，或者是少数英雄人物创造的历史。与之相反，唯物史观则提供给我们考察人类社会历史及其发展规律的基本理论依据，即社会存在与社会意识的辩证关系，生产力与生产关系、经济基础与上层建筑的矛盾运动规律。唯物史观认为，人们在自己生活的社会生产中发生一定的、必然的、不以他们的意志为转移的关系，即同他们的物质生产力的一定阶段相适合的生产关系。这些生产关系的总和构成社会的经济结构，即有法律的和政治的上层建筑竖立其上并有一定的社会意识形式与之相适应的现实基础。物质生活的生产方式制约着整个社会生活、政治生活和精神生活的过程。不是人们的意识决定人们的存在，相反，是人们的社会存在决定人们的意识。社会的物质生产力发展到一定阶段，便同它们一直在其中运动的现存生产关系或财产关系（这只是生产关系的法律用语）发生矛盾。于是这些关系便由生产力的发展形式变成生产力的桎梏。那时社会革命的时代就到了。随着经济基础的变更，全部庞大的上层建筑也或慢或快地发生变革。因此，社会存在决定社会意识。

社会意识具有复杂的结构，既包括社会心理等低层次的社会意识，也包括政治法律思想、道德、艺术、宗教、哲学、科学等社会意识形式。其中，政治法律思想是随着阶级和国家的出现而产生，是最直接、最集中地反映经济基础的意识形态。自然科学不具有社会经济形态和政治制度的性质，不直接反映特定社会集团的利益和要求，不直接服务于特定经济政治制度和特定阶级利益。科学认识活动本身是对客观世界的认识，是反映客观事实和客观规律的活动。但科学认识活动是科学主体从事的社会性活动，又受到物质生活的生产方式所影响。科学是没有利益的，科学家却是受利益影响的。当利益主导而不是真理成为科学研究的核心时，科学研究就可能偏离求真求实的轨道，科学发现真理、造福社会的功能就会大打折扣，甚至走向反面，民众的健康安全就会受到威胁。当事关公众健康安全的研究受利益主导时，公众的健康安全就会遭受威胁。

利益集团是一个基于共同利益要求而组成的社会共同体。维护其切身利益是利益集团形成的主要原因。早在18世纪末，美国就出现了全国啤酒制造商协会、全国棉花生产商协会等利益集团。之后，英国、法国等其他西方国家也相继出现类似的团体。早期的利益集团为数不多，对社会的影响程度很有限。19世纪中叶，第一次工业革命引发的浪潮席卷西方各国，产业、行业、职业在工业革命的浪潮中迅速分化，社会利益进一步分化，各种社会矛盾进一步发展，政府职能也随之扩大。政府对各种法律和政策的制定几乎都涉及社会上不同群体的利益，由此引起人们对政府行为的普遍关注，各种利益集团迅速发展起来，以采取行动对社会生活（包括科学认识活动）施加有利于自己的影响。例如，利益集团会根据自己的需要影响政府的科学发展政策和方向，或者发放科研经费引导科研方向，或者宣传有利于自己的科研成果并忽略或掩盖它的害处。

利益集团必然具有特殊利益，当它和公众利益发生冲突时，受特定社会集团利益所干扰的科学认识活动必然会背离其求真求实的本质。那么，科学研究应当如何保证其客观公正性呢？

案例启思

1. 利益集团为什么要主动干扰科学研究活动？
2. 法律等社会意识形式是如何影响科学研究的立场的？
3. 科学研究能否保持中立？如何保持中立？

教学建议

自然科学是非上层建筑的社会意识形式，科学认识活动是对客观对象的本质和规律的揭示，其认识过程和认识结果应具有中立性和客观性。自然科学研究活动应该保持自己的独立性，避免受到特定社会集团的利益牵制，以及避免受到缺乏公正性、受利益干扰的法律左右。

本案例可用于第三章第一节"社会存在和社会意识的辩证关系"部分的辅助教学和相关内容考核。

案例四 需要"网红"调剂还是科学打底

 案例

最近,一种新的"网红"食品风靡各地。这种添加了活性炭或植物炭黑的"黑色冰激凌""椰子灰冰激凌",不仅口感奇特,具有视觉冲击力,而且吃后嘴唇、牙齿会变成黑色。有的商家还宣称,这款冰激凌"用烧焦的椰子壳的灰混合椰子片、椰汁以及奶油做成",具有美颜的功效。

活性炭具有吸附功能,可以净化空气。在医学上,活性炭也被用于因吸毒过量或药物中毒的患者吸附体内毒素。但是,如果因此做出简单类比,认为食用活性炭就可以排毒变美,恐怕缺乏科学依据。事实上,活性炭无法被人体吸收,进不了血液,也到不了全身组织,更谈不上什么清除"体内的有害物质",不但没有保健美容的功效,而且有可能影响营养素和药物的吸收。食品质量是最基本的底线,"网红"食品再炫,也必须守住这条底线。尤其是青少年作为"网红"食品最大的客户,发育成长与饮食息息相关,更应引起重视。

国外卫生部门已经全面禁售添加活性炭的"黑色食品"。我国则规定,植物炭黑可作为着色剂,植物活性炭可作为食品工业用加工助剂使用,但应在制成最终产品前除去,无法完全除去的,也要尽可能降低其残留量。由此来看,"黑色冰激凌""椰子灰冰激凌"显然不符合这些规定。至于其他"网红"食品在制作过程中的不卫生、不安全等问题,就更是举不胜举了。而且,"网红"食品的宣传和销售主要利用互联网平台,现有监管措施还很不完善。这些都应引起有关部门的重视。

然而,对"网红"食品还应做更深入的思考。"网红"食品的出现除了商家对利益的追求外,还有深刻的社会心理原因。不可否认,"网红"食品满足了芸芸大众的猎奇心理,给生活带来一些惊喜和乐趣。近年来,随着我国经济社会的发展和物质生活的宽裕,人们在生活中寻找趣味、享受休闲的要求也越来越强烈,而互联网技术特别是微信、抖音等新型社交工具的发展,则为层出不穷的"网红"食品创造了氛围和条件。加上部分商家的有意炒作助推,"网红"食品难免令人心里"长草"。对于很多人来说,寻找和购买"网红"食

第三章 人类社会及其发展规律

品,并不仅是为口腹之欲,而是满足心理之需。好不好吃并不重要,合个影发朋友圈,或者来段抖音求赞才重要。

换言之,寻找和享受"网红"食品的过程,是在虚拟世界寻找心理归属和群体认同的过程。购买"网红"食品,本质上是为了换取参与互联网社交的资质,否则就会有被"out"的失落感,甚至倍感焦虑无聊。其实,盲目跟风的结果只能是喧嚣之后的空虚。真正充实、有品质的生活一定经得起科学常识的检验。追求新潮也不能丢了科学精神和理性态度。因此,面对"网红"食品,我们还应多一分理性。科学"拔草",理性"打卡",生活才能更美好。

案例出处

眉间尺:《生活需要"网红"调剂,更需要科学打底》,《科技日报》,2018 年 7 月 13 日,http://digitalpaper.stdaily.com/http_www.kjrb.comkjrbhtml/2018-07/13/content_399192.htm? div = -1。(有改动)

案例解析

唯物史观从社会存在与社会意识的辩证关系去梳理纷繁复杂的社会现象。社会存在是社会生活的物质方面,社会意识是社会生活的精神方面,是对社会存在的反映。社会意识具有复杂结构,可以从不同角度对其进行划分。根据不同的层次,可以划分为社会心理和社会意识形式。社会心理是低层次的社会意识,是自发的、不系统的、不定型的社会意识,表现为人们的感知、情绪、情感、心态、习俗等,以感性认识为主。根据不同的主体,社会心理可以分为个体心理和群体心理。社会意识形式是高层次的社会意识,是自觉的、系统的、定型的社会意识,包括政治法律思想、道德、艺术、宗教、哲学、科学等,以理性认识为主。社会意识形式以社会心理为基础,并对社会心理起指导和影响作用。人们共处于一个社会之中,作为社会人,彼此之间必然要发生社会交往,产生心理与意识的相互交流。因此,个人的意识活动必然与群体心理相联系,同时又受到群体意识的指导和影响。心理学告诉我们,这些影响表现为社会助长作用、社会懈怠、去个体化。社会助长作用显示,当个体处于群体之中时,群体对个体的积极或消极反应都会有增强的作用。社会懈怠显示,在集体任务中小组成员的努力程度反而比较小。去个体化显示,当个体的身份被隐藏,就会出现去个体化,并且所在的群体越大时,去个体化的程度就越大,甚至会引发失控行为。去个体化能增强群体意识,同时个体自我意识会减弱,产生群体归属感和认同感,在与他人进行同样的行为中获得愉悦感,并可能进而出现盲从行为。科学作为一种高级的社会意识形式,可以在引导人们认识复杂

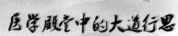

现象、认清事物本质、在行为选择上趋于理性等方面发挥重要作用。

互联网的出现和使用，对社会生产生活方式和思维方式产生了巨大影响。"网红"食品是商家利用互联网技术特别是微信、抖音等新型社交平台和大众对新奇事物的社会心理，有意炒作助推的食品。"网红"食品的走红，与其说是商家对市场的精准定位带来的产品营销成功，不如说是商家对消费者心理营销的成功。它精准狙击了消费者的某些心理短板，如消费者的盲目从众心理。信息时代也是一个消费信息爆炸的时代。面对消费信息满天飞，面对极具诱惑力的"网红"消费，消费者还需要不断提升自己的科学文化素养，更新和充实理性知识，进行理性消费。从目前的消费市场来看，"网红"食品存在着无证销售、质量问题、安全问题、逃避监管等可能性。"网红"食品再炫，对于消费者来讲，也要守住不盲从消费的底线；对于生产者来讲，必须守住食品质量这条底线。添加了活性炭或植物炭黑的"黑色冰激凌""椰子灰冰激凌"经网络或移动社交平台一推销，摇身一变，成为"网红"食品，但我们还需追问一下，这种"网红"食品是否真正适合人食用呢？这恐怕要运用科学精神和科学知识进行认真分析。活性炭具有吸附功能，可以净化空气。在医学上，活性炭也被用于因吸毒过量或药物中毒的患者吸附体内毒素。但是，如果由此进行简单类比，认为食用活性炭就可以排毒变美，显然是缺乏科学依据的。事实上，活性炭无法被人体吸收，进不了血液，也到不了全身组织，更谈不上什么驱除体内的有害物质。活性炭不但没有保健美容的功效，而且有可能影响营养素和药物的吸收。我国规定，植物活性炭可作为食品工业用加工助剂使用，但应在制成最终产品前除去，无法完全除去的，也要尽可能降低其残留量。面对这些酷炫的网红陷阱，消费者要学会运用科学知识分辨"网红"食品的优劣，切勿盲目跟风，坚守理性消费底线。

案例启思

1. "网红"食品风靡各地的原因是什么？
2. 人们选择"网红"食品的原因是什么？
3. 如何理性地选择有品质的生活？

教学建议

科学是高层次的社会意识形式，是揭示客观事物的本质和规律的社会意识。具备一定的科学素养，可以帮助我们认清现象背后的本质。

本案例可用于第三章第一节"社会存在和社会意识的辩证关系"部分的辅助教学和相关课程内容的考核。

第三章 人类社会及其发展规律

▶ 案例五 抗癌药降价需要医保来参与

案例

随着电影《我不是药神》的持续火爆,抗癌药成了话题榜的头条。近日,据央视新闻报道,随着抗癌药新规逐步落地,各有关部门正积极落实抗癌药降税的后续措施,督促推动抗癌药加快降价。

抗癌药价格少则上千,多则上万,一粒抗癌药的价格甚至不输黄金。生物制药领域专业网站 GEN2018 年年初公布了 2017 年全球十大畅销抗癌药榜单,其中,位居第三的曲妥珠单抗单支费用高达 2 万元。日前获准进入中国市场的欧狄沃被称为"抗癌神药",根据美国食品药品监督管理局提供的给药标准与收费情况,欧狄沃一年的治疗成本约为 15 万美元,合计人民币 96 万元。

国家卫健委卫生发展研究中心副研究员、医疗保障研究室副主任顾雪非接受《医师报》记者采访时表示,抗癌药之所以昂贵,一方面是因为研发过程中耗费的人力、物力巨大,其中不仅涉及前期数十亿甚至数百亿美元的资金投入,还涉及漫长的临床研究,甚至还需要长达数年的新药注册。"耗费了大量的投入后,结果依然可能会功亏一篑。"另一方面,新药拥有 20 年的专利保护期,保护期一过,仿制药就会大量涌入,极大地压低药价。"所以药企在价格保护周期会尽可能地把药价定高,以便收回成本。"

2017 年,医保药品目录准入谈判,赫赛汀、美罗华、万珂等 15 个疗效确切但价格较为昂贵的癌症治疗药品被纳入医保目录。对于目录内的抗癌药,下一步将开展专项招标采购,在充分考虑降税影响的基础上,通过市场竞争实现价格下降。

医保目录外的抗癌药如何实现降价?国家医疗保障局将开展准入谈判,与企业协商确定合理的价格后将其纳入目录范围,有效平衡患者临床需求、企业合理利润和基金承受能力。

有网友认为,加快药物创新,研发高质量的仿制药替代原研药,是降低抗癌药价格的又一途径。2018 年 4 月,国务院在发布的《关于改革完善仿制药供应保障及使用政策的意见》中明确提出:"促进仿制药替代使用。将与原研

药质量和疗效一致的仿制药纳入与原研药可相互替代药品目录。"

对此，顾雪非认为，抗癌药进入医保目录的条件，一是抗癌药具备成本效果，即性价比。当增量成本效果比小于 3 倍人均 GDP 时，社会可以接受，这是世界卫生组织推荐的标准，这一标准可以作为医保价格谈判的参考。二是药物对医保预算的影响。也就是说，医疗保险基金有能力支付，性价比高的药物如果使用率高，其对医保支出的影响就较大。在此基础上，如果价格谈判成功，则能实现各方利益的均衡。但谈判失败的情况也在所难免，社会政策和经济政策有时候确实难以实现平衡。

"需要注意的是，药价不可能无限制下降，医保是减轻百姓用药负担的关键。"顾雪非表示，要增加抗癌药物的可及性，医保需要"开源节流"：一方面，在参保人可以承担的情况下适度增加保费，扩大药物目录，实现抗癌药物负担在全人群的分摊；另一方面，提高现有医保资金的使用效率，通过支付方式改革等措施减少不必要的用药，腾出空间以纳入更多有价值的药物。另外，即便抗癌药物纳入医保，贫困人口也可能支付不起自付费用，因此，发挥医疗救助、慈善救助等制度和政策也十分必要。对于中高收入人群，自行购买商业健康保险也是减轻患病时疾病负担的办法。

案例出处

熊文爽：《多策略降低患者使用抗癌药负担》，《医师报》，2018 年 7 月 12 日。（有改动）

案例解析

寻找抗癌药能不能无限制降价、影响抗癌药价格的原因是什么、如何形成科学合理的定价模式等问题的答案，离不开运用唯物史观的基本原理进行辩证分析。唯物史观认为，生产力与生产关系、经济基础与上层建筑的矛盾运动规律是人类社会发展的基本规律。人类要生存繁衍、追求美好生活、获得自身的解放和发展往往是受制于生产力发展的状况的，生产力是人类社会生活和全部历史的基础。什么是生产力呢？生产力是人类在生产实践中形成的改造和影响自然以使其适合社会需要的物质力量。生产力具有客观现实性和社会历史性。深入理解生产力范畴，还需要把握生产力的水平、性质、状况和发展要求等重要方面。生产力的水平表现生产发展的现实程度；生产力的性质取决于生产的物质技术性质，主要是劳动资料的性质；生产力的状况是这两者的统一，表现为生产力的运行状态或发展态势；生产力的发展要求与生产力上述三方面的规定性紧密联系在一起，是指现实的生产力不断获得解放和发展的基本要求。生

产力是社会基本矛盾运动中最基本的动力因素,是人类社会发展和进步的最终决定力量。生产力发展既是社会物质文明发展的基本内容,也是制约政治文明、精神文明和生态文明发展的基本物质条件。因此,只有在生产力充分发展的基础上,才有可能充分满足人民群众的物质生活和精神生活需要。另外,生产力与生产关系不可分割地相互联系着。生产关系是人们在物质生产过程中形成的不以人的意志为转移的经济关系。生产关系是社会关系中最基本的关系,政治关系、家庭关系、宗教关系等其他社会关系,都受生产关系的支配和制约。生产关系包括生产资料所有制关系、生产中人与人的关系和产品分配关系。在生产关系中,生产资料所有制关系是最基本的,它是人们进行物质资料生产的前提,生产、分配、交换和消费关系在很大程度上是由这个前提所决定的。由公有制为主导的社会主义生产资料所有制决定了我国社会分配的主导力量是符合最广大人民群众的根本利益。

同时,生产力和生产关系矛盾地统一于社会生产方式中。生产力决定生产关系,生产关系又反作用于生产力。在二者的关系中,生产力是居支配地位、起决定作用的方面。生产关系一定要适合生产力发展状况的规律否定了以"道德说教"作为评判历史功过是非的思想体系,强调马克思主义政党制定路线、方针和政策要根据生产力发展状况推进社会各方面建设,切实保障最广大人民群众的物质利益。

生产力与生产关系之间的辩证关系说明:优质的医疗服务归根结底建立在生产力发展和物质文明提升的基础之上。《"十三五"深化医药卫生体制改革规划》(国发〔2016〕78号)充分体现了社会发展的基本规律。包括:一是坚持以人民健康为中心。把人民健康放在优先发展的战略地位,以公平可及、群众受益为目标,坚守底线、补齐短板,做出更有效的制度安排,维护基本医疗卫生服务的公益性,使全体人民在共建共享中有更多获得感。二是坚持保基本、强基层、建机制。将基本医疗卫生制度作为公共产品向全民提供,推动医疗卫生工作重心下移、医疗卫生资源下沉,提升基层医疗卫生的职业吸引力和服务能力,以问题为导向推动制度创新和攻坚突破。三是坚持政府主导与发挥市场机制作用相结合。在基本医疗卫生服务领域,坚持政府主导,落实政府责任,适当引入竞争机制。在非基本医疗卫生服务领域,发挥市场活力,加强规范引导,满足多样化、差异化、个性化健康需求。四是坚持推进供给侧结构性改革。实行政事分开、管办分开、医药分开、营利性和非营利性分开,优化供给侧治理能力和要素配置,提升服务效率和质量。对需求侧进行科学引导,合理划分政府、社会、个人责任,促进社会共治。五是坚持医疗、医保、医药联动改革。按照腾空间、调结构、保衔接的要求,统筹推进管理、价格、支付、

薪酬等制度建设,提高政策衔接和系统集成能力。落实部门责任,解放思想、主动作为,以自我革命的精神推进改革,形成强大合力。六是坚持突出重点、试点示范、循序推进。理清改革内在逻辑,突出重要领域和关键环节,及时总结推广地方经验,发挥重点改革的突破性作用和试点的带动效应。

总之,人民群众要享有优质的医疗服务,必须建立在一定生产力发展的基础之上。以目前的生产力发展水平来看,仅仅对抗癌药做无限制降价,既不现实,也不利于构建科学合理的医药服务体系。面对人民群众迫切需求,短期内可以通过多策略多途径减轻患者使用抗癌药负担。而从长远来看,必须把药物供给制度与国家整体医疗体制改革相结合起来,把握好改革的力度和节奏,注重统筹兼顾,积极稳妥推进改革。通过总体上、系统性深化医药卫生体制改革,普遍建立比较完善的公共卫生服务体系和医疗服务体系、比较健全的医疗保障体系、比较规范的药品供应保障体系和综合监管体系、比较科学的医疗卫生机构管理体制和运行机制,基本建立覆盖城乡居民的基本医疗卫生制度等系统工程,实现人人享有基本医疗卫生服务和人民群众多层次的医疗卫生需求。

案例启思

1. 抗癌药能不能无限制降价?
2. 制约抗癌药价格下降的原因是什么?
3. 如何深化医疗体制改革,形成科学合理的定价模式,打造健康有序的流通秩序,提供科学合理的医药服务,营造鼓励药品创新和研发的环境?

教学建议

随着电影《我不是药神》的持续火爆,"抗癌药"成了2018年话题榜的头条。我们不能停留在围观话题上,要善于运用唯物史观观察社会现象,透过社会现象看促进社会进步和发展的本质因素是什么,从而找到解决问题的根本途径。

本案例可用于第三章第一节"生产力与生产关系的矛盾运动及其规律"部分的辅助教学和相关内容考核。

第三章　人类社会及其发展规律

案例六　一场神经影像领域的"人机大战"

备受关注的神经影像领域"人机大战",于 2018 年 6 月 30 日在北京落下帷幕。大赛由国家神经系统疾病临床医学研究中心、首都医科大学人脑保护高精尖创新中心和中国卒中学会联合主办。人工智能（Artificial Intelligence,AI）选手"BioMind 天医智"以高出 20% 的正确率,战胜了来自全球神经系统疾病诊断的 25 名医界"最强大脑"。那么,医疗 AI 将给脑科医学带来哪些改变?

比拼速度　电脑更快

当场内大屏幕上的倒计时还有 14 分 30 秒的时候,答题完毕的提示音响了。现场数百名观众不禁发出唏嘘声。原来,需要独立完成 225 道题目的"BioMind 天医智"提前了将近 15 分钟"交卷",这时的"人类战队"仍在紧张作答。

正式比赛分为 AB 两组。A 组的一方是 15 名医生成员组成的"人类战队",是由全国线上预赛产生的优胜者 6 名、国内神经疾病排名前列的专家 7 名及国外知名医院专家 2 名组成。每位医生需要在 30 分钟内对 15 张颅内肿瘤的 CT、MRI 影像进行判读及血肿预测。另一方人工智能"BioMind 天医智"同样需要在 30 分钟内完成 15 名医生的工作,即完成总计 225 道题的判读。B 组一方由 10 名副主任级别以上的医生组成。他们进行的是脑血管疾病 CT、MRI 影像判读,B 组每名医生需要在 30 分钟内判读 3 张片子,允许医生们进行判读结果讨论,而另一方"BioMind 天医智"需要在 30 分钟内判读 30 张片子。

"人类战队"每位选手面前都有一台显示题目的电脑、一张纸质版的答题卡以及一支笔,答题时选手们紧紧盯着屏幕,拨动鼠标查看影像图,不时托着下巴思考。另一侧,"BioMind 天医智"的屏幕上,飞快地扫过一张张片子,并快速显示出它看过的每组片子反映的脑部肿瘤疾病。

医学殿堂中的大道行思
—— 《马克思主义基本原理概论》（2018年版）教学案例集

参赛的人工智能机器，由北京天坛医院与北京安德医智科技有限公司合作研发。拜师北京天坛医院神经影像学中心主任高培毅教授后，"BioMind 天医智"已成为天坛医院神经影像团队最年轻的"入室弟子"。

北京天坛医院放射科副主任荆利娜是 14 号选手。她答题与平时看片子状态一样。15 道题目里有一两道拿不准，平时如果遇上这种情况，她会写出两个答案，然后向高年资的专家请教，或者大家一起讨论。比赛的时候只能写一个答案，当时想得比较久。

大量样本　瞬时掌握

到底是"最强大脑"胜出，还是这个刚刚问世不久的医疗 AI 胜出？

此次比赛中，A 组试题为高培毅从天坛医院脑肿瘤病例库中随机挑选，B 组为北京天坛医院常务副院长王拥军教授从国家神经系统疾病临床医学研究中心脑出血病例库随机挑选，两组试题均非 AI 训练试题，为保证试题的保密性，来自北京市长安公证处的公证人员为试题挑选、封存进行了公证。

最终现场比赛结果是：A 组的 225 例判读，AI 用时 15 分钟，准确率 87%；15 位医生用时 30 分钟，准确率 66%。B 组中 AI 用时 15 分钟，准确率 83%；10 位医生用时 30 分钟，准确率 63%。无论时间还是准确率，AI 完胜。

荆利娜对它的速度是有心理准备的，天坛医院多年的病例汇总分析都录入了它的系统里，样本量超级大，而且是瞬时掌握，速度方面肯定比不过它。但真的没想到在准确率方面会输。

面对"BioMind 天医智"两轮胜出的成绩，它的老师高培毅说，通过对北京天坛医院近 10 年来接诊的数万神经系统相关疾病病例影像的系统学习，"BioMind 天医智"在脑膜瘤、胶质瘤等常见病领域的磁共振影像诊断能力相当于一个高级职称医师级别的水平，实力不容小觑。每种肿瘤背后，它都学习了 1000 个病例，目前基本上已经掌握了 50 种颅内肿瘤，这是任何一名医生都难以实现的。

"对它的比赛成绩不够满意，我认为它的准确率应该在 90% 以上。"高培毅说，接下来他们将对 AI 的丢分原因进行研究分析。

"机器训练时间不够，如果能够再多给 AI 一些学习时间，它将会表现更好。"王拥军说，如果 AI 对血肿预测的准确率能够超过 85%，国家神经系统疾病临床医学研究中心就计划启动临床验证研究。

人工智能前景如何？

速度快、准确率高，医疗 AI 的表现令人赞叹的同时，更多人关心的是它

第三章 人类社会及其发展规律

未来将给神经医学带来哪些改变，人脑疾病可以实现电脑诊断吗？

高培毅介绍，天坛医院一个影像大夫每天读片诊断的时间达到18个小时。按照"BioMind 天医智"目前的速度，一个大夫一天的工作量，它只需要400～500秒，也就是不到10分钟的时间。现在患者到医院做核磁，结果都要到第二天以后才能拿到。如果让 AI 来做，那么核磁结果几分钟就行，基本上立等可取。

"医生的工作强度非常大，希望未来 AI 能把医生解放出来，让医生有更多时间做研究、给病人温暖，也让患者节省看病成本。"高培毅说。

对于"BioMind 天医智"在神经影像辅助诊断领域取得的飞速发展和惊人成绩，王拥军说，它可以在短短几个月的时间内不断提升疾病诊断效率和准确率；可以学到很多医院多年都见不到的罕见、疑难病例，在神经领域的研究开发和学习深度上，拥有先天优势和大数据基础。目前，他们已经向国家药品监督管理局提交申请，希望在临床中应用这款 AI 产品，以提高基层医院影像诊断准确率，同时提高影像判读速度，为患者节约时间。

本次决赛的评委之一、重庆医科大学神经科学中心主任谢鹏教授表示："对于已有知识的诊断来说，从大数据深度学习的角度上看，AI 获胜的概率要大得多，它应该是了然于胸的。但在一些新的、特定的、目前医学界还没有太多共识的疾病领域，AI 可能还比不过人类。"

"我觉得将来它赢不了我。"荆利娜说，"它不了解医学的复杂性，影像判读不是单纯看片子，对患者的病史也要有了解，包括实验室检查等。不同疾病也会有相同表现，需要医生通过多年的积累综合判断倾向于哪一个，而不是单纯通过核磁片子、通过某个征象来判断。"

"我个人并不是很在意这场比赛谁输谁赢。"王拥军表示，这次神经影像人工智能人机大赛并非意在挑起人类医生和 AI 之间的战火，而是希望能够通过这个比赛，能让医生们体验到人工智能的魅力，特别是让部分抱有怀疑态度的医生，进一步对人工智能进行了解。

"大量病例的标准化标注既是 AI 发展的机遇，又是制约其发展的瓶颈。真正的 AI 技术是一个不断学习的过程，永远不会完美。"王拥军表示，具备"天坛标准"的 AI 技术渐趋成熟后，将成为辅助基层医生，特别是偏远地区基层医生如何阅读、诊断、预测片子的学习和培训工具，方便脑病患者在"家门口"就能获得高品质、个性化的诊疗方案。此外，它能够帮助医生完成初筛和评定，最终由医生进行印证判断，提高工作效率，节省重复机械工作的时间，特别是在判断结果不一致时，可提醒医生避免漏诊误诊。

131

案例出处

王君平:《神经影像判读比赛,人工智能比专家快、准》,人民网-《人民日报》,2018年7月2日,http://capital.people.com.cn/n1/2018/0702/c405954-30099564.html。(有改动)

案例解析

这场被称为全球首次神经影像人工智能的"人机大战"以人工智能战胜25名神经影像领域的顶尖专家而落下帷幕。这是医疗科技发展史上的一个重要事件,是近年来人工智能迅猛发展的一个缩影。科学技术作为先进生产力的重要标志,对推动社会发展有着非常重要的作用,马克思将其称为"历史的有力杠杆""最高意义上的革命力量"。每一次科技革命,都不同程度地引起生产方式、生活方式和思维方式的深刻变化和社会的巨大进步。其中,对生产方式的影响体现在:一是改变了社会生产力的构成要素,使劳动力结构向智能化趋势发展;二是改变了人们的劳动形式,使人们的劳动方式经历了由机械自动化走向智能自动化、由局部自动化走向大系统管理和控制自动化的根本变革;三是改变了社会经济结构,特别是导致产业结构发生变革,在推动传统产业现代化的同时,使第三产业在国民经济中所占的比重日益提高,就业结构也发生新的变化,从事第三产业的人数比例迅速增长,科技人员和管理人员的比例日益增长。

人工智能是研究、开发用于模拟、延伸和扩展人的智能的理论、方法、技术及应用系统的一门新的技术科学。近年来,人工智能迅猛发展,在世界范围内带来剧烈变革。有人预言,人工智能的意义堪比蒸汽机、电灯,甚至比互联网还要重要。AI的到来,让医学也面临一场革命。这场"革命"将会带来什么?是医生被取代,还是医生获得了更好的诊疗手段?我们需要客观看待医疗AI在医疗领域引起的变革。首先,人工智能作为人脑的延伸工具,其主要功能是为人类服务。例如,我国神经影像科医生人才短缺,临床医生工作压力较大,而神经影像人工智能的出现,可以替医生完成疾病的初筛和判断,将医生从繁重的简单劳动中解放出来,集中精力对付疑难重症。又如,在诊断疾病时,人脑会受到精力、情绪、环境等因素的影响,而人工智能则始终如一,冷静淡定,具有稳定性。同时,医疗AI技术渐趋成熟后,将成为辅助基层医生,特别是偏远地区基层医生如何阅读、诊断、预测片子的学习和培训工具,方便脑病患者在"家门口"就能获得高品质、个性化的诊疗方案,并让不同水平的医生实现同质化,最大限度避免漏诊、误诊。其次,AI不可能完全替代人

类。人类拥有有机生命的知性和感性，在创新、科研、探索、艺术创作等领域，没有创造性思维的人工智能并不能胜任。专家认为，人工智能的限制条件有四个：一是需要有大量的数据；二是需要完全信息；三是需要确定性的场景；四是单一领域单一任务。这四个条件都要达到，缺一不可。对于"人机大战"中的"BioMind 天医智"机器人来说，赢了比赛并不能说明它真的会看病。这场胜利只是 AI 通过"智能学习"（依靠创造者花费三个月的时间输入10 万病例）后达到的效果。它只能判断病人的病症，还不能给病人提供治疗方案。再次，医学是一门不确定性的科学，因为人不会按照教科书生病。当患者存在非常特殊的情况，尤其是当疾病不典型时，医生往往需要根据长期的临床经验，通过询问病史、观察症状等辅助方式，进行个体化的精准诊断，而不能单纯依靠数据来下结论，这是医疗 AI 的"智力"还不能解决的。最后，人是世界上最复杂的生物。解决人类健康问题，不仅要有技术支撑，更要有人文关怀。人工智能诊断疾病只需要有理有据，而医生看病还需要有情有爱。无论科技如何进步，医生这个职业都不会被人工智能取代。虽然人工智能不会取代医生的工作，但它会提高医院的工作效率。然而，对于人工智能，我们不应该抱有恐惧心理。我们需要考虑的是未来如何与人工智能共同工作，进而造福全人类。

案例启思

1. 医疗人工智能将给脑科医学带来哪些改变？
2. 科技的进步会不会使医生这个职业被人工智能所取代？
3. 人工智能的魅力和局限性在哪里？

教学建议

人工智能给生产力、生产关系带来什么变革，给人们生产方式、生活方式带来什么样的影响，这是我们需要认真思考的。一场神经影像领域"人机大战"给了我们思考的空间。

本案例可用于第三章第二节"科学技术在社会发展中的作用"部分的辅助教学和相关课程内容考核。

案例七　健康医疗大数据的发展前景

国务院办公厅在 2016 年 6 月 21 日颁布了《关于促进和规范健康医疗大数据应用发展的指导意见》(国办发〔2016〕47 号)。主要内容摘要如下：

健康医疗大数据是国家重要的基础性战略资源。健康医疗大数据应用发展将带来健康医疗模式的深刻变化，有利于激发深化医药卫生体制改革的动力和活力，提升健康医疗服务效率和质量，扩大资源供给，不断满足人民群众多层次、多样化的健康需求，有利于培育新的业态和经济增长点。为贯彻落实《国务院关于印发促进大数据发展行动纲要的通知》(国发〔2015〕50 号) 要求，顺应新兴信息技术发展趋势，规范和推动健康医疗大数据融合共享、开放应用，经国务院同意，现提出如下意见。

一、指导思想、基本原则和发展目标

(一) 指导思想

深入贯彻落实党的十八大和十八届三中、四中、五中全会精神，牢固树立并切实贯彻创新、协调、绿色、开放、共享的发展理念，按照党中央、国务院决策部署，发挥市场在资源配置中的决定性作用，更好发挥政府作用，以保障全体人民健康为出发点，强化顶层设计，夯实基层基础，完善政策制度，创新工作机制，大力推动政府健康医疗信息系统和公众健康医疗数据互联融合、开放共享，消除信息孤岛，积极营造促进健康医疗大数据安全规范、创新应用的发展环境，通过"互联网 + 健康医疗"探索服务新模式、培育发展新业态，努力建设人民满意的医疗卫生事业，为打造健康中国、全面建成小康社会和实现中华民族伟大复兴的中国梦提供有力支撑。

(二) 基本原则

1. 坚持以人为本、创新驱动

将健康医疗大数据应用发展纳入国家大数据战略布局，推进产学研用联合协同创新，强化基础研究和核心技术攻关，突出健康医疗重点领域和关键环节，利用大数据拓展服务渠道，延伸和丰富服务内容，更好满足人民健康医疗需求。

2. 坚持规范有序、安全可控

建立健全健康医疗大数据开放、保护等法规制度，强化标准和安全体系建设，强化安全管理责任，妥善处理应用发展与保障安全的关系，增强安全技术支撑能力，有效保护个人隐私和信息安全。

3. 坚持开放融合、共建共享

鼓励政府和社会力量合作，坚持统筹规划、远近结合、示范引领，注重盘活、整合现有资源，推动形成各方支持、依法开放、便民利民、蓬勃发展的良好局面，充分释放数据红利，激发大众创业、万众创新活力。

（三）发展目标

到 2017 年底，实现国家和省级人口健康信息平台以及全国药品招标采购业务应用平台互联互通，基本形成跨部门健康医疗数据资源共享共用格局。到 2020 年，建成国家医疗卫生信息分级开放应用平台，实现与人口、法人、空间地理等基础数据资源跨部门、跨区域共享，医疗、医药、医保和健康各相关领域数据融合应用取得明显成效；统筹区域布局，依托现有资源建成 100 个区域临床医学数据示范中心，基本实现城乡居民拥有规范化的电子健康档案和功能完备的健康卡，健康医疗大数据相关政策法规、安全防护、应用标准体系不断完善，适应国情的健康医疗大数据应用发展模式基本建立，健康医疗大数据产业体系初步形成、新业态蓬勃发展，人民群众得到更多实惠。

二、重点任务和重大工程

（一）夯实健康医疗大数据应用基础

1. 加快建设统一权威、互联互通的人口健康信息平台

实施全民健康保障信息化工程，按照安全为先、保护隐私的原则，充分依托国家电子政务外网和统一数据共享交换平台，拓展完善现有设施资源，全面建成互通共享的国家、省、市、县四级人口健康信息平台，强化公共卫生、计划生育、医疗服务、医疗保障、药品供应、综合管理等应用信息系统数据采集、集成共享和业务协同。创新管理模式，推动生育登记网上办理。消除数据壁垒，畅通部门、区域、行业之间的数据共享通道，探索社会化健康医疗数据信息互通机制，推动实现健康医疗数据在平台集聚、业务事项在平台办理、政府决策依托平台支撑。

2. 推动健康医疗大数据资源共享开放

鼓励各类医疗卫生机构推进健康医疗大数据采集、存储，加强应用支撑和

运维技术保障，打通数据资源共享通道。加快建设和完善以居民电子健康档案、电子病历、电子处方等为核心的基础数据库。建立卫生计生、中医药与教育、科技、工业和信息化、公安、民政、人力资源社会保障、环保、农业、商务、安全监管、检验检疫、食品药品监管、体育、统计、旅游、气象、保险监管、残联等跨部门密切配合、统一归口的健康医疗数据共享机制。探索推进可穿戴设备、智能健康电子产品、健康医疗移动应用等产生的数据资源规范接入人口健康信息平台。建立全国健康医疗数据资源目录体系，制定分类、分级、分域健康医疗大数据开放应用政策规范，稳步推动健康医疗大数据开放。

（二）全面深化健康医疗大数据应用

1. 推进健康医疗行业治理大数据应用

加强深化医药卫生体制改革评估监测，加强居民健康状况等重要数据精准统计和预测评价，有力支撑健康中国建设规划和决策。综合运用健康医疗大数据资源和信息技术手段，健全医院评价体系，推动深化公立医院改革，完善现代医院管理制度，优化医疗卫生资源布局。加强医疗机构监管，健全对医疗、药品、耗材等收入构成及变化趋势的监测机制，协同医疗服务价格、医保支付、药品招标采购、药品使用等业务信息，助推医疗、医保、医药联动改革。

2. 推进健康医疗临床和科研大数据应用

依托现有资源建设一批心脑血管、肿瘤、老年病和儿科等临床医学数据示范中心，集成基因组学、蛋白质组学等国家医学大数据资源，构建临床决策支持系统。推进基因芯片与测序技术在遗传性疾病诊断、癌症早期诊断和疾病预防检测方面的应用，加强人口基因信息安全管理，推动精准医疗技术发展。围绕重大疾病临床用药研制、药物产业化共性关键技术等需求，建立药物副作用预测、创新药物研发数据融合共享机制。充分利用优势资源，优化生物医学大数据布局，依托国家临床医学研究中心和协同研究网络，系统加强临床和科研数据资源整合共享，提升医学科研及应用效能，推动智慧医疗发展。

3. 推进公共卫生大数据应用

加强公共卫生业务信息系统建设，完善国家免疫规划、网络直报、网络化急救、职业病防控、口岸公共卫生风险预警决策等信息系统以及移动应急业务平台应用功能，推进医疗机构、公共卫生机构和口岸检验检疫机构的信息共享和业务协同，全面提升公共卫生监测评估和决策管理能力。整合社会网络公共信息资源，完善疾病敏感信息预警机制，及时掌握和动态分析全人群疾病发生趋势及全球传染病疫情信息等国际公共卫生风险，提高突发公共卫生事件预警与应急响应能力。整合环境卫生、饮用水、健康危害因素、口岸医学媒介生物和核生化等多方监测数据，有效评价影响健康的社会因素。开展重点传染病、职业病、口岸输入性传染病和医学媒介生物监测，整合传染病、职业病多源监测数据，建立实验室病原检测结果快速识别网络体系，有效预防控制重大疾病。推动疾病危险因素监测评估和妇幼保健、老年保健、国际旅行卫生健康保健等智能应用，普及健康生活方式。

4. **培育健康医疗大数据应用新业态**

加强健康医疗海量数据存储清洗、分析挖掘、安全隐私保护等关键技术攻关。积极鼓励社会力量创新发展健康医疗业务，促进健康医疗业务与大数据技术深度融合，加快构建健康医疗大数据产业链，不断推进健康医疗与养生、养老、家政等服务业协同发展。发展居家健康信息服务，规范网上药店和医药物流第三方配送等服务，推动中医药养生、健康养老、健康管理、健康咨询、健康文化、体育健身、健康医疗旅游、健康环境、健康饮食等产业发展。

5. **研制推广数字化健康医疗智能设备**

支持研发健康医疗相关的人工智能技术、生物三维（3D）打印技术、医用机器人、大型医疗设备、健康和康复辅助器械、可穿戴设备以及相关微型传感器件。加快研发成果转化，提高数字医疗设备、物联网设备、智能健康产品、中医功能状态检测与养生保健仪器设备的生产制造水平，促进健康医疗智能装备产业升级。

（三）规范和推动"互联网+健康医疗"服务

1. **发展智慧健康医疗便民惠民服务**

发挥优质医疗资源的引领作用，鼓励社会力量参与，整合线上线下资源，规范医疗物联网和健康医疗应用程序（App）管理，大力推进互联网健康咨询、网上预约分诊、移动支付和检查检验结果查询、随访跟踪等应用，优化形成规范、共享、互信的诊疗流程。探索互联网健康医疗服务模式。以家庭医生签约服务为基础，推进居民健康卡、社会保障卡等应用集成，激活居民电子健康档案应用，推动覆盖全生命周期的预防、治疗、康复和健康管理的一体化电子健康服务。

2. **全面建立远程医疗应用体系**

实施健康中国云服务计划，建设健康医疗服务集成平台，提供远程会诊、远程影像、远程病理、远程心电诊断服务，健全检查检验结果互认共享机制。推进大医院与基层医疗卫生机构、全科医生与专科医生的数据资源共享和业务协同，健全基于互联网、大数据技术的分级诊疗信息系统，延伸放大医疗卫生机构服务能力，有针对性地促进"重心下移、资源下沉"。

3. 推动健康医疗教育培训应用

支持建立以国家健康医疗开放大学为基础、中国健康医疗教育慕课联盟为支撑的健康医疗教育培训云平台，鼓励开发慕课健康医疗培训教材，探索新型互联网教学模式和方法，组织优质师资推进网络医学教育资源开放共享和在线互动、远程培训、远程手术示教、学习成效评估等应用，便捷医务人员终身教育，提升基层医疗卫生服务能力。

（四）加强健康医疗大数据保障体系建设

1. 加强法规和标准体系建设

制定完善健康医疗大数据应用发展的法律法规，强化居民健康信息服务规范管理，明确信息使用权限，切实保护相关各方合法权益。完善数据开放共享支撑服务体系，建立"分级授权、分类应用、权责一致"的管理制度。规范健康医疗大数据应用领域的准入标准，建立大数据应用诚信机制和退出机制，严格规范大数据开发、挖掘、应用行为。建立统一的疾病诊断编码、临床医学术语、检查检验规范、药品应用编码、信息数据接口和传输协议等相关标准，促进健康医疗大数据产品、服务流程标准化。

2. 推进网络可信体系建设

强化健康医疗数字身份管理，建设全国统一标识的医疗卫生人员和医疗卫生机构可信医学数字身份、电子实名认证、数据访问控制信息系统，积极推进电子签名应用，逐步建立服务管理留痕可溯、诊疗数据安全运行、多方协作参与的健康医疗管理新模式。

3. 加强健康医疗数据安全保障

加快健康医疗数据安全体系建设，建立数据安全管理责任制度，制定标识赋码、科学分类、风险分级、安全审查规则。制定人口健康信息安全规划，强化国家、区域人口健康信息工程技术能力，注重内容安全和技术安全，确保国家关键信息基础设施和核心系统自主可控稳定安全。开展大数据平台及服务商的可靠性、可控性和安全性评测以及应用的安全性评测和风险评估，建立安全防护、系统互联共享、公民隐私保护等软件评价和安全审查制度。加强大数据安全监测和预警，建立安全信息通报和应急处置联动机制，建立健全"互联网＋健康医疗"服务安全工作机制，完善风险隐患化解和应对工作措施，加强对涉及国家利益、公共安全、患者隐私、商业秘密等重要信息的保护，加强医学院、科研机构等方面的安全防范。

4. 加强健康医疗信息化复合型人才队伍建设

实施国家健康医疗信息化人才发展计划，强化医学信息学学科建设和

"数字化医生"培育,着力培育高层次、复合型的研发人才和科研团队,培养一批有国际影响力的专门人才、学科带头人和行业领军人物。创新专业人才继续教育形式,完善多层次、多类型人才培养培训体系,推动政府、高等院校、科研院所、医疗机构、企业共同培养人才,促进健康医疗大数据人才队伍建设。

三、加强组织实施

（一）强化统筹规划

建立党委政府领导、多方参与、资源共享、协同推进的工作格局。国家卫生计生委要综合统筹、强化实施,各有关部门要密切配合、形成合力,推动重点任务落实。各地区要重视健康医疗大数据应用发展,切实搞好总体规划、基础建设、安全监管,确保各项任务措施落到实处。推进健康医疗大数据军民融合发展,促进军地健康医疗数据规范衔接、互通共享、协同应用。加强对健康医疗大数据应用发展的指导,强化对技术研发、新业态构建、应用推广的统筹协调,研究建立专家委员会,组织研究制定发展战略及相关政策、法规、标准。

（二）抓住重点着力突破

从人民群众迫切需求的领域入手,重点推进网上预约分诊、远程医疗和检查检验结果共享互认等便民惠民应用。加快推进基本医保全国联网和异地就医结算。支持发展医疗智能设备、智能可穿戴设备,加强疑难疾病等重点方面的研究。选择一批基础条件好、工作积极性高、隐私安全防范有保障的地区和领域开展健康医疗大数据应用试点,总结经验,扎实有序推进。

（三）加大政策扶持力度

研究制定政府支持政策,从财税、投资、创新等方面对健康医疗大数据应用发展给予必要支持。推广运用政府和社会资本合作（PPP）模式,鼓励和引导社会资本参与健康医疗大数据的基础工程、应用开发和运营服务。鼓励政府与企事业单位、社会机构开展合作,探索通过政府采购、社会众包等方式,实现健康医疗大数据领域政府应用与社会应用相融合。充分发挥已设立的有关投资基金作用,充分激发社会资本和民间资本参与热情,鼓励创新多元投资机制,健全风险防范和监管制度,支持健康医疗大数据应用发展。

（四）加强政策宣传普及

加强健康医疗大数据应用发展政策解读，大力宣传应用发展的重要意义和应用前景，积极回应社会关切，形成良好社会氛围。积极引导医疗卫生机构和社会力量参与开展形式多样的科普活动，宣传普及健康医疗大数据应用知识，鼓励开发简便易行的数字医学工具，不断提升人民群众掌握相关应用的能力和社会公众健康素养。

（五）推进国际交流合作

有序推进健康医疗大数据应用发展的人才技术交流与合作。鼓励相关企业和科研单位开展对国际先进技术的引进、消化吸收和再创新，推动我国自主技术与全球同步发展。加大对国际健康医疗大数据应用标准的跟踪、评估和转化力度，积极参与国际标准制定，增强相关规则制定的话语权。坚持以我为主、加强监管、确保安全原则，稳步探索国际健康医疗大数据应用发展合作新模式，不断提升我国健康医疗大数据应用水平、产业核心竞争力和国际化水平。

案例出处

《国务院办公厅关于促进和规范健康医疗大数据应用发展的指导意见》（国办发〔2016〕47号），中华人民共和国中央人民政府网，http://www.gov.cn/zhengce/content/2016-06/24/content_5085091.htm。

案例解析

近年来，科技发展一次次刷新人们对医疗行业的认识，而"互联网+""大数据""大健康""大发展"已成为健康医疗行业的热点关键词。互联网医疗、AI医疗、医疗大数据的规范与应用，被人们称为千禧年之后的三波科技赋能大健康的浪潮。健康医疗大数据的应用与发展将带来健康医疗模式的深刻变化，将带来新的业态和经济增长点，因此开始受到人们的关注。据公开资料显示，在2014年6月至2016年5月底近两年的时间，在医疗行业发生投资并购事件共计373起，其中涉及医疗大数据就有42起。同时它作为一种重要的基础性战略资源，也受到国家的高度重视。2016年6月，国务院办公厅印发了《关于促进和规范健康医疗大数据应用发展的指导意见》，将健康医疗大数据应用发展纳入国家大数据战略布局，并从夯实应用基础、全面深化应用、规范和推动"互联网+健康医疗"服务、加强保障体系建设四个方面部署了14项重点任务和重大工程。国务院提出，到2020年，要建成国家医疗卫生信

息分级开放应用平台,实现与人口、法人、空间地理等基础数据资源跨部门、跨区域共享,医疗、医药、医保和健康各相关领域数据融合应用取得明显成效。任务包括建设一个国家数据中心、七个区域中心,并结合各地实际情况,建设若干个应用发展中心,也就是实施"1+7+X"健康医疗大数据应用发展的总体规划。

健康医疗大数据是国家重要的基础性战略资源,设立国家数据中心是从国家发展战略的高度保护和合理使用我国公民的健康数据。一个国家数据中心将容纳全体公民健康医疗大数据,形成以"全息数字人"为愿景的健康科技产业生态圈,涵盖每个公民所有涉及的生产、生活、生命的全过程全周期的生理、心理、社会、环境等数据,预计数据采集和应用规模将达到 1000 ZB 以上。

在国家卫生计生委指导下,目前,已经筹备成立以国有资本为主体的三大健康医疗大数据集团公司,承担国家健康医疗大数据中心、区域中心、应用发展中心和产业园建设等国家试点工程任务。

第一集团是中国健康医疗大数据产业发展有限公司。由中国电子信息产业集团公司、国家开发投资公司、中国联合网络通信有限公司、中国国有企业结构调整基金股份有限公司于 2017 年 4 月共同发起建立。中国健康医疗大数据产业发展有限公司这一平台公司将整合 4 家央企相关优势资源,按照"政府主导、市场运作、联合创新、共建共赢"的原则,以股权为纽带加强联合创新,投资运营国家健康医疗大数据中心及产业园;以确保健康医疗大数据安全为目标,投资行业内骨干企业,突破核心技术;以金融手段促进健康产业的孵化和培育,构建健康医疗大数据产业生态系统,推动国家基础性健康医疗大数据建设,从而提升健康医疗服务效率和质量,满足人民群众多样化健康需求,进一步提高人民群众健康医疗获得感。

第二集团是中国健康医疗大数据科技发展集团公司。于 2017 年 6 月开始筹备,由中国科学院控股有限公司发起,中国银行、工商银行、中国电信、中国信达、广州城投、神州数码、首钢、东软、万达信息、易联众和荣科科技等企业参与筹建。按照战略布局,中国健康医疗大数据科技发展集团公司将利用大数据等技术建立健康医疗大数据,为缩小医患"信息鸿沟"、减少医疗资源重复配置、丰富健康医疗手段、防控传染病流行病发生等方面工作提供新手段。

第三集团是中国健康医疗大数据股份有限公司。由中国移动、浪潮集团发起,国新控股、国家开发银行、工商银行、农业银行、中国银行、建设银行、交通银行参与投资,于 2017 年 6 月共同成立中国健康医疗大数据股份有限公司。该平台公司将以资本为纽带,整合央企、国企和行业内知名上市企业的相关优势资源,加强联合创新,打通全产业链数据,促进健康产业的孵化和培育,在健康医疗大数据中心、精准医疗、医疗支付等产业链重点环节投入建设,构建健康医疗大数据产业生态系统。

至此,我国健康医疗大数据领域已经初步形成了由"国家队"主导的三大集团公司格局。三大集团公司的目标任务就是承担国家健康医疗大数据中心、区域中心和应用发展中心的建设和健康医疗科技文化产业园等经济发展运营工作。7个区域中心也连续开展试点和推广,铺开了健康医疗大数据的网络。通过国家总体规划,在推动国家健康医疗大数据中心建设的过程中,既避免了数据分散、互不联通、共享困难形成的数据孤岛和数据烟囱等问题,同时促进健康医疗大数据采集、存储、应用过程中的互联互通和共建共享,推进开发应用创新和产业集群发展。2018年9月13日,卫健委公布了《国家健康医疗大数据标准、安全和服务管理办法(试行)》。本试行办法明确建立健康医疗大数据开放共享机制,明确了各级卫生健康行政部门、各级各类医疗卫生机构、相关应用单位及个人在健康医疗大数据标准管理、安全管理、服务管理中的责权利,对于统筹标准管理、落实安全责任、规范数据服务管理,促进"互联网+医疗健康"的发展具有重要意义。

促进与规范国家大数据的应用发展是信息社会与智能时代的必然要求,体现了科学技术作为先进生产力的重要标志在推动社会发展中的重要作用。科学技术是一个复合概念。科学是指对客观世界的认识,是反映客观事实和客观规律的知识体系及其相关活动。技术是指人类改造自然的方法和手段。马克思曾用"历史的有力的杠杆""最高意义上的革命力量"来肯定科学技术推动社会进步的历史性作用。每一次科技革命,都将人类社会的生产方式、生活方式和思维方式推到一个新的高度。20世纪中期以后出现的以原子能的使用、电子计算机和空间技术的发展为主要标志,特别是以信息技术、新材料、新能源、生物工程、海洋工程等高科技的出现为主要标志的科技革命,使人类进入了互联网、智能化、数字化时代,推动了工业经济形态向信息社会和知识经济形态的过渡。工业时代的重要资源是石油,而信息时代则是大数据,大数据蕴含着巨大的生产力和商机,谁掌握了大数据技术,谁就掌握了发展的资源和主动权。全球大数据的发展方兴未艾,大数据已经开始显著地影响全球的生产、流通、分配和消费方式,正在改变人类的生产方式、生活方式、经济运行机制和国家治理模式,成为知识经济时代的战略制高点和国家的重要战略资源。建构国家战略数据库和合理开发利用大数据为社会服务的现实意义重大。

顺应大数据时代的发展,我国积极推动云计算、大数据、物联网、移动互

联网、智慧城市等新兴技术与健康医疗加速融合,通过"互联网+医疗健康"探索服务新模式,推动政府健康医疗信息系统和公众健康医疗数据互联融合、开放共享,消除信息孤岛,营造促进健康医疗大数据安全规范、创新应用的发展环境,以提升我国整体医药卫生水平,促进医药卫生体制改革,探索人民满意的医疗服务业态,努力建设人民满意的医疗卫生事业,为打造健康中国、全面建成小康社会和实现中华民族伟大复兴的中国梦提供有力支撑。

案例启思

1. 健康医疗大数据对构建国家大数据战略布局有何重要性?
2. 如何推进我国健康医疗大数据的应用发展?
3. 如何运用唯物史观认识和推进健康医疗大数据的应用与发展?

教学建议

将健康医疗大数据应用发展纳入国家大数据战略布局,是医疗卫生事业和知识经济时代社会发展的必然要求。以医疗大数据为代表的医疗新业态的深化发展,需要政府站在国家发展战略高度进行创新和推动,利用政策对行业的上下游领域加以机制规范、宏观管理,办人民满意的医疗卫生事业,让人民在医疗卫生改革发展中拥有越来越多的获得感。

本案例可用于第三章第二节"科学技术在社会发展中的作用"部分的辅助教学和相关内容考核。

案例八 益生菌的科学真相

案例

2018年9月6日,顶级期刊 Cell 刊发了两篇关于益生菌与健康的文章。两篇文章研究的结果包括:其一,益生菌在不同人的肠道中的定植能力是有差别的,应该根据每个人的特点及特殊需求量身定制;其二,接受抗生素治疗时,服用特定的益生菌补充剂反而会阻碍原有正常菌群水平的恢复。该报道引起了广泛关注和争论。为了让公众了解关于益生菌的科学真相,中国食品科学技术学会组织了江南大学、亚洲乳酸菌学会联盟、内蒙古农业大学、中国农业大学食品科学与营养工程学院、复旦大学公共卫生学院、首都医科大学肿瘤学系、中国科学院微生物研究所等多家高校和国际组织的多位专家,对此予以科学解读。

对益生菌功效的探索是一个科学严谨的过程

益生菌是指对宿主有益的"活的微生物",存在于胃肠道和生殖系统。在食品制造方面,人们熟悉的被认为是益生菌的大部分种类早在几千年前就进入人类的饮食产品(酸奶、泡菜、发酵肉制品等),长期的食用历史已经充分证明了其安全性。

已有大量科学研究表明,益生菌通过调节肠道内菌群及其代谢,或者直接与宿主细胞相互作用,发挥其有益作用。目前有上万篇公开发表的研究论文证实了益生菌的各种功能。对于人体来说,益生菌已被证明的核心功能是改善胃肠道健康,包括平衡肠道菌群、缓解肠道炎症、缓解肠易激综合征等症状。近年来的研究也发现,益生菌具有缓解代谢综合征、调节神经系统等功能。随着研究的不断深入,益生菌对人体的有益功能逐步被发掘,其中的机制也逐步被阐明。因此,人类对益生菌功效的探索是一个科学严谨的过程。

益生菌的功能及安全性得到权威机构认可及科研成果证实

益生菌的功能及安全性得到大量权威研究报道的支持。目前,其已被欧洲食品安全局(EFSA)、美国食品药品监督管理局(FDA)、中国国家卫生健康委等权威机构认可为"公认为安全"及可应用于食品的菌种。世界胃肠病学组织(WGO)早在2011年就指出益生菌在缓解腹泻、便秘等方面的功能有着"强有力的证据支持";2017年,WGO基于大量医学证据,再次指出益生菌可以有效防治消化道疾病。

此外,一些顶尖期刊的报道也证明了益生菌的其他健康功效。如医学领域顶级期刊JAMA综合分析了39项临床试验(近1万名患者),发现使用益生菌可降低使用抗生素病人的艰难梭菌感染;自然科学顶级杂志Nature一项针对4500多名新生儿的研究证明,益生菌及益生元可以预防败血症发生风险等。

益生菌功效的发挥具有菌株和人群特异性

目前,常用的益生菌菌株主要是乳杆菌、双歧杆菌、芽孢杆菌、酵母菌等。研究表明,不同种属的菌株,其生理、代谢存在一定差异,对人体的作用也不尽相同。大量研究亦表明,同种属的不同菌株,其益生功能也存在着巨大

差异。益生菌在不同宿主中发挥的功能也有一定的差异性。宿主的基因型、生活环境、饮食等因素,均可以影响益生菌与肠道微生物系统、宿主细胞的相互作用,从而影响其功能的发挥。9月6日在Cell杂志刊登的两篇关于益生菌的研究,其中一篇也提出益生菌的使用要注重其个性化。

  同时,益生菌的基因组差别较大,即使是同种益生菌的不同菌株之间也存在差异性,这是由于益生菌的生活环境通常比较复杂,处于一个动态的进化过程中,会发生基因丢失、重复或者获得新的基因,因此形成了不同的益生菌菌株。同种益生菌的不同菌株含有或表达不同的功能基因可发挥不同的益生功效。因此,益生菌需要在株的水平上进行益生功能的验证,明确菌株的功效,根据每个人的特点进行个性化使用及治疗。

  一种益生菌制剂对肠道无益不等于所有益生菌制剂对肠道均无益。Cell杂志报道的第二项研究是针对46名接受过抗生素治疗志愿者的临床试验,发现与自发恢复相比,吃一种益生菌配方会推迟宿主的肠道菌群的重建。作者因此认为益生菌在抗生素处理后的"潜在"功能"可能"会因为影响菌群重建而受到"阻碍"。然而,纳入本研究的11个菌株的研究背景不清楚,没有提到菌株类型,使用时菌株的各自剂量和活菌数,也没有任何与之相关的临床研究,不足以代表所有益生菌,尤其是此研究受试者人数过少。因此,无法证明益生菌对重建微生物菌群无益,也无法证明所有的益生菌都无效。

部分媒体存在着片面解读和不实报道

  部分媒体引用了上述两篇研究的部分内容进行报道,提出"益生菌不仅无益,还有害健康""益生菌,一个养生骗局"等观点,都是对上述研究的片面和不实的解读。

  从科学的角度来看,第一项研究的主要结果有三个:第一,益生菌的定植高度个性化,不同个体对不同益生菌定植的敏感性不同;第二,宿主微生物组通过竞争排斥相同物种以及特定的免疫机制来影响益生菌定植;第三,益生菌的摄入并未显著影响共生菌群的组成,而是激发了宿主免疫系统的应答。这也是目前学术界比较关注的一个方面。由于肠道菌群的多样性和复杂性,越来越多的学者建议从肠道菌群和宿主生理的特异性角度出发去开发个性化的益生菌制剂。文中并未提及益生菌无效理论,部分媒体存在对该研究报道的片面甚至错误解读。对于研究人员认为与移植自身粪菌相比,益生菌的摄入未能使肠道菌群还原为抗生素处理前的结构特征,并不意味着益生菌扰乱了肠道菌群结构,从具体菌属的丰度分布来看,也并没有因为益生菌的摄入导致有害菌的增殖。因此,不可曲解为益生菌无益或有害。

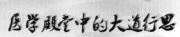

在第二项研究中，作者虽然发现服用益生菌延缓了菌群恢复，但这只是针对一种特定益生菌产品（Bio-25）和特定生理状况（抗生素处理后的菌群异常）的研究；同时，受试人群样本量也较小（每组6～8人）。因此，并不能代表益生菌功能和安全性的普遍情况。

对此，国际益生菌协会（IPA）欧洲分会也在9月10日发文，认为Cell两篇文章"观察到的效果可能与采用的益生菌混合物有关。从科学的观点来看，仅以8名受试者为基础的定量和定性比较并不被认为特别可靠，而且肯定不能被允许用来对总体益生菌做出全面的结论"。

任何科研的实验设计与方法都不是绝对完美的，研究者应在其特定条件下解释实验结果，他人过度解读实验结果是不科学的。

专家建议

第一，科技界与产业界应加强关注益生菌的个体差异性。益生菌研究已经取得了一些进展，但仍有许多科学问题需要探索。科技工作者应采取科学严谨的态度，加大科技投入力度，系统研究益生菌的功能机制，重视临床验证工作。相关学术界和产业界在选育益生菌的过程中，应注重菌株的个体差异，保证为消费者提供具有特定功能的菌株。此外，还应分析不同消费者肠道微生态的个体化差异特点，为消费者提供个性化的益生菌干预策略。

第二，消费者应正视益生菌的功能。目前一些商家过度宣传、夸大益生菌的功能，导致消费者陷入"益生菌包治百病"的误区。也有不实报道宣扬"益生菌无用"的观点，严重夸大益生菌的危害。这些都是对益生菌功能的不科学认识。事实上，大量的临床实验数据证明，针对特定的疾病（主要是肠道疾病），益生菌可以作为有效的药物进行治疗。但在更多情况下，益生菌应被认为是一种食品，具有提供一定预防和干预的作用，但不能取代药物治疗。

第三，加快整顿益生菌市场鱼龙混杂乱象，尽快完善益生菌相关标准。目前，市场上的益生菌产品鱼龙混杂，质量参差不齐，菌株来源不明，且缺乏科学的研究验证，大多认为乳酸菌和双歧杆菌是益生菌的代名词，没有菌株意识，因此急需完善益生菌相关行业标准和国家标准来规范益生菌行业。建议相关管理机构应加强相关标准的制定，科学监管与宣传教育，促进益生菌产业健康发展。

第四，规范引导新媒体和自媒体平台。对于每天产生的"海量"的生命科学学科科研结果，应该冷静、客观地对待和处理。在学术的论坛上允许众多科研结果"百花齐放，百家争鸣"，而媒体在报道前应该全文通读，全面解析，正确引导舆论，避免偏颇。

案例出处

《关于益生菌的科学真相》，中国食品安全报网，2018 年 9 月 20 日，http://www.cnfood.cn/shendubaodao130037.html。（有改动）

案例解析

科学是人类在认识自然与改造自然的过程中积淀下来的文明成果，是人们在长期的社会实践中形成的高级意识形式。培养科学素养是现代社会生活的重要内容。一个人所具备的科学素养代表着他运用科学知识的能力大小，他对自然界和人类社会活动提出问题、分析问题和解决问题的能力大小。国际普遍把科学素养概括为三个组成部分：科学知识、科学方法和科学对社会的作用。其中，科学方法尤其重要。培养科学素养，最重要的就是培养人们具备一定的科学方法并能运用一定的科学方法解决学习、工作和生活中的各种问题。在现实社会中，常常出现人云亦云、盲目跟从的社会行为，主要与人们缺乏科学方法有关。科学方法是人们在社会生活和科学实践中遵循的符合科学一般原则的途径和手段，包括认识和解决问题的思路、程序、规则、技巧和模式。运用科学方法的目的是找出事物的本质和规律，所以科学方法有可量化、可重复性、系统性等特点。总之，科学方法为我们提供了如何准确、系统、全面地看问题的方法。正确认识益生菌的科学真相，只有借助正确的科学方法搜集科学信息、分析科学材料，才能获得科学真知。

益生菌，源于希腊语"对生命有益"。益生菌广泛存在于地球上的各个角落。对于人而言，益生菌是定植于人体肠道、生殖系统内，能产生确切健康功效从而改善宿主微生态平衡、发挥有益作用的活性有益微生物的总称。人体、动物体内有益的细菌或真菌主要有酪酸梭菌、乳杆菌、双歧杆菌、放线菌、酵母菌等。早在远古时代，人类的日常饮食中就已经含有乳酸发酵类的食品了。法国微生物学家巴斯德是最早对益生菌进行科学研究的科学家。1857 年，他把鲜牛奶和酸牛奶分别放在显微镜下观察，发现它们都含有同样的一些极小的生物——乳酸菌，而酸牛奶中的乳酸菌的数量比鲜牛奶中的多，由此提出牛奶变酸与这些乳酸菌的活动密切相关的科学发现。1935 年，乳酸菌饮料"养乐多"问世，益生菌开始走向产业化。目前，世界上研究的功能最强大的产品主要是以上各类微生物组成的复合活性益生菌，其广泛应用于生物工程、工农业、食品安全和生命健康领域。全球的益生菌市场估计价值 197 亿英镑。

2018 年 9 月 6 日，世界科学期刊 Cell 发表的两项研究表明，服用益生菌不仅没有好处，还可能对人体有害，引起人们对益生菌的功与过重新思考。人

类科学认识活动和社会实践活动的规律告诉我们,对于人类每一次的阶段性认识成果,都要善于运用辩证思维方法进行对待,对益生菌的性质和功能也仍然需要进行辩证认识,运用科学方法揭示益生菌的真相。人类对益生菌功效的探索是一个科学严谨的实践过程。人类长期的食用历史已经说明其在一定程度上的安全性,益生菌的功能及安全性也得到科研成果证实。同时,人类也要充分认识益生菌功效发挥的菌株和人群特异性,相关各界应加强关注益生菌的人群差异性和功能有限性。科技工作者要加强对益生菌功能机制的系统研究,重视临床验证工作。产业界要注重菌株的个体差异,为消费者提供个性化的益生菌干预策略。消费者要正确认识益生菌的功能,在更多情况下,把益生菌当作一种食品,具有提供一定预防和干预的作用,但却不能用它取代药物治疗。新媒体和自媒体平台对异于自身知识背景的科研成果要做谨慎的报道和客观理性的解析。主管部门要加快整顿益生菌市场鱼龙混杂乱象,尽快完善益生菌相关标准,规范引导生产和消费。

科学技术的进步是无数科研成果的获取和验证的持续过程。益生菌的新的研究成果说明,由于事物内部矛盾的复杂性和矛盾运动的变化发展性,我们对益生菌的研究和应用还需要在现有的基础上继续深入的探索。科学技术能够通过经济和社会发展造福于人类,科学技术的作用也会受到一定客观条件如社会制度、利益关系的影响,还会受到一定主观条件如人们的观念和认识水平的影响。在知识爆炸的信息时代和消费文化的影响下,社会主体都需要秉持科学精神和科学方法,发挥好科学技术的社会作用。

案例启思

1. 为什么会产生对益生菌截然相反的看法?
2. 如何科学地对待有关益生菌的各种信息?
3. 如何正确把握科学技术的社会作用?

教学建议

正确认识和运用科学技术,必须培养科学素养,掌握科学方法,这样才能真正使科学技术为人类社会的健康发展发挥积极作用,让科技造福人类。

本案例可用于第三章第二节"科学技术在社会发展中的作用"部分的辅助教学和相关内容考核。

案例九　被战火摧毁的医院

获得2018年戛纳广告节影视制作类全场大奖的影片《没有医院就没有希望》，是来自红十字国际委员会的公益广告。这是一支由西班牙的Agency为红十字国际委员会拍摄的反战公益广告短片，呼吁人们关注武装冲突地区针对医院和医疗工作者的袭击，尽可能保护医护人员和无辜群众的人身安全。因为即使是战争，也应该有规则。因为没有医院，就没有希望。

这支广告拍摄于布鲁特，讲述的是一位父亲急于将受伤而血流不止的女儿送往医院的故事。当鲜血不停地从女儿的伤口渗出时，他努力地让女儿保持意识清醒。

医院是孩子出生的地方，也是保住她生命的最后的希望。然而可悲的是，当他们驱车赶到医院时，医院已经在战火中被摧毁了，而附近也没有医院，就算有，小女孩也等不了了。

当最后的希望在眼前破灭，父亲的眼神让人心碎。

短短两分钟的公益广告直击人心，短片没有站在制高点批判战争，也没有刻意展示战争所带给人们的伤害，而是抓住了容易被人忽视的角度，剑走偏锋地阐述在战争中医疗工作者往往成为最容易被攻击的群体，医院也成了最容易被攻击的场所。然而，没有医院，就没有希望。

事实上，战争如此，在和平环境下的生活依然如此。你永远不知道，自己什么时候会需要医生的拯救。而那些没日没夜守护在生命第一线的医生，他们是人而不是神，他们也有累的时候，他们也会生老病死，他们也无法保证每一次抢救都能成功，但他们依然用尽自己的全力，跑赢每一场与死神的争夺战。

案例出处

宗俊琳：《〈没有医院就没有希望〉：戛纳获奖短片直戳人心！》，《医师报》，2018年7月31日，http://www.mdweekly.com.cnhtmlrenwen/haiwaijianwen/2018/0731/17113.html。（有改动）

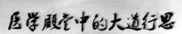

——《马克思主义基本原理概论》（2018年版）教学案例集

案例解析

唯物史观立足于现实的人及其本质来把握历史的创造者。马克思指出，现实的人不是处在离群索居和固定不变状态的人，而是处在现实的、可以通过经验观察到的、在一定条件下进行的发展过程的人。因此，现实的人及其活动是社会历史存在和发展的前提，人们既创造着历史，其创造历史作用的发挥又受制于历史条件的约束，其中，经济条件对人们的社会实践活动有着首要的和决定性的作用。"巧妇难为无米之炊"，任何个人实现个人的社会价值要受到社会条件的制约，是必然性和偶然性的统一。

现实的人在必然性与偶然性的辩证联系中发挥着历史性的作用。时势造英雄，杰出人物的出现具有必然性。杰出人物会因其智慧、性格因素对社会进程产生影响，但这些作用仅仅是历史进程中的偶然现象，只能成为社会发展中的个别原因。普通人也是如此。不管什么样的历史人物，在历史上发挥什么样的作用，都要受到社会发展规律的制约。如果看不到这一点，必然夸大个人的作用。承担救死扶伤的社会责任的医院和医务工作者发挥其社会作用也要受各种社会条件和各种社会因素的制约，比如，是战争、动乱的社会环境还是和平安宁的社会环境；是发达国家的医疗技术条件还是发展中国家的医疗技术条件；等等。同时，医务工作者也是从事社会实践活动的感性的个人。社会为医务工作者提供更大的发挥智慧和能力的空间，医务工作者将会给患者带来更多康复的希望。

案例启思

1. 案例里谈到的"没有医院就没有希望"是指什么？
2. 如何正确评价医院和医务工作者在人们社会生活中承担的责任和体现的价值？
3. 如何营造促进医务工作者发挥价值的良性机制和社会环境？

教学建议

本案例谈到武装冲突地区对医院和医疗工作者进行袭击，导致医院被摧毁，为了使更多病患者得到治疗，影片呼吁在战争的阴霾下也要尽可能保护医护人员和无辜群众的人身安全，因为没有医院就没有希望。在和平环境也是如此。我们要客观认识和评价医院和医务工作者的社会责任和社会价值，营造促进医务工作者发挥价值的良性机制和社会环境。

适用于第三章第三节"人民群众在历史发展中的作用"部分的辅助教学和相关内容考核。

第三章 人类社会及其发展规律

案例十 献给健康中国主力军的节日

案例

2017年11月,国务院批复,同意自2018年起,将每年8月19日设立为"中国医师节"。

2016年8月19日,习近平总书记在全国卫生与健康大会上强调,要把人民健康放在优先发展的战略地位。以这一天为标志设立"中国医师节",体现了以习近平同志为核心的党中央对1100多万卫生健康工作者的关怀和肯定。而人们之所以尊重医生,是因为医生是生命的护卫。此次设立医师节,旨在增强全社会对医生的尊重。

设立医师节,旨在让医患关系"和"一点。医生是一个神圣的职业,医生永远有忙不完的工作。浙江乾潭镇中心卫生院外科主任叶美芳怀孕6个月仍坚持连续手术,走出手术室时累得靠墙就能睡着。一张照片定格了这一瞬间,很多人称这是怀孕医生最美工作照,赞许中对医护人员多了一份理解。在一场场没有硝烟的战争中,冲锋在前的是医务人员,迎接每一次与疾病的"短兵相接",用他们的"危"换来病人的"安"。然而,他们的辛苦付出没有得到社会充分的认可。并非所有患者都能体会医生的不易,医患之间缺乏换位思考,缺少相互沟通,医患关系就会紧张。实际上,当患者对医生特别信任时,医生也会全力以赴对待患者、处理疾病。和谐的医患关系,可增进医患之间的信任,保障医患双方的权益。

设立医师节,旨在让医生"暖"一点。曾经有一位医生说,选择做医生,就意味着走上了一条艰难坎坷的荆棘道路。但一旦你走上这条道路,就会见到别人永远无法见到的精彩风景。对于走上荆棘道路的医生,全社会都应对他们多一份呵护,多一点尊重。在很多人的记忆中,听诊器曾经是令人羡慕的职业象征。然而如今如果没有合理收入和职业荣誉感做支撑,连医生的子女都不愿意学医,医生行业对优秀人才的吸引力也将下降。随着医改向深水区推进,很多医务人员期待一份更体面的收入。目前,医药分开正在全国推进,让医生凭技术吃饭,建立可行的正向激励机制,群众将享受到更加优质的医疗服务。

设立医师节,旨在让执业环境"安"一点。近些年涉医暴力事件屡屡发生,许多医生成为暴力事件的受害者。2015年,《中华人民共和国刑法修正案(九)》已经正式将"医闹"入刑,对扰乱医院正常诊疗秩序的非理性行为说"不",对涉医暴力事件从严惩处。今后,很多医院将建立合理有效的第三方调解或纠纷处理机制,降低患者与医方发生冲突的可能性。只有优化医务人员的执业环境,完善医疗纠纷处理机制,老百姓才能安心地看病就医。

党的十九大报告提出,人民健康是民族昌盛和国家富强的重要标志。当前,我国医疗卫生事业获得长足发展,但仍然面临多重疾病威胁并存、多种健康影响因素交织的复杂局面。从供需结构看,当前人民群众的健康需求快速释放,需求层次逐步升级,希望看病更舒心、服务更体贴。在此背景下,当以设立"中国医师节"为新起点,深入贯彻以人民为中心的发展思想,打好医改攻坚战,实施健康中国战略,调动广大医务人员的积极性、主动性和创造性,发挥好医改主力军的作用,为中华民族伟大复兴不断夯实健康基础。

案例出处

王君平:《医师节,献给健康中国主力军》,《人民日报》(人民时评),2017年11月22日,http://paper. people. com. cnrmrbhtml/2017 - 11/22/nw. D110000renmrb_20171122_2 - 05. htm。(有改动)

案例解析

唯物史观认为人民群众是社会历史的主体,是历史的创造者。人民群众是一个历史的范畴。从质上看,人民群众是指一切对社会发展起推动作用的人;从量上看,人民群众是指社会人口中的绝大多数。在社会历史发展的进程中,人民群众起着决定性的作用。人民群众是社会物质财富的创造者,是社会精神财富的创造者,也是社会变革的决定力量。随着科学技术在生产力发展中的地位越来越重要,人民群众中的知识分子在推动社会生产力进步、创造社会物质财富过程中所起的作用将更加突出,在精神生产过程和社会财富的创造中也起着重要的作用。同时,人民群众创造历史的活动受到一定社会历史条件的制约,良好的经济、政治和精神文化条件能进一步调动和发挥人民群众社会实践的积极性和创造性。

广大医务工作者是人民群众的组成部分,将每年8月19日设立为"中国医师节",体现了党中央对卫生健康工作的高度重视,对广大医务人员优秀业绩的充分肯定,也将进一步激发医务工作者做好本职工作。2018年8月17日,在首个"中国医师节"来临之际,中共中央总书记、国家主席、中央军

委主席习近平做出重要指示,并强调,长期以来,我国广大医务人员响应党的号召,弘扬敬佑生命、救死扶伤、甘于奉献、大爱无疆的精神,全心全意为人民健康服务,在疾病预防治疗、医学人才培养、医学科技发展等方面发挥了重要作用,并取得了丰硕成果,涌现出一大批医学大家和人民好医生。特别是在面对重大传染病威胁、抗击重大自然灾害时,广大医务人员临危不惧、义无反顾、勇往直前、舍己救人,赢得了全社会高度赞誉。

习近平指出,各级党委、政府和全社会都要关心爱护医务人员,形成尊医重卫的良好氛围。希望广大医务人员认真学习贯彻习近平新时代中国特色社会主义思想和党的十九大精神,践行社会主义核心价值观,坚持全心全意为人民服务,弘扬救死扶伤的人道主义精神,继往开来,再接再厉,不断为增进人民健康做出新贡献,为健康中国建设谱写新篇章,努力开创我国卫生健康事业新局面。

"尊医重卫"是首个中国医师节的主题,为人们认识和理解医生提供了机会,也是医务工作者的新起点,助益医务工作者修医德、行仁术,用优质的服务增进人民健康福祉。广大医务工作者作为中国特色社会主义的建设者、深化医改和健康中国建设的主力军、新时代健康卫生事业改革发展的实践者和推动者,将在推进健康中国建设的实践中承担更多的责任,体现更多的担当,发挥更大的作用。

案例启思

1. 国家为什么要设立医师节?
2. 设立医师节有哪些积极的社会导向?
3. 医务工作者怎样过好医师节?

教学建议

设立"中国医师节"是党和人民给予医务人员的特殊荣耀,通过这种特别的形式营造全社会"尊医重卫"的氛围,不仅提高了职业的含金量,更重要的是提升了全行业的荣誉感、成就感,让医务人员感受到劳动得到尊重、价值得到体现,也将激励医务工作者更加积极地投身健康中国的建设之中。

本案例可用于第三章第三节"人民群众在历史发展中的作用"部分的辅助教学和相关内容考核。

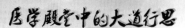

案例十一　我国医疗质量提升秘诀何在

 案例

2018年5月，国际权威医学期刊《柳叶刀》发布全球医疗质量和可及性最新排名，我国医疗质量和可及性排名从2015年的全球第六十位提高到2016年的第四十八位，是发展中国家中进步较大的国家之一。这与近年来我国推进健康中国战略，积极推进医疗服务供给侧改革密切相关。

一个国家的医疗质量和可及性，主要由医疗服务供给能力、服务水平、保障能力决定。我国人口众多，健康需求呈现多层次、多样化的特点，同时长期处于发展中国家阶段。为了让人们"看得起病、少得病、不得病"，维护健康，我国构建了医疗服务供给体系。截至2017年年底，我国已有医疗卫生机构98.7万个，医师338.6万名，护士380万名。每千人拥有的医师、护士数量不断上升。

服务水平不断提高，医疗质量管理规范化程度越来越高。2017年，我国医疗质量呈现"四升一降"的趋势——医疗资源供给持续增加，医疗服务效率有所提升，部分专科、重点病种和手术诊疗质量稳中有升，临床合理用药水平不断提升，住院患者死亡率持续下降并稳定在较低水平。

医疗服务保障制度实现全民覆盖，资金规模逐年增加，并且制度逐步走向整合，体现制度公平。卫生总费用占GDP比重已超过6%，作为一个发展中国家，我国在人民健康方面的投入力度不可谓不大。

当前，医疗服务供给目标是维护健康、管理健康，重点在基层、预防环节，强调人人参与、共建共享，而不仅仅是治疗疾病。这种转向符合疾病谱变化、人口老龄化的现实需要，有利于"关口前移"管控疾病，尤其是大量慢性非传染性疾病。

可以说，只有以人民健康为中心，大力推进健康中国战略，我国的医疗质量和可及性才得以迅速提升，得到国际社会赞誉。未来，我国需要采取更有力的措施，推动优质医疗服务下沉，实现医疗服务质量和可及性均衡覆盖。同时深化医改，扭转医疗机构逐利性，由扩规模转向重质量，并建立完善的信息化监控体系，为人民群众提供更有质量的医疗健康服务。

🔑 案例出处

李红梅：《我国医疗质量提升秘诀何在》，人民网－《人民日报》，2018年6月11日，http://health.people.com.cn/n1/2018/0611/c14739-30048891.html。（有改动）

✏️ 案例解析

医疗服务供给体系日益完善，服务水平不断提高，医疗服务保障制度实现全民覆盖，这一系列的工作促进了我国在全球医疗质量和可及性最新排名的大幅度提高，从2015年的全球第六十位提高到2016年的第四十八位，是发展中国家中进步较大的国家之一。这与近年来我国推进健康中国战略，积极推进医疗服务供给侧改革密切相关，是我们党坚持立党为公、执政为民的直接体现。

唯物史观关于人民群众是历史创造者的原理，要求我们在工作中始终坚持马克思主义群众观点，贯彻党的群众路线，一切为了群众，一切依靠群众，从群众中来，到群众中去。中国特色社会主义坚持以人民为中心的发展思想，始终把增进民生福祉作为发展的根本目的，中国共产党始终把人民对美好生活的向往作为奋斗目标。当前，健康是人民群众最具普遍意义的美好生活需要之一，而疾病医疗、食品安全问题、生态环境污染等则是民生突出的后顾之忧。在2016年8月召开的全国卫生与健康大会上，习近平总书记就明确提出要"将健康融入所有政策，人民共建共享"，强调"没有全民健康，就没有全面小康。要把人民健康放在优先发展的战略地位"。同年10月，中共中央、国务院印发《"健康中国2030"规划纲要》，提出"普及健康生活、优化健康服务、完善健康保障、建设健康环境、发展健康产业"五方面的战略任务。党的十九大报告更是将实施健康中国战略纳入国家发展的基本方略，把人民健康置于"民族昌盛和国家富强的重要标志"地位，并要求"为人民群众提供全方位全周期健康服务"，这表明健康中国建设进入了全面实施阶段。将"实施健康中国战略"作为国家发展基本方略中的重要内容，回应了人民的健康需要和对疾病医疗、食品安全问题、环境污染等方面后顾之忧的关切，是国家治理理念与国家发展目标的升华，有助于促使关注健康、促进健康成为国家、社会、个人及家庭的共同责任与行动，有利于推动在全球人口最多的国家实现公众健康状况的持续改善。

🤔 案例启思

1. 我国在全球医疗质量和可及性最新排名中提高的原因是什么？
2. 我国在改善医疗质量和可及性方面所做的工作体现了马克思主义的什么观点？

💡 教学建议

以人民健康为中心，大力推进健康中国战略，推动我国的医疗质量和可及性持续提升，为人民群众提供更有质量的医疗健康服务，这是践行马克思主义群众史观的基本要求。

本案例可用于第三章第三节"人民群众在历史发展中的作用"部分的辅助教学和相关内容考核。

第四章 资本主义的本质及规律

▶ 案例一 制药巨头是如何炼成的

案例

2018年暑期档最具看点的一部电影当属《我不是药神》。其豆瓣评分更是开局评分达到9.0分。这部电影让相对小众的慢性粒细胞白血病特效药"格列宁"进入大众的视野。影片中的"格列宁",其原型实际为瑞士诺华制药(Novartis)原研药物甲磺酸伊马替尼,国内商品名为格列卫。

诺华制药,总部位于瑞士巴塞尔,当前在纽交所上市,其总市值达到2258.84亿美元(截至2018年11月13日),排在全球十大制药巨头的第三位。2258亿美元,折合人民币约1.5万亿元。拥有万亿人民币市值的医药巨头是如何炼成的?又是如何做出"神药"的?罗马不是一天建成的,翻查诺华的历史,有两个关键词:研发和精准并购。

巨人的战争武器:专利产品和研发

诺华的产品覆盖心血管、内分泌、抗感染、移植免疫、风湿疼痛、眼科、骨代谢、中枢神经系统等多个疾病领域,在肿瘤领域,诺华拥有目前业内最大、最强健的肿瘤产品线。

最近两年,诺华年销售额超过10亿美元的"重磅炸弹"药品2016年有9款,2017年有9款。而诺华最为出名的"重磅炸弹"药品除了抗肿瘤领域的"格列卫"外,还有高血压领域的"代文"(Diovan,通用名:缬沙坦)。"代文"2002年上市,用于治疗高血压和心力衰竭。上市后"代文"的销量逐年

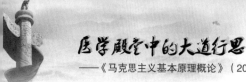

攀升,并在2010年创造出高达60.53亿美元的销售额巅峰。2012年"代文"专利保护到期,不过美国食品药品监督管理局(FDA)出于药品安全性考虑,一直到2014年才批准其仿制药上市。相比上述两款经历过专利悬崖的"元老级"药品,在当前已上市的药品中,预计会给诺华带来持续业绩增长的重点产品主要有三款:一是银屑病新药苏金单抗。作为全球首个白细胞介素17(IL-17)单克隆抗体,疗效优于强生的Stelara和安进的Enbrel两种"重磅炸弹"药物。苏金单抗自2016年起销售额剧增,2017年销售额达到20.71亿美元,同比增长84%。二是乳腺癌药物Kisqali。诺华的抗肿瘤药物Kisqali将在治疗乳腺癌的CDK 4/6抑制剂领域挑战辉瑞的Ibrance。Evaluate(生命科学商业情报公司)预计该药将带来100亿美元的市值,并使研发巨头诺华在抗肿瘤药物研发领域站得更稳。三是儿童和年轻成年患者B细胞前体急性淋巴细胞白血病免疫治疗药物Kymriah。2017年8月30日,诺华的基因治疗方法CAR-T细胞药物Kymriah被FDA批准上市,这是人类医学史上首款获批的CAR-T细胞药物。目前Kymriah的定价为47.5万美元,预计未来将给诺华带来相当的效益。

价值巨大的产品离不开企业长期的研发投入。医药行业中,研发能力是衡量一个医药企业未来发展的重要评价指标。在研产品方面,2017年,诺华以微弱优势取代了历年第一的GSK(葛兰素·史克)(250个),成为全球在研药物数量(251个)最多的企业,并且与GSK相比,诺华的自研产品占比约64.1%,远高于GSK。从Evaluate统计的2007以来失去专利保护的十大畅销药榜单来看,诺华以"代文"上榜。但在各家制药巨头中,诺华受到专利悬崖的影响相对被烫平,这很大程度上也要归功于诺华的研发有新的重磅药补位。常年在研发上的巨额投入使诺华拥有目前制药企业中最全的产品管线,进而极大地增强了诺华平衡风险的能力。

多年来,诺华的研发支出稳定保持在90亿美元左右,研发支出在收入中的占比也保持在15%以上。2014—2017年,诺华的研发支出合计约360.32亿美元,折合人民币约2409.5亿元。而最近12年,诺华研发投入合计约1003.34亿美元,折合人民币约6709.43亿元。

欧盟委员会下属调研机构IR曾根据2015年的财务数据对全球研发投入最多的250家企业进行排名,其中诺华以82.2亿美元位列第五,领跑全球药企。

神药背后:"重磅炸弹"与"专利悬崖"

国际上通常把年销售额在10亿美元以上的畅销药物称为"重磅炸弹"药物,一颗"重磅炸弹"足以成就一家公司。很多制药企业都是凭借"重磅炸弹"药物而跻身行业前列，而格列卫正是诺华旗下的一款"重磅炸弹"药物。1996年前后，诺华自主研发出慢性髓细胞白血病靶向治疗药物格列卫。该药在2001年上市，作为费城染色体阳性的慢性粒细胞白血病一线用药，格列卫的有效率高达95%。自1970年至2011年，诺华及其前身29次荣获药物界诺贝尔奖——盖伦奖，其中格列卫占了10次。格列卫上市后销售额逐年攀升，3年即突破10亿美元，此后继续保持增长，并在2011年达到巅峰——46亿美元。维持了4年46亿美元后，2015年，格列卫的专利保护全面到期。2016年开始，格列卫的销售额连续大幅下滑，全球销售额由2015年的46.58亿美元下降至33.23亿美元，同比下滑约28.7%。受此影响，诺华全年净收入同比下滑2%。2017年，格列卫的销售额进一步下滑41.5%，降至19.43亿美元。

格列卫的这种情况，在制药界被称为"专利悬崖"。所谓专利悬崖，指的就是药物专利保护到期后，依靠专利保护获取销售额和利润的原研药厂业绩大幅下滑的现象。一些通行的说法是原研药有20年的专利保护期，但这20年是从注册开始算的。从格列卫的实际情况来看，这款药真正的销售巅峰其实只有10年多一点。专利悬崖是所有原研药巨头都不得不面临的难题，如果有几款重磅药同时专利到期，这对于制药巨头来说将是一个致命的问题。除了像格列卫这样的重磅药以外，诺华能成为市值一度超过2000亿美元的制药巨头，另一个法宝就是并购。

巨头炼成记：并购、并购、并购

很少有哪个行业像制药业这样依赖并购重组，并且几乎所有的行业巨头都发生过多次的并购和重组。诺华也不例外。诺华本身就诞生于一次合并。1996年，汽巴-嘉基（1758年创建）和山德士公司（1886年创建）以309亿美元的对等合并宣告了诺华公司的诞生，成为当时最大的公司合并案。

诞生于合并重组的诺华，在成立之后不久就开始了持续的并购动作。在2000—2010年，诺华发动了近20起并购，这一系列被吞并的企业每年为诺华贡献约高达150亿美元的销售额。在这期间，有两起巨额收购轰动了业界。2003年5月，诺华将旗下的非专利药生产部门整合为山德士。2005年，诺华以83亿美元收购了德国赫素制药（Hexal AG）全部股份和Eon Labs公司67.7%的股份，并将两者整合并入旗下山德士。

赫素制药是德国第二大私营非专利药品生产商。Eon Labs则在美国非专利药市场中居领先地位，且与赫素制药有战略合作关系。这次并购将山德士推到了其他欧洲国家市场的前沿，交易完成后，山德士一跃成为全球最大的非专利药品研制集团。

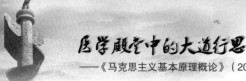

2007年，诺华宣布从雀巢集团手中分步收购眼科医药医疗公司爱尔康的股权，成为眼部护理市场的"霸主"。爱尔康在雀巢麾下时拥有相当大的经营自主权。雀巢在1978年收购了美国爱尔康药厂，不久后者发展成为全球最大的眼科药剂和医疗设备生产商。在2007年全球250亿美元的眼部护理市场中，爱尔康以56亿美元的市场份额高居榜首。在收购爱尔康之前，诺华已经有了成熟的眼底药物产品生产线，旗下视康部门经营着全球第二大的隐形眼镜护理药水。这次对爱尔康的收购从2008年7月首次出资到2012年12月最终完成，诺华总共花费了56个月和516亿美元。收购之初，爱尔康的全球销售额2008年增至63亿美元，运营利润率约35%，大大高于诺华的22%。然而收购完成后，爱尔康的表现却并不理想。在收购尚未最终完成的2011年，爱尔康还保持了约10%的增速。结果从收购完成的2012年起，爱尔康业绩大幅下滑，连续3年增速仅为3%。2015年更是出现了负增长9%。历经多年，耗费巨资，诺华对爱尔康的并购并不算成功，但这并没有阻碍诺华在其核心业务尤其是肿瘤产品方面的并购和资产置换。

2014年之后，诺华与另外两家医药巨头——GSK和礼来进行了一系列的并购交易和资产置换，重组了三巨头的产品和业务线。

2014年，诺华以145亿美元收购GSK肿瘤产品。新加入的GSK进一步拓展了诺华在靶向治疗和小分子治疗方面的优势，强化了诺华在肿瘤领域的业务实力。同时，诺华以71亿美元将旗下疫苗业务（不包括流感疫苗）外加专利使用金出售给GSK，并剥离自身OTC业务与GSK旗下消费者业务组建合资公司。诺华和GSK分别占有合资公司36.5%和63.5%的股份。

通过这一系列交易，诺华在肿瘤领域的实力得到加强，而GSK则增强了在疫苗领域的话语权。2015年，诺华的肿瘤业务实现营收约134.76亿美元，同比增长15.2%，远高于之前每年不到5%的增速。同年，诺华还以54亿美元将旗下动物保健部门出售给了礼来。通过并购以进一步扩充产品研发线，包括创新药、非专利药，特别是肿瘤药，以及眼科保健等领域。

诺华的持续并购不是特例。翻查当前市值千亿美元以上的药企，它们的成长史大都是一部并购史。另一家巨头辉瑞制药的并购次数和金额都远超诺华，堪称"并购战车"。医药巨头热衷于并购其实与制药行业的特征密不可分，尤其是原研药研发支出大，失败风险高。通过并购企业，可以直接买下有潜力的产品或者为现有产品扩充市场渠道。

案例出处

1. 李雪峰：《制药巨头大规模并购的启示》，《证券时报》，2014年5月

14日。

2. 面包财经：《天价神药背后的制药巨头：千亿研发砸出重磅药，并购成就万亿市值》，https://baijiahao.baidu.com/s? id = 1605817972825632821& wfr = spider&for = pc。（有改动）

案例解析

制药巨头们之所以高度重视研发和热衷并购，主要原因是并购活动取得的高回报率所产生的吸引力。分析其实质内容，一是降低成本。并购活动代表着一个节约成本及提高价格优势的承诺。二是税率因素。并购是一种降低税率的策略，高企业税率国家的公司与低企业税率国家的公司进行合并，以便将合并后的集团公司地址转移到目标公司所在的国家。三是行业利润的因素。相较于节省税收及有效收益而言，行业利润这一因素在并购活动中似乎占更大的分量。不同于其他很多行业，医药行业新药研发成本高昂、研发风险很大。最近几年新药研发投入回报率似乎在减少，"重磅炸弹"药物也愈加难以觅得。所以制药公司趋于收购那些拥有一个有希望的研发管线的公司。这就是为什么可以说很多大公司的成功，在某种程度上是建立在交易上的。辉瑞公司曾试图收购英国制药公司阿斯利康，但是遭到拒绝。这一行为背后，是辉瑞希望获取新的研发中的药物，并可使公司转移。加拿大的一家公司Valeant把并购策略应用到了极致，它通过并购活动完全避开药物研发上的高昂投入。Valeant的"购买不创造"（buy, not build）策略特别有争议，因为这家公司通常提高买进的老药价格。Valeant表示基于"购买不创造"策略，将追求更少的交易。四是药物专利期限。许多大公司的药物专利到期，因而面临着来自廉价仿制药的威胁。国际医药巨头之所以热衷研发和并购，从根本上说是价值规律这只"看不见的手"作用的结果，降低成本、税率，提高行业利润等，无不如此。价值规律是在市场配置资源的过程中体现它的客观要求和作用的。咨询公司麦肯锡（McKinsey&Company）2014年的一份报告表明，医药公司之间的并购交易已经为股东们创造了显著的价值，有些交易对公司业务长期可持续性而言是至关重要的。麦肯锡估计在一项交易宣布后的两年中，合并后公司的股价通常会比行业平均水平高5%，可与大多数其他行业的边际回报率一较高下，其他行业存在太多交易失望；而医药行业并购中的回报率看起来则很强势。

案例启思

1. 制药巨头成功的秘诀何在？
2. 国际制药巨头为何高度重视研发和精准并购？

教学建议

通过制药巨头的成长和成功历程,可以看到推动企业发展的"看不见的手"——价值规律在医药巨头经济活动中的巨大作用,并从中可见医药巨头热衷研发和并购并非"无缘无故的爱",利益最大化才是其核心追求。

本案例可用于第四章第一节"商品经济和价值规律"部分的辅助教学,或用于该部分课程内容的考核。

案例二 让中医药文化恋上产业发展

案例

河南是中医药的重要发祥地之一,是"医圣"张仲景的故乡,有着深厚的中医药文化积淀和辉煌的中医药文化历史。提起河南中医药文化,人们就会想起张仲景的传世巨著《伤寒杂病论》。如今,仲景文化已成为河南中医药发展的名片。在南阳,提起中医药,可谓妇孺皆知。"从黄口小儿能背《汤头歌》可见一斑。"据南阳市中医中药研究所工作人员介绍,目前,在南阳从事中医的人很多。以经方为主,以《伤寒杂病论》及仲景文化为主的中医人逐步形成"南阳学派",文化学术研究氛围非常浓厚。南阳市张仲景博物馆的张胜忠表示,他们通过分析张仲景文化体系、范式、特色所形成的社会文化根源,揭示了很多张仲景文化与其他医学文化的区别,发掘了张仲景文化形成发展的社会机制和内在规律,为促进河南中医药事业的发展提供服务和帮助,对当地乃至全国中医药文化发展产生积极的推动作用。

在河南省众多中医医疗机构中,无论是文化建设,还是科普宣教工作,开封市中医院都是首屈一指的。开封市中医院院长庞国明说:"开封市中医院致力于树立全省乃至全国范围内中医药文化建设工作的标杆,尝试用优秀的医院文化推动医院健康快速发展,使管理文化、医疗文化、人文文化等贯穿医院的发展与建设的全过程,让文化建设的软实力担当起医院发展的硬支撑。"多年来,开封市中医院将中医药文化建设与职业道德建设相结合,向广大群众传播中医治未病理念,并将中医药文化建设与中医药科普宣传和中医药适宜技术推广相结合。此外,该院肩负社会职责,建成大宋中医药文化博物馆,送书、帮扶、培养科普人才,多渠道开展中医药科普宣教,让中医药文化植根于老百姓内心。

有专家提出,河南的中医药特色,不能仅囿于传承历史,更要瞄准新技术与新领域的产业化发展与推广,着眼于科学普及,让更多老百姓受益。

中医药产业多元化发展

金秋时节,南阳市西峡县的山茱萸连片成林,红果满枝;方城县豫药园内科研区种植的板蓝根长势喜人,金银花、木瓜等200余种道地中药材药香沁人……南阳市依托丰富的中医药资源,以弘扬仲景文化为动力,文化、教育、科研、医疗、保健、产业六位一体,加快构建中医药特色产业集群,使其成为支撑南阳崛起的又一富民惠民生态优势产业。南阳地处亚热带向北温带的过渡带,这使南阳成为全国为数不多的盛产中药材的"天然药库"。全市境内已经确定的天然中药材达到2357种,道地名优中药材达到50多种,中药材总储量达到2.5亿千克,且多为无污染的有机药材。从"百草园"到大市场,南阳市为打响仲景医药品牌,加速了南阳中医药产业化、现代化、国际化进程。如今的南阳,满山遍野花盛开,处处药飘香;市区内中医门店和保健店随处可见,县、乡中药材种植连片成林,境内山川更是一座座"天然药库";数十家中医药加工企业一刻不停地变"草"为"药",产品远销海内外;许多农民依靠种植中药材,把发家致富奔小康的梦想变为现实。此外,南阳市以举办一年一度的张仲景医药科技文化节为载体,并把其与旅游开发相结合,促进中医药与旅游业的发展融合。把中医药文化、中药材种植园区与旅游业发展结合起来,利用优越的中药材和山水资源,以及南阳厚重的中医药文化底蕴,规划建设一批中医药旅游景点,发展中医药观光游、养生游、体验游等,成为南阳发展文化旅游产业的一大亮点。

又到了瓜果飘香的秋季

开封市中医院开始筹备一年一度的膏方文化旅游节,让大宋中医药文化为开封"文化+"注入新内涵。依托古色古香的开封市中医院建立的大宋中医药文化博物馆,2015年被国家中医药管理局命名为"全国中医药文化宣教基地"。开馆仅一个月,到大宋中医药文化博物馆参观考察者达到6000多人次,其中不乏研究宋文化的专家学者,他们对大宋深厚的中医药文化纷纷表现出极大的兴趣。据庞国明介绍,大宋中医药文化是开封的文化名片,是极其珍贵的中医药文化资源。该馆不仅是传播中医药文化的主阵地,也是科普宣教养生旅游示范基地。随着经济的发展和社会的进步，养生旅游已经成为人们生活的一种需要和追求，借"文化+旅游+养生"，满足人们"观光旅游—休闲旅游—养生旅游"的转变。从长远意义来说，这种文化产业的带动作用和所产生的社会影响是无法估量的。庞国明告诉记者，近年来，全国各地尤其是旅游城市都在围绕历史和文化做文章，如广东、云南、陕西等地的一大批展示中医药文化的博物馆等文化产业带动效应已经形成，并且已经产生了良好的社会效益和经济效益。开封在挖掘旅游文化资源方面也做了大量的工作。秉承厚重的大宋中医药文化，开封市中医药事业发展迅速，在维护群众健康、促进地方经济发展方面发挥着无可替代的重要作用。目前，开封市中医院对大宋中医药文化进行深入挖掘整理，进一步丰富其内涵，围绕养生保健、休闲旅游，开发产业链条；利用得天独厚的地理优势、人才优势，努力挖掘整理大宋中医药文化遗产，积极探索中医药与养生、中医药与文化、中医药与旅游、中医药与养老服务模式，将宋代侍皇养生秘方与现代中医药科技相结合，开发了中药膏方、保健茶、药枕、药酒、香囊、足浴粉、养生肚兜等46种大宋系列中医药保健旅游文化产品。其中，大宋御膏、大宋系列养生茶荣获2013年中华中医药学会特色疗法大奖。同时，开封市中医院与开封市旅游局联合设计了健康旅游产品和线路，使游客在享受游玩带来的愉悦的同时，又能体验中医处方用药、推拿、针灸、按摩、足疗、中药熏蒸、中医理疗、美容美体、茶饮食疗等中医药特色服务。对于如何提升中医药文化产业，庞国明表示，借助"一带一路"城市旅游联盟的宣传推介资源，让开封市独有的大宋中医药文化资源发挥其应有的影响力和带动力，进一步提升中医药文化产业结构，让中医药文化与产业发展相融合，绽放出更加迷人的风采。

中医药文化产业可分为基础产业、应用产业、工具产业、技术产业四部分。中医药文化基础产业，注重中医药文化产业内涵的阐释、外延的界定，目的是利用并丰富发展中医药基础文化，打造中医药文化出版、印刷、教育等相关产业。此类产业主要与中医药文化的思想阐述、文化研究创新有关，将中医药文化转换为精神产品例如书籍、视频、歌谣、动漫游戏、影视作品等。以中医经典为基础，2015年创作的《中医谣》，借助《中国中医药报》、微信平台、腾讯视频等点击、传播、编排超过150万人次，向大众传播中医药文化的核心要义。中医药文化应用产业，为满足社会对中医药文化的消费需求，以中医药文化内容为资源，结合中医药文化与国家和时代发展需要，注重实践与养成、需求与供给、形式与内容相结合，推动中医药文化元素融入商业业态，把中医药文化消费嵌入各类消费领域，为社会提供中医药文化产品和中医药文化服务。中医药文化产品以中医药丰富的治疗养生手段或中医药历史典籍中丰富的名医名家、典故传说等为素材,挖掘蕴含其中的中医药文化核心思想,开发中医药适宜产品及打造中医药文创产品,例如膏方、药酒、旅游纪念品、芳疗产品等。中医药文化服务,包括充分发挥中医药文化遗迹、各类型中医药博物馆等的历史文化资源优势,对社会开展宣传教育、旅游观光、休闲养生体验,进而搭建销售及贸易平台等。中医药文化工具产业,如中医药文化信息平台、评价体系、产业及市场数据库等,是中医药文化传承发展、宣传推广,实现中医药文化产业现代化、增强国际竞争力与影响力的关键环节。通过全面梳理中医药文化产业发展思路,全面整合集成中医药文化产业领域的政府政策信息、市场信息、文献研究、图片及视频展示等多种信息资源,结合国际先进的语义技术,着力建立中医药文化产业数据库,搭建中医药文化产业信息展示平台,实现中医药文化产业一站式浏览、检索、互动问答与推荐支持等多种服务形式;通过大量的中医药文化产业数据,构建中医药文化产业评价体系,对我国中医药文化产业发展战略规划提出建设性意见和建议,从而进一步促进我国中医药文化产业的共享、传播与发展。中医药文化技术产业研究是在继承中医药传统技术的基础上,融合借鉴利用现代科学技术,深入钻研其内在机理,探索现代科学技术与中医药能够相互融合渗透的关键共性技术、前沿引领技术、现代工程技术。此研究既要继承中医药的精华,又要善于吸收和借鉴现代科技的新理论、新方法、新技术,利用多学科的交叉,深入研究中医药文化技术产业。如围绕"治未病"理念,传承发展中医药养生文化;开发中医智能诊断系统、中医药现代检测技术、中药指纹图谱技术等;利用互联网、大数据技术,提供个性化的中医药健康管理解决方案;应用红外线检测技术辅助中医诊断;应用细胞自噬理论研究辟谷养生文化;应用中医整体观理论探索人体磁场变化规律;应用中医传统发酵技术研究酵素养生理论等,为中医药文化产业探索新业态。

案例出处

1. 李季:《让中医药文化与产业发展"热恋"一场》,《医药卫生报》,2016 年 9 月 27 日。(有改动)

2. 樊新荣:《探索中医药文化产业发展新思路》,《中国中医药报》,2018 年 3 月 26 日。(有改动)

案例解析

价值规律是商品生产和商品交换的基本规律。其主要内容和客观要求是商品的价值量由生产商品的社会必要劳动时间决定,商品交换以价值量为基础实行等价交换。价格围绕价值波动,是价值规律在商品经济条件下实际发生作用的具体表现形式。根据这一解释,传统的商品生产的价值规律包括商品的劳动价值、商品的交换价值、价格与商品价值之间的关系等基本内容。文化产品是以创意为核心价值的商品,其劳动价值和交换价值不同于一般的商品,其价格和价值的关系受供求状况的影响远比一般商品复杂。因此,文化生产的价值规律就其基本内容来说,既包括一般商品生产的价值规律,又含有文化生产独特的价值规律。从这个意义上讲,文化生产价值规律的基本内容应包括文化产品和文化服务的价值构成、价值转换与作为商品的文化产品、文化服务的价值和价格的关系。

中医药文化产业融文化与经济于一体,既具有经济属性,又有文化属性。如果我们把中医药文化产品作为一种商品来看待,它具有一般商品的二重价值,即使用价值和价值。但是,文化产品又不同于一般的物质产品。从本质上讲,文化生产是一种精神生产。文化产品作为一种社会性和精神性的存在,有两种基本的物化形态:一是具有文化内涵并可用于交换的文化产品,如书画、摄影、音像、工艺制品等;二是以交换为直接目的的文化服务,如中医药艺术表演、动漫、文化设计、策划、咨询、公关等。文化产品一旦获得消费者的认可和接受,自然也就具有了其特有的交换价值和使用价值。所以,一切文化产品都重叠着文化价值、艺术价值和娱乐价值,并由此衍生市场交换价值。同时,与一般商品的消费不同,文化产品的使用价值不会随着人们的消费和使用而减少或消失;相反,它可以不断地扩散延伸,可以为多人多次消费使用。此外,文化产品被消费后,又推动着人们去进行新的实践创造活动,从而实现文化产品使用价值的增值。

文化产品(包括文化服务、文化产权)的价值是凝结在文化产品内的社会劳动(包括抽象劳动和制作劳动);文化产品赢得消费者的认可和接受,推动社会的进步和发展,从而形成了文化产品特有的使用价值;通过文化产业的运作而产生了文化产品的交换价值或市场价值。文化产品的使用价值是文化产品的核心价值。文化产品具有交换价值或市场价值,并且在使用过程中可以增值,这些都是其使用价值的转换。

在中医药文化产业价值实现过程中,中医药文化产品的水平、质量、市场前景是影响其价值转换的重要因素。为了有效实现文化产品价值的转换,提高文化产品的效益,必须提高文化产品创意者和生产者的文化水准、工艺水平和创作能力。同时,营销商的广告、专家的评估鉴定、中介的咨询服务、媒体的评介等,为文化产品的推销构筑了庞大的信息网络,对消费者的需求起着强烈的刺激作用,进而影响文化产品价值的转换。

第四章 资本主义的本质及规律

案例启思

1. 文化产业发展中的价值创造和增值是否符合价值规律？
2. 价值规律在文化产业运作中是如何发挥作用的？

教学建议

本案例通过介绍中医药文化产业的发展，展示了作为中国文化产业重要组成部分的中医药文化产业无限广阔的发展前景。文化产业的文化属性和经济属性决定了新时代发展中医药文化产业的重要地位和重大意义。

适用于第四章第一节"商品的二因素和生产商品的劳动的二重性"和"价值规律及其作用"部分的辅助教学和相关内容考核。

案例三　前景广阔的人工智能 + 医疗

案例

目前，人工智能（AI）在医疗领域的研究成果频出，人工智能应用于医疗领域已是大势所趋。各个科技巨头都相继布局人工智能医疗行业。对人工智能在医疗的应用主要基于多方面的客观现实，比如优质医疗资源供给不足，成本高，医生培养周期长，误诊率高，疾病谱变化快，技术日新月异。此外，随着人口老龄化加剧和慢性疾病发病率的增长，人们对健康重视程度普遍提高，医疗服务需求也在持续增加。

人工智能结合医学应用有非常多的益处，可以让患者、医师和医疗体系均受益。对于患者来说，可以更快速地进行健康检查，获得更为精准的诊断结果和更好的个性化治疗方案和建议；对于医师来讲，则可以减少诊断时间，降低误诊的概率，并对可能的治疗方案的副作用提前知晓；对于医疗体系来说，人工智能则可以提高各种准确率，同时系统性降低医疗成本。

据悉，人工智能在智能诊疗、智能影像识别、智能药物研发和智能健康管理等方面都有广泛的应用价值。

在智能诊疗方面，人工智能的价值是让计算机"学习"专家医生的医疗知识，模拟医生的思维和诊断推理，从而给出可靠的诊断和治疗方案。IBM Watson 可以在 17 秒内阅读 3469 本医学专著，248000 篇论文，69 种治疗方案，61540 次试验数据，106000 份临床报告。通过海量汲取医学知识，包括 300 多份医学期刊、200 多种教科书和近 1000 万页文字，IBM Watson 在短时间内迅速成为肿瘤专家。阿里云研究中心和波士顿咨询公司（BCG）的最新合作报告指出，从技术突破和应用价值两个维度分析，未来人工智能会出现服务职能、科技突破、超级智能三个阶段。基于数据的服务智能阶段将在接下来 3～5 年爆发：人工智能拓展、整合多个垂直行业应用，丰富实用场景。IDC Digital 预测，截至 2020 年，医疗数据量将达 40 万亿 GB，预计约 80% 数据为非结构化数据。智能诊疗场景是人工智能在医疗领域最重要、最核心的应用场景。谷歌宣布已尝试将其面向消费者的机器学习能力应用到医疗保健领域中。2017 年，谷歌的人工智能算法在乳腺癌诊断上也表现出了很高的准确度；苹果公司最近收购了莱迪斯半导体公司（Lattice），该公司在开发医疗诊断应用的算法方面具有很强的能力。

在智能影像识别方面，人工智能的应用主要分为两个部分：一是图像识别，应用于感知环节，其主要目的是将影像进行分析，获取一些有意义的信息；二是深度学习，应用于学习和分析环节，通过大量的影像数据和诊断数据，不断对神经元网络进行深度学习训练，促使其掌握诊断能力。作为医生，从一个大的图像如 CT、核磁共振图像判断一个非常小的阴影，是肿瘤是炎症还是其他疾病，需要很多经验。如果通过大数据，通过智能医疗，就能够迅速得出比较准确的判断。

在智能药物研发方面，则是将人工智能中的深度学习技术应用于药物研究，通过大数据分析等技术手段快速、准确地挖掘和筛选出合适的化合物或生物，达到缩短新药研发周期、降低新药研发成本、提高新药研发成功率的目的。人工智能通过计算机模拟，可以对药物活性、安全性和副作用进行预测。目前，借助深度学习，人工智能已在心血管药、抗肿瘤药和常见传染病治疗药等多领域取得了新突破。在抗击埃博拉病毒中，智能药物研发也发挥了重要的作用。

在智能健康管理方面，则可以将人工智能技术应用到健康管理的很多场景中。目前主要集中在风险识别、虚拟护士、精神健康、在线问诊、健康干预以及基于精准医学的健康管理。比如通过获取信息并运用人工智能技术进行分析，识别疾病发生的风险及提供降低风险的措施。计算机还能收集病人的饮食习惯、锻炼周期、服药习惯等个人生活习惯信息，运用人工智能技术进行数据分析并评估病人整体状态，协助规划日常生活。在精神健康领域，计算机可运

用人工智能技术从语言、表情、声音等数据进行情感识别。在健康干预层面，计算机则可以运用人工智能对用户体征数据进行分析，定制健康管理计划。

AI + 辅助诊疗：万亿级市场空间

"AI + 辅助诊疗"，即将人工智能技术用于辅助诊疗中，让计算机"学习"专家医生的医疗知识，模拟医生的思维和诊断推理，从而给出可靠的诊断和治疗方案。辅助诊疗场景是医疗领域最重要、最核心的场景，"AI + 辅助诊疗"潜在市场空间巨大，至少是万亿级以上的营收规模。

在"AI + 辅助诊疗"的应用中，IBM Watson 是目前最成熟的案例。2012年，Watson 通过了美国职业医师资格考试，并部署在美国多家医院提供辅助诊疗的服务。目前，IBM Watson 提供诊治服务的病种包括乳腺癌、肺癌、结肠癌、前列腺癌、膀胱癌、卵巢癌、子宫癌等多种癌症。2016 年 12 月 26 日，浙江省中医院沃森联合会诊中心成立，这也意味着 IBM Watson for Oncology 在中国医疗领域的商业试应用正式落地。将基础能力与人类医生的一般医疗诊断模型进行融合，形成了 Watson 在提供辅助诊疗方面的处理逻辑。其实质是融合了自然语言处理、认知技术、自动推理、机器学习、信息检索等技术，并给予假设认知和大规模的证据搜集、分析、评价的人工智能系统。

AI + 医学影像：细分领域爆发的先锋

"AI + 医学影像"是将人工智能技术具体应用在医学影像的诊断上。"AI + 医学影像"诊断市场空间巨大，可能成为众多医疗细分领域率先爆发的领域。一是病理医生缺口巨大。由于国内病理医生收入低、培养模式不健全，全国病理医生极度缺乏。二是病理读片高度依赖经验，因经验而异使得病理读片的准确率相差大。

AI 在医学影像的应用主要分为两部分：一是图像识别，应用于感知环节，其主要目的是将影像这类非结构化数据进行分析，获取一些有意义的信息；二是深度学习，应用于学习和分析环节，这是 AI 应用最核心的环节，通过大量的影像数据和诊断数据，不断对神经元网络进行深度学习训练，促使其掌握"诊断"的能力。

"AI + 医学影像"已经走出实验室，下一步将迎来商业化浪潮。贝斯以色列女执事医学中心（BIDMC）与哈佛医学院合作研发的人工智能系统，对乳腺癌病理图片中癌细胞的识别准确率能达到 92%，虽然还是低于人类病理学家 96% 的准确率，但当这套技术与病理学家的分析结合在一起时，它的诊断准确率可以高达 99.5%，国内的 Deep Care 对乳腺癌细胞识别的准确率也达到了92%。据《悉尼先驱晨报》的报道，Enlitic 凭借深度学习技术超越了4位顶级放射科医生，包括诊断出了人类医生无法诊断的7%的癌症，以及在人类医生高达66%的癌症误诊率的情况下，Enlitic 的误诊率只有47%。

AI+药物挖掘：埃博拉之战的功臣

"AI+药物挖掘"是指将深度学习技术应用于药物临床前研究，达到快速、准确地挖掘和筛选合适的化合物或生物，缩短新药研发周期、降低新药研发成本、提高新药研发成功率的目的。AI通过计算机模拟，可以对药物活性、安全性和副作用进行预测。借助深度学习，AI在心血管药、抗肿瘤药、孤儿药和常见传染病治疗药等多领域取得了新突破。目前，已经涌现出多家AI技术主导的药物研发企业。

以硅谷公司 Atomwise 为例，Atomwise 通过 IBM 超级计算机，在分子结构数据库中筛选治疗方法，评估出820万种候选化合物，研发成本仅为数千美元，研究周期仅需要几天。2015年，Atomwise 基于现有的候选药物，应用AI算法，不到一天时间就成功地找出能控制埃博拉病毒的两种候选药物，以往类似研究需要耗时数月甚至数年。

案例出处

1.《智能医疗产业链全汇总解读》，http://m.elecfans.com/article/609562.html。（有改动）

2. 周路菡：《医学人工智能开始加速产业化》，《新经济导刊》，2017年第7期。（有改动）

案例解析

在众多应用领域中，"AI+医疗"的出现备受关注，并成为市场焦点。医疗人工智能率先崛起，与医疗资源严重短缺、分布失衡的现状有关。我国培养医疗人才的周期长、成本高，优质医生资源短缺。不仅中国医生短缺，未来10年内美国也会有6万～9万名内科医生的缺口无法填补，老龄化的瑞士、日本都相继有类似问题曝光。解决医疗资源的供给不足，成为人工智能渗入医疗的重要动因。

在医疗领域，人工智能算法在新药研制、提供辅助诊疗、癌症检测等方面都有突破性进展，虽然还说不上完全取代，但是人工智能已经能够在很多方面能够帮助医生和患者。数据显示，国内"AI+医疗"市场2018年规模达到210亿元，并继续保持超高增速。而这其中蕴含的巨大红利无疑成为众多资本

家眼中的"猎物",一时间,"AI+医疗"的创业公司层出不穷。据《2017人工智能赋能医疗产业研究报告》显示,截至2017年8月15日,国内医疗人工智能公司累积融资额已超过180亿元,融资公司共104家;另有27家公司未获投,或未公布融资信息。国内在医疗人工智能布局的企业主要有阿里巴巴、腾讯、百度、科大讯飞、华大基因;海外主要有IBM、Google、苹果、微软、亚马逊等。

2018年3月,埃森哲公司发布的一份报告大胆预测:到2021年,医疗保健人工智能市场可能达到66亿美元。2014年,这个数字仅为6亿美元,这意味着在不到10年的时间里,医疗人工智能市场的价值可能会增长11倍。调查还显示,截至2018年,1/5的美国消费者已经使用了人工智能提供的医疗服务,其中许多都是开放的人工智能临床服务,如家庭诊断和虚拟医疗助理。除此以外,移动健康应用的消费者使用量在4年里增加了2倍(从2014年的16%增加到2018年的48%),可穿戴设备的使用量增加了近4倍(2014年为9%,2018年为33%)。

在市场经济条件下,医疗人工智能的迅猛发展,得益于庞大的市场需求。从以上案例中我们看到的"市场空间""营收规模""收益""价值变现"等相关概念,就集中体现了价值规律这只"看不见的手"在医疗人工智能发展中的刺激拉动作用。按照价值规律的作用,商品供不应求时,其价格高于价值。生产企业通过市场开拓,将从中获取更大的经济利益。巨大的潜在利益,是医疗人工智能革命的根本动因。

案例启思

1. "人工智能+医疗"为什么具有广阔的发展前景?
2. "人工智能+医疗"的创新驱动力来自哪里?

教学建议

本案例展示了人工智能医疗发展现状和前景,揭示了其内在驱动力源于巨大的经济利益追求,源于价值规律这只"看不见的手"在发挥根本性的牵引作用。

可用于第四章第一节"商品经济和价值规律"部分的辅助教学,或用于该部分课程内容的考核。

案例四 医生为什么是高收入群体

案例

在发达国家（地区），一提到医生，似乎就代表了财富、社会地位、成功。而实际情况也是这样的，社会地位高、收入高、平稳的工作环境、开放平等的氛围、自由的职业道路选择，在发达国家（地区），早已是当医生的基本福利了。

美国医生：收入当仁不让

美国作为世界发达国家，其医生的收入水平之高在全世界当仁不让。2018年7月5日，著名医学网站Medscape发布了2018年美国医师薪酬报告，此次薪酬调查报告共涉及超过29个医学科室的20000余名医师。报告显示，美国专科医生平均年薪是32.9万美元，全科医生22.3万美元，专科医生要比全科医生多10万美元，在过去的7年里增长了近50%。各科室所有医生的平均年收入，前三位依次为整形外科、骨科、心内科，高达40万～50万美元；排在最后三位的内分泌科、儿科、公卫预防，只有20万美元左右。

加拿大医生：超普通职业5倍多

在加拿大，医生是名副其实的富人群体。有统计数据显示，在加拿大，收入顶层1%的群体，平均年收入为45.48万加元。医生群体紧跟其后。据加拿大健康信息研究院（Canadian Institute for Health Information，CIHI）的数据显示，2016年，全加拿大共有84063名医生，每名医生平均年收入为33.9万美元（43.68万加元），是加拿大普通职业的5倍之多。其中，家庭医生为27.5万美元（35.5万加元）；医学专科医生为34.7万美元（44.8万加元）；外科医生为46.1万美元（59.5万加元）。

英国医生：收入比首相还要高

在英国，社会对医生的尊重同样在收入上直接表现出来。据英国卫生与社

会护理信息中心统计,在2011—2012年度,年收入超过15万英镑的家庭医生共有3620人,其中有670人年收入超过20万英镑。而时任英国首相卡梅伦的年收入只有14万多英镑。虽然不能和这些"最富医生"比,但英国的医生年薪平均也有8万多英镑。

在英国,成为专科医生是大多数医学生所期待的,7.5万英镑的起薪随着年份的积累可以最终升到10.1万英镑,工作时间和地点也能慢慢稳定下来。全科医生(GP)有很多是自己开私人诊所的(和政府签合同,所以对病人还是免费的),收入差别很大,不过最少也有5.5万~8.3万英镑。

德国医生:最值得尊敬的职业

76%的德国人认为,医生是最值得尊敬的职业,护士以63%排名第二位。过去20年,医生这一职业一直保持着超过70%的受尊敬程度。德国2013年职业报告显示,医生的"入门工资"每年高达4.5万欧元;高级医师每年工资为11.3万欧元;年长的主任医生平均在26万欧元左右。这比律师、经济顾问、工程师等高收入群体还高。

德国医院强制医生休息,不得带病工作,政府部门一旦发现医生带病工作,会处罚相关医院负责人。医院在各个病房都配有医生秘书。每个医生都有自己的文件夹,大部分文件都由秘书整理,经医生审核修改后签字生效。除了秘书外,每个德国医生还配有"贴身"护士助手。

日本医生:位列各行业榜首

在求学阶段,日本医学部的学费堪称"最贵"。国立、公立大学6年的学费总额为350万~360万日元;私立医学部6年学费为2000万~5000万日元。此外,书籍费和生活费另算。医学生毕业后,研修期间初期年收为500万~800万日元;研修后期为800万~1200万日元;研修结束后,进入大学附属医院,收入在700万~900万日元。

在日本,私立医院的医生收入相对高一些,而大学附属医院,特别是像东京大学这样一流的大学培养出来的医生,虽然社会地位高,工资却相对较低。私立医院的医生平均年收入在1000万~1500万日元,如果进一步取得了专业医师资格,会达到1500万~1800万日元,院长的收入是2000万~2500万日元。单从收入上看,这比在医科大学行医要多,在大学任职的医学教授收入也只有1200万~1400万日元。而收入最多的是自由开业医生。如果选择自己开业,一般年收入在2000万~3000万日元,高者达到5000万~6000万日元,美容外科等院长可以达到5000万~7000万日元。医生的收入和地位一直位列日本各行业的榜首。国民平均年收入一般为 400 万～500 万日元，开业医生的平均年收入要远远高于这个数字，平均 2086 万日元。

韩国医生：平均月工资近 8 万元，是普通工人的 4.6 倍

根据韩国保健福祉部 2018 年 3 月 14 日发表的"国民保健医疗调查"显示，韩国医生的平均月工资为 1304 万韩元，是韩国一般正式编制劳动者平均月工资的 4.6 倍。

带"师"或"官"的职业向来是韩国社会高收入群体，如律师、医师、检察官、法官等。而韩国医生的月平均工资水平近几年也以每年 5.3% 的增幅递增。

调查发现，工作的医院规模越小，其医生的平均工资越高。在不足 100 个床位的中小型医院上班的医生月平均工资达到了 1996 万韩元。在具备患者床位的社区医院工作的医生平均月工资达到了 1917 万韩元。但在没有住院患者床位的医院工作的医生月平均工资仅为 1362 万韩元。

据韩国统计厅统计，韩国正式编制劳动者的平均月工资为 279 万韩元。也就是说，在韩国，医生的平均工资是一般劳动者的 4.6 倍。

中国香港医生：不同阶段收入水平差距比较大

Houseman（1 年）：实习生阶段。香港医学生在医学院毕业后或外地人考取执照后，香港医院管理局统一安排实习，月薪 2.5 万港元；主要负责收病人、写病例、开医嘱等。每次值班 36 小时（第一天早上 8 点值到第二天晚上 8 点），其间必须一直待在病房。然后休息 36 小时，继续值班。内外妇儿科都要实习。

Medical Officer（一般做 6 年）：前 3 年在大内科或大外科轮转，3 年内考过 MRCP 或 MRCS，然后申请进专科培训，培训完后考过 FRCP 或 FRCS，成为专科医生，这 6 年期间月薪 6 万～7 万港元。每次值班 36 小时（第一天早上 8 点值到第二天晚上 8 点），其间拿着"call 机"，病房有事会 call 你，没事可以待在值班房。然后休息 36 小时，继续值班。主要是负责抢救，操作，指导 Houseman 工作，外科要上手术等，不需要亲自写所有病例，相当于大内科或大外科的总值班。就像电视剧《on call 36 小时》里马国明所演绎的医生的工作一样。

Associate Consultant（至少要做 10 年）：相当于专科主治，月薪 10 万港元。主要是每天查房，负责专科的工作，如做 PCI 手术，主刀手术等。一般不做研究。这一阶段基本稳定。

Consultant：顾问医生，最高级别的医生，一般是科室主管，月薪 20 万港元左右。但每个专科最多只有一个。

中国内地医生：全国中等收入水平

根据丁香园公布的中国医生薪酬调查，2017 年中国医生的平均薪酬是 9.55 万元，较 2016 年上涨 12.4%，连续 4 年保持上涨趋势，且增长幅度也在不断加大。本次调查收集范围为 2017 年薪资数据，共 19422 人参与完成样本，有效样本 15697 人。其中，男性 10179 人，女性 5518 人。薪水较高的省份主要集中在上海、北京、广东、浙江、重庆、江苏、福建等中东部及沿海热门地区，中西部省份薪资相对偏低。在各省市的医生收入排名中，医生年收入排名前三的地区为北京（10.4 万元）、上海（9.5 万元）和广东（8.1 万元）。最低的三个地区为宁夏、河南和河北，均未超过 5 万元。

案例出处

1. 《部分国家医生收入情况》，《中国医院院长》，2014 年第 17 期。（有改动）

2. 王欣：《美国医生薪酬透视》，《中国医院院长》，2015 年第 9 期。（有改动）

3. 《世界各国医生收入状况大调查!》，http://www.sohu.com/a/64690331_376198。（有改动）

案例解析

商品的价值是由生产商品的社会必要劳动时间决定的。商品的价值在商品生产过程中得以形成。从事商品生产活动必须具备两个基本要素，即生产资料和劳动者。生产资料是进行劳动的客观条件和物质基础；劳动者是运用生产资料的主观条件和决定因素。只有在生产过程中两者相结合，才能把生产资料中过去吸收的劳动转移到新产品中去，同时创造新的价值。由此可见，一切商品的价值都是由生产过程中所消耗的物化劳动和活劳动构成的。

医疗服务的价值是由提供该项医疗服务所需的社会必要劳动时间决定的。医疗价值包括物化劳动和活劳动两个部分。物化劳动又由两个部分组成：固定资产价值在医疗服务活动中的转移；材料及其费用的消耗，具体说来，是指提供医疗服务时的房屋设备折旧，医疗器械、药品及卫生材料、水、电、煤的消耗，等等。医疗人员的活劳动又可分为两个部分：一部分作为给医务工作者支付劳动报酬的补偿；另一部分劳动耗费是属于医务人员对社会贡献的剩余产品

医学殿堂中的大道行思
——《马克思主义基本原理概论》（2018年版）教学案例集

的价值，即扣除必要劳动耗费之后的剩余劳动所创造的价值。

劳动生产力是指劳动者的生产能力或效率，通常以单位时间内所生产的产品数量来计算。医疗劳动生产力的高低，主要取决于：①新型诊断治疗设备的引进，快速检验方法等的应用等。②医疗科学技术的发展水平及其在生产中的应用程度，如人工胰岛素在临床上的应用对糖尿病的治疗是一个很大的突破，假如能用病人的基因克隆其胰脏并进行移植，将是糖尿病治疗技术上的一大飞跃。③生产过程中的社会结合形式（分工协作、劳动组织、生产管理），如对病人实施手术，往往需要医护人员完成术前准备工作，提出各种手术方案，手术过程中要求麻醉师、主刀医师、护士各司其职及默契的配合，并及时处理各种应急事件。④医务工作者的技术熟练程度。医师年资各有高低，其临床经验各有差别，诊疗病人的熟练程度及效果也各不相同。⑤医疗仪器设备等的效能和质量。

在人们的印象里，医生一直都是一个高收入职业，除了正常的工资外，还存在着大量的"灰色收入"，这也使得医生成为"看病贵"的祸首，备受指责。那么，医生究竟该挣多少钱呢？如何看待医疗行业的高收入现象？

首先，医生的收入和劳动价值有关。按劳分配是基本的劳动分配原则，医生的劳动是治病救人，从生命的角度讲，医生的劳动价值是无价的。但现实中，人们可以根据治疗病症的难易程度给医生定价。但由于医生劳动的专业性高，替代性低，培养周期长，因此，其定价必然高于社会平均劳动水平。按照国际惯例，一般认为医生的收入应为社会平均水平的2～4倍。但目前我国医生的平均收入水平显然过低了。这种价值上的偏差，势必导致价格规律的反弹，最终的表现就是合法的收入不能满足合理收入。于是，以药养医大行其道，医药分离步履维艰。如果不从根本上理顺医生的薪酬体系，那么现在这种"畸形"制度对于医生们而言也是微乎其微。

其次，医生的收入和自我价值有关。虽然不同的社会价值评价标准各异，但在职业声望等级的评价上却极为相似，而其中医生无论在哪种社会中都是受人尊重的职业。职业声望代表的是社会地位，而经过工业社会的发展，传统的职业声望的作用很大程度上被收入水平所取代。作为医生，在市场化改革后也未能幸免于这一标准的异化：对待病人，好医生的标准就是妙手回春，而对待同事和自己，好医生则是能贡献多少大处方，拿多少"回扣"。医生作为一个需要有理想的职业，悬壶济世的背后很可能是箪食瓢饮。当物质的追求超过了精神的激励，面对充满诱惑的世界，医生很难有"挣够了"的感觉。

最后，医生的收入和社会价值有关，也就是别人认为你的收入应该是多少。医生应有一份体面的收入，已是全社会的共识，但问题是医生的高收入应

第四章 资本主义的本质及规律

该建立在真实的医疗水平之上,而不是虚高的药品价格之上。目前的"看病贵",主要贵在医药费、检查费、材料费等很多和治病本身无关的费用上。而医生治病这一过程却并未体现出其价值。医生收入的问题,是"质"上的问题,而不是"量"上的问题。人们能够接受一个医术高明的医生获得高收入,但这种收入应该来自对治疗本身的支付,而不是高额的医药回扣。

医生该挣多少钱,不是由单方面决定的,而是要在价值规律、自身需求和社会认可中寻找平衡。目前以药养医的畸形收入制度,不仅是对患者的伤害,更是对医生职业声望的伤害。新医改决定破除以药补医机制,在这个过程中,医生难免受到改革阵痛的影响。但只有改革,才能让医生成为该挣多少钱就挣多少钱的人。

"经济学之父"亚当·斯密曾说,在一个社会中,医生和律师的劳动报酬应该比较高,因为我们把健康委托于医生,而把财产委托于律师。把这一理念贯彻得比较彻底的显然是西方发达国家。在医疗体系较为完善的社会,医生一般接受的是精英教育,而要成为一名真正的医生,需要通过漫长而严苛的考核才能获得许可;同时,医生也是收入高、社会地位高的代表。

案例启思

1. 发达国家(地区)医生的高收入是否物有所值?
2. 如何体现中国内地医生的价值?

教学建议

本案例对发达国家(地区)和我国医生的薪酬情况做了较为全面的介绍,揭示了市场经济条件下,医生薪酬收入的变化是与价值规律相符合的。当然,在此过程中,必须对医院的性质进行科学区分,公立医院不能与民营医院同等看待,不能按照市场规律进行运作。

适用于第四章第一节"商品经济和价值规律"部分的辅助教学,也可用于该部分内容的考核。

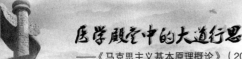

案例五 2018年美国的人权纪录

国务院新闻办公室在2019年3月14日发表了《2018年美国的人权纪录》《2018年美国侵犯人权事记》,对美国侵犯人权的状况进行揭露。

一、公民权利屡遭践踏

严重暴力犯罪案件频发。美国联邦调查局2018年9月发布的《2017年美国犯罪报告》显示,美国全年共发生暴力犯罪案件1247321起,谋杀案件17284起、强奸案件135755起、严重暴力伤害案件810825起、抢劫案件319356起。72.6%的谋杀案件、40.6%的抢劫案件和26.3%的严重暴力伤害案件为涉枪案件。芝加哥市被称为美国"最不安全"的大城市,近年来每年都有几百人被谋杀。仅2018年8月4日和5日,该市就有74人遭枪击,其中12人死亡。成千上万的美国年轻人纷纷逃离严重暴力案件多发的城市。

枪击案件持续高发。2018年美国共发生涉枪案件57103件,导致14717人死亡、28172人受伤,其中未成年人死伤3502人。对美国2000—2016年枪支致死官方数据的分析发现,枪支暴力导致美国人均预期寿命减少近2.5岁,其中非洲裔减少4.14岁。

记者的合法采访权遭受侵犯。2018年11月7日,为阻止美国有线电视新闻网驻白宫记者的不断追问,白宫工作人员抢夺该名记者的话筒,并取消了该记者的白宫通行证。《哥伦比亚新闻评论》网站2018年1月19日报道,2017年,美国共逮捕记者34人次,其中9人被控重罪;15名记者的设备被没收,44名记者遭到人身攻击。

宗教不宽容言论甚嚣尘上。在2018年美国中期选举中,反穆斯林言论大幅上升。调查显示,针对穆斯林的阴谋论日益进入政治主流,"超过1/3的候选人声称穆斯林天生暴力或构成迫在眉睫的威胁","将近1/3的候选人呼吁剥夺穆斯林的基本权利或宣称伊斯兰教不是宗教"。

网络监控侵犯个人隐私权。美国国家安全局、联邦调查局和中央情报局恣

第四章 资本主义的本质及规律

意收集和搜查民众的国际电子邮件、网络电话和聊天记录司空见惯。未经授权的"棱镜"项目24小时运行,对电子邮件、脸谱网消息、谷歌聊天、Skype网络通话等进行监听监控。

大批游行示威民众遭到逮捕。《芝加哥论坛报》网站2018年6月28日报道,民众在华盛顿特区集会抗议政府移民政策时,575人被捕,多数为女性。9月4—6日,在针对联邦最高法院大法官提名人选布雷特·卡瓦诺的抗议活动中,美国国会警察三天内逮捕了212人;10月4日又有超过300名抗议者被捕。

司法不公导致冤案。富人犯罪可通过缴纳保释金获得人身自由,而穷人只能被监禁。美国纽约市布朗克斯区的爱德华·加里于1995年受谋杀罪指控含冤入狱,经过23年的不懈努力才最终洗脱罪名。美国巴尔的摩市一名男性公民被指控一级谋杀罪,在案件调查阶段,当地警方罔顾证人证言,既不调查他的不在场证明,也不调查其他嫌疑人,造成其沉冤服刑长达27年。

监管人员滥用暴力。美国联邦前囚犯押送官员埃里克·斯科特·金德利任职期间曾多次持械性虐性侵女囚,导致被害人身心受到严重伤害;路易斯安那州安哥拉监狱多名监管人员肆意殴打毫无反抗能力的囚犯,导致犯人重伤并合谋掩盖犯罪事实。

二、金钱政治大行其道

美国2018年的中期选举竞选开销巨大,选举沦为金钱游戏,"黑钱"和腐败现象严重,政治人物腐败案件屡见不鲜,政府成为富豪代言人。

史上"最昂贵"的中期选举。2018年的中期选举共花费52亿美元,比2014年增长35%,是有史以来最昂贵的中期选举。得克萨斯州的参议员竞选成为美国历史上最奢侈的国会议员竞选,其中仅民主党候选人贝托·奥罗克一人就筹集了创纪录的6910万美元。

秘密捐助资金和"黑钱"大行其道。在2018年美国中期选举中,候选人竞选委员会以外的外部团体花费的"黑钱"达到了创纪录的9800万美元。

选举腐败愈演愈烈。赢得一个参议院席位的平均成本为1940万美元。赢得一个众议院席位平均至少要花费150万美元。选举过程中存在大量"以金钱换选票"的舞弊现象。

政府成为富豪代言人。美国内阁成员的财富总额达43亿美元,政府已经成为富豪的代言人。

民众对美国政治持悲观态度。53%的受访者认为美国没有做到"尊重所有人的权利和自由"。55%的受访者认为目前美国的民主"很薄弱"。68%的

受访者认为美国的民主正在"变得越来越弱"。

三、贫富分化日益严重

美国人口普查的数据显示，2017年美国有约4200万贫困人口，约占总人口的13.4%。超过500万全年从事全职工作的美国人年收入低于贫困线。布鲁金斯学会发布的报告显示，残疾人通常更难找到稳定的工作，也更难挣到高于贫困线的工资。残疾人的贫困率为25.7%。

美国已经沦为贫富分化最严重的西方国家，1850万美国人生活在极端贫困中，青年贫困率居经济合作与发展组织成员国之首。2016年，1%的最富有人群拥有全国38.6%的财富，而普通民众的财富总量和收入水平在过去25年总体呈下降趋势。

近半美国家庭生活拮据。43%的美国家庭入不敷出，只能借债支付住房、食品、儿童护理、医疗、交通和通信费用。近40%的青壮年表示收入难以满足食品、卫生保健、住房和公用事业等基本需求。

美国社会保障制度存在缺陷，1/4全职工作者和3/4兼职工作者没有带薪病假，44%的成年人无力支付或需要变卖财产和借债才能支付急救医疗费用。

无家可归者人数居高不下。2017年，加利福尼亚州无家可归者人数达到134278人，比2016年增加16136人，居全国之首。

四、种族歧视变本加厉

2010年以来，美国有23个州通过了某种形式的选民压制法，其中有17个州针对的是印第安人等土著居民。英国路透社网站2018年11月28日报道，佐治亚州在中期选举中实施"完全匹配"政策，大量选民的投票权处于待定状态，其中70%是非洲裔，而非洲裔仅占该地区总人口的1/3。英国《经济学人》网站8月11日评论称，美国南方一些州制定法律，对非洲裔选民行使选举权实施严苛限制，"仿佛使美国倒退到不允许黑人投票的20世纪初"。

少数族裔遭受司法歧视。《华盛顿邮报》网站2018年7月29日报道，根据对近10年美国大城市杀人案的统计数据，杀死白人的犯罪嫌疑人被捕的可能性为63%，而杀死非洲裔的犯罪嫌疑人被捕的可能性仅为47%。

涉种族歧视的仇恨犯罪再创新高。联邦调查局发布的报告显示，2017年，美国的仇恨犯罪创2001年以来的最大年度涨幅，上升超过17%。在7175起仇恨犯罪案件中，约60%的犯罪涉种族歧视，近50%的受害者是非洲裔。

五、儿童安全令人担忧

美国校园枪击案高发,校园暴力广泛存在,政府对侵犯、虐待儿童的行为监管不力,儿童人身安全、身心健康和生存环境令人担忧。2018 年是自 1970 年有记录以来美国校园枪击事件发生数量最多的年份,也是造成伤亡最严重的一年。根据美国国土防御和安全中心以及联邦紧急事务管理局发布的数据,2018 年已发生 94 起校园枪击案,共有 163 人伤亡,超过了 1986 年创下的伤亡 97 人的最高纪录。

六、性别歧视触目惊心

美国女性遭受性骚扰和性侵犯的严重威胁,人身安全缺乏保障,面临明显的就业和职场歧视。

性骚扰和性侵犯频发。根据在线调查,81% 的女性受访者表示在一生中经历过某种形式的性骚扰,51% 的女性受访者表示曾经遭到身体骚扰,27% 的女性受访者表示曾遭受性侵犯。根据对全行业的调查,94% 的受访女性表示在职业生涯中经历过某种形式的性骚扰或性侵犯。

男女薪酬差距显著。根据美国人口普查局的数据,美国平均性别工资差距约为 19.5%,女性平均收入仅为男性的 80.5%。

职场歧视普遍存在。美国职场对孕妇和哺乳期女性的歧视普遍存在。在科学技术领域工作的女性中,有 50% 的受访者表示在工作中经历过性别歧视。约 70% 的女性受访者表示,在政界和商界担任高层领导职位的女性太少。

七、移民悲剧不断上演

美国政府污蔑和暴力对待移民,不人道的移民政策强制儿童与父母分离,寻求庇护的妇女、儿童惨遭虐待和性侵,儿童死亡事件令人震惊,受到联合国和国际社会严厉谴责。

污蔑和暴力对待移民。美国政府 2017 年开始将在美国长期生活的越南、柬埔寨等国移民驱逐出境,声称这些移民是"暴力罪犯"。美国当局多次在美国与墨西哥边境使用催泪瓦斯,阻止来自中美洲的移民,导致多人受伤。

移民政策致使儿童与父母骨肉分离。美国政府 2018 年 4 月开始实施"零容忍"政策,边境执法人员在逮捕非法入境者时,强制将其未成年子女另行安置,导致至少 2000 名儿童被迫与家人分离。

八、单边主义不得人心

美国推卸国际责任,肆无忌惮地推行"美国优先"的单边主义政策,不断上演"退群"戏码,恃强凌弱,海外军事行动导致人权灾难,成为国际社会普遍谴责的"麻烦制造者"。继退出应对气候变化的《巴黎协定》等国际条约和联合国教科文组织等国际组织后,2018 年 6 月 19 日,美国悍然宣布退出联合国人权理事会。美国政府 8 月 31 日宣布停止向联合国巴勒斯坦难民救济机构提供援助,并威胁要取消美国在约旦河西岸和加沙地带向巴勒斯坦方面提供的超过 2 亿美元援助项目。此举加剧了本已严峻的人道主义局势。

案例出处

中华人民共和国国务院新闻办公室:《2018 年美国的人权纪录》《2018 年美国侵犯人权事记》,《人民日报》,2019 年 3 月 15 日。(有改动)

案例解析

由于资本主义政治制度本质上是资产阶级进行政治统治和社会管理的手段和方式,是为资产阶级专政服务的,因此它不可避免的有其阶级的和历史的局限性。作为上层建筑的民主、人权,必然服从和服务于资本主义经济基础。资本主义的民主是金钱操纵下的民主,实际是资产阶级精英统治下的民主。资产阶级名义上标榜"法律面前人人平等",但是,由于资本主义社会是建立在私有制和资本特权的基础上的,资本家和劳动者之间、富人和穷人之间存在着严重的事实上的不平等,资产阶级法律的实质是将存在于资本家和劳动者之间、富人和穷人之间经济利益的不平等合法化。

美国是当今世界上最富有的资本主义国家,也是号称所谓"最民主、最自由"的国家。美国在国内外始终高调宣扬尊重人权,强调公民享有自由、民主、平等的权利,并以此自居经常批评他国。但在全球化的今天,在世界各国交往、交流,尤其是发达国家和发展中国家不同层级之间交流日益频繁的情境下,人们对国家彼此之间的经济、政治、社会等各方面相关信息的了解越来越多。观察和把握世界动态,洞悉大潮涌动之下的暗流,揭示其本质显得尤为重要。对标榜和高扬民主、自由、人权大旗的美国,我们不仅要听其言,更要察其行。美国的民主、自由、人权是否在国内得到有效实施?其国内外执行的标准是否一致?实践是检验真理的唯一标准,事实胜于雄辩。新加坡《海峡时报》网站 2017 年 8 月 16 日刊发题为《美国是发达国家中的病夫》的文章称,就大多数人口的实际生活水平而言,美国正日益成为发达世界中的穷国。

第四章 资本主义的本质及规律

在税收、劳动力市场、医疗、教育等方面，美国更多的成了一种警示的例子而不是光辉榜样。国际货币基金组织（IMF）将美国和经济合作与发展组织（OECD）的其他发达经济体进行了比较。总体来说，相对于OECD的其他成员而言，美国在生活标准的大多数指标上都在失去优势。而在美国没有失去优势的方面（贫困率、高中毕业率），它一开始就处于或接近最底端。除此以外，美国在社会不平等、犯罪率、国家执法司法机关侵犯人身自由权利、有限的新闻自由、种族歧视、"有钱人游戏"的政治民主以及在国际上的霸凌的单边主义等方面，都引起了美国国内不带偏见的社会精英分子、美国公民以及世界各国有识之士的强烈不满和指责。美国前司法部长克拉克曾指出："说美国是个民主国家是对民主的冒犯。"美式民主和意识形态并不是其鼓吹和普通人想象中的那么美好。我们必须透过现象看本质，从社会经济基础和生产资料所有制透视其本质。

案例启思

1. 就你所知的美国宣扬的人权观都有哪些基本内容？
2. 结合案例谈谈你对美国的贫富差距、社会治安、金钱政治、种族歧视与侵犯他国主权及人权等情况的看法。
3. 结合案例试分析美国意识形态的本质。

教学建议

资本主义意识形态始终强调以个人主义为核心，政府要保护个人利益，实现自由、民主、平等。本案例通过大量数据和事实全面展示了美国民主和人权的现状，深刻揭示了这个表面绝对富有并宣扬民主和人权的国家背后隐藏着的种种恶劣的社会问题，从而帮助学生认清资本主义意识形态及其本质。

本案例可用于第四章第三节"资本主义意识形态及其本质"部分的辅助教学，或用于该部分课程内容的考核。

案例六　美国媒体如何看"占领华尔街"运动

案例

2011年9月17日，纽约爆发了一场名为"占领华尔街"的民众抗议活动，抗议者主要来自中下阶层，抗议活动主要针对华尔街的"贪婪"、金融系统弊病和政府监管不力以及高失业率等社会问题。抗议活动很快蔓延到洛杉矶、波士顿、芝加哥、华盛顿等美国其他城市。有数十万人在全美近200个城市举行抗议活动。此次抗议浪潮还蔓延到英国伦敦、加拿大温哥华等80多个国家960多个城市。在此过程中，一向以新闻"自由、客观"自我标榜、热衷于报道非西方国家消极面、煽动其"街头政治"的美国主流媒体，面对本国发生的如此大规模的抗议活动却出奇的克制与平静。以下是美国四大主流媒体对这场声势浩大的"占领华尔街"运动的报道。

CNN网站关于"占领华尔街"运动的报道

据统计，从2011年9月17日到10月28日，CNN网站共发布涉及"占领华尔街"运动的新闻212条，除去视频网页，可读新闻109条。从报道篇幅看，长篇报道63条、中篇29条、短篇17条；从新闻类型看，消息56条、专家评论31条、民意调查10条、民众讨论9条、人物访谈3条；从报道态度看，对"占领华尔街"运动持中立观点的新闻48条、肯定观点32条、否定观点29条。

将报道数量和新闻内容与"占领华尔街"运动的发展态势相对比，可以明显看出CNN态度的变化：从9月17日到10月3日前后，抗议者在华尔街及其周边地区举行抗议活动，由于活动的规模和影响较小，CNN对其关注有限，新闻报道数量较少且基本为短消息，内容多为活动一周综述或警察维持秩序等社区新闻。10月4—12日，由于抗议活动在美国各大城市蔓延，参与抗议的人数增多和活动自身的影响力逐步提升，CNN对其关注逐渐增多。专家长篇评论明显增多，但以中立性的观点为主，负面评论较少。从10月13—19日，随着抗议活动向全球蔓延，CNN对其关注明显加强。消息类新闻数量明显增多，但此时专家评论的态度也发生了变化，正面赞扬的数量明显减少，负面声音逐步增多。从10月20—28日，"占领华尔街"运动进一步升级，CNN的报道倾向也发生了变化：消息减少，评论增加。评论大部分为反对抗议活动或抨击抗议者，中立观点仍然存在，但正面评价几乎没有。

《纽约时报》关于"占领华尔街"运动的报道

《纽约时报》网站对"占领华尔街"运动的态度较为中立。网站的首页就有关于此事件的报道链接，搜索栏中也有为此事件专门设立的网页，内容包括活动介绍、背景、影响范围等基本信息，也有图片、视频等多种资料，更提供了对事态进展的最新状况追踪以及所有相关新闻和评论的链接。

从9月17日到10月28日，该报网站涉及"占领华尔街"内容的新闻共有180条，报道量仅次于CNN。其报道特点是消息较少、评论较多。评论总体比较中立，既没有过分抨击，也没有过分赞誉，但对"占领华尔街"的重视程度在不断提高。在抗议运动的前半个月，其报道的重点是抗议者与警察之间的冲突，该运动也被完全归类于社会新闻，只作消息报道和就事论事的表层评论。从10月初开始，《纽约时报》的关注焦点开始更多集中于抗议活动的产生背景、民众诉求等深层问题上，评论也开始从国家的经济、政治等宏观层面进行综合分析。《纽约时报》在对事件进行评论时很关注政府的态度和应对措施，并对政府的不足进行批评，但态度较为温和。

《华尔街日报》关于"占领华尔街"运动的报道

查阅10月6—27日《华尔街日报》可以看出，该报对"占领华尔街"采取了消极抵制态度。在22天的报纸中，只有为数不多的相关内容。主要内容包括10月6日的一则短消息——"'占领华尔街'人数达到最高峰"，主要介绍参与"占领华尔街"运动的人数渐增；10月15—16日周末特刊的一则消息——"抗议者有得有失"，介绍各地警察对抗议群众采取的驱逐行动，以及连日抗议给周边环境带来的恶劣影响和巨大开销；10月17日的消息兼评论——"抗议者人数增加，很多已被逮捕"，介绍警察已经开始逮捕抗议者，而抗议者对事态发展仍持乐观态度。统计发现，《华尔街日报》对该事件的报道虽然数量少，但排版精心，虽然都是在较为重要的版面，但文章篇幅都不大。10月6日的短消息和其他新闻一起被安排在报纸上方的一角，余下的整个版面都是关于乔布斯逝世的报道。编辑似乎不希望这则新闻引起读者过多注意。而10月15—16日的新闻则采用了一些抗议者被警察驱散时或噤若寒蝉或歇斯底里的图片，图片中抗议者的形象十分不雅。

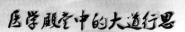

《时代周刊》关于"占领华尔街"运动的报道

9月17日至10月28日期间,《时代周刊》共出版5期,而其中仅有10月24日出版的一期涉及"占领华尔街"运动的内容。9月19日出版了一期以纪念"9·11"事件10周年为主要内容,当时"占领华尔街"运动刚刚开始,还不具备足够的影响力,因此《时代周刊》并没有对其给予关注。在9月26日出版的一期杂志中,刊登了《三年时间万亿美元银行依旧无所作为》一文,批评银行系统的诸多问题。10月3日出版的杂志刊登了《在"茶党"兴旺的地方》一文,介绍通过网络途径发起抗议活动的美国"茶党"。在10月10日出版的杂志中,刊登了《为什么美国需要拯救中产阶级》一文,分析美国中产阶级的困境和社会分配不均等问题。两篇文章所探讨的内容实际都与"占领华尔街"活动密切相关。此时《时代周刊》的态度与抗议民众较一致,表达了对社会问题的关注和忧虑。但是在随后10月17日出版的一期中,该杂志没有刊登任何相关内容的文章,而10月10—17日期间正是"占领华尔街"运动范围扩大、蔓延全球的时候。直到10月24日,《时代周刊》才在封面文章中刊登了《走向街头》一文,对"占领华尔街"事件进行评析,但此时该杂志态度发生了根本变化,即认为"占领华尔街"运动是由"流氓、无政府主义者、社会主义者、黑客、自由主义者和艺术家发起的运动",并在随后的活动中逐步融入了"不知厌倦的失业人员、无业人员、流行文化追随者、社区组织人员和中年激进分子",其对该运动的否定性态度可见一斑。

案例出处

何兰:《评美国主流媒体对"占领华尔街"的报道》,《现代国际关系》,2011年第11期。(有改动)

案例解析

资本主义在反对封建专制主义的斗争中提出了符合自身利益和要求的"主权在民""天赋人权""分权制衡""社会契约论""自由、平等、博爱"等政治思想,并在这些思想的指导下建立起了资本主义民主制国家。相比以前的社会制度,建立在商品经济基础上的资本主义社会为人的个性发展提供了前所未有的条件,极大地解放和发展了社会生产力,有力地推动了人类社会的进步。正如马克思、恩格斯在《共产党宣言》中所指出的:"资产阶级在它的不到一百年的阶级统治中所创造的生产力,比过去一切世代所创造的全部生产力还要多,还要大……"言论、出版、集会、结社、游行示威等权利和自由是

第四章 资本主义的本质及规律

现代文明社会民主政治的规定动作,号称当今"最民主自由国家"的美国政治生活更应如此。由此看来,"占领华尔街"运动就是美国政治生活实践中的一个重要部分。从这一运动中我们可以探究和洞察资本主义民主、自由、平等政治制度的实质。

合法的游行示威活动是民众向政府表达自身诉求的自由之举,也是民主政治在现实生活中的生动体现。成千上万的美国人走上街头,呼喊着"我们代表99%""华尔街需为一切危机负责""将金钱踢出选举""要工作,不要战争""现在就革命""重塑美国"等口号,表达对华尔街贪婪和美国政府放纵的不满,表达对美国社会政治制度和民生现状等的不满,这些都在情理之中。新闻报道的生命力在于客观、公正,在一般人心目中,"新闻自由"似乎成为西方媒体的代名词,也被西方媒体奉为圭臬。依此观之,自由、全面、客观、公正地报道"占领华尔街"运动应该是奉行所谓新闻自由的美国"独立媒体"的不二选择。然而,纵观这场席卷全美国的抗议风暴,美国媒体的独立、自由、客观、公正报道却难见踪迹。这与美国各大主流媒体报道别的国家发生类似事件时的表现迥异。一直以来,美国媒体对别国的群体事件极为关注。一有风吹草动,其强大的舆论机器就第一时间全部开动,新闻报道不惜版面、频道、时段,不惜添油加醋甚至造谣抹黑。在他们的报道中,别国的示威者往往是政治诉求明确而正当,手段和平而合法,政府和警方所采取的行动则往往是无视人权的镇压和屠杀,钳制民主自由的反动举动,等等。但在报道"占领华尔街"运动中,美国媒体好像换了个人似的。虽然"占领华尔街"运动的组织发动者坦言,"组织这些抗议活动就是要告诉民众,美国目前的体制已经行不通了","跟我们在埃及、希腊、西班牙和冰岛的兄弟姐妹一样,我们计划使用群众占领这一革命战术,恢复美国的民主"。而对于这些人,美国警方不仅戒备森严,多次进行大规模拘捕,还喷射辣椒水,甚至发生暴力冲突。美国新闻媒体如果秉持新闻自由原则,进行客观公正的报道,那么这些诉求理应公布于世。然而,美国媒体在不得不说的窘境下,"大事化小,小事化了",把"占领华尔街"运动描述为"小打小闹的街头话题",认为接头示威者是乌合之众,游行示威和占领活动没有什么现实意义,缺乏明确的政治诉求。总之一句话,不值得关注。

其实,如果我们对作为资本主义意识形态的新闻自由的本质有比较清醒的认识的话,就能较好地理解美国新闻媒体在"占领华尔街"运动中的所奉行的"自由民主"原则及其所作所为。西方的新闻自由观念是在与封建势力的残酷斗争中逐步形成的,其为民众接受及其实践经历了一个缓慢而曲折的变化过程。虽然新闻自由俨然是资本主义社会的共识和资本主义民主的"标配",

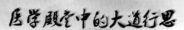

但西方政治生活实践反复证明,根本不存在所谓绝对的新闻自由。在阶级社会里,新闻自由都是有限度、有控制的自由。

一个社会的政治制度决定于该社会的经济基础。资本主义国家的新闻媒体的行为及其性质,从根本上是由生产资料的资本主义私人占有的性质所决定的。西方的新闻媒体为大集团所控制,为垄断集团及其赖以生存的社会基础——资本主义制度服务。若要反其道而行之,恐怕新闻媒体生存基础就没有了,也无从谈新闻自由。因此,在西方国家,新闻自由尽管被标榜为一切自由的保障,但必须服从于生存和发展这个大前提。换言之,从理论上讲,新闻自由在一定的条件下是可以成为实现某一目标的工具的。华尔街作为金融资本的大本营,从来都是媒体的老板,而不是受媒体监督的对象。美国媒体在"占领华尔街"运动中的表现,深刻暴露了其为资本主义服务的本质和功能,揭穿了美国所谓"新闻自由""客观公正"的假面具。

集会、结社、游行示威、新闻出版等自由是资本主义民主制度的基本内容,是资产阶级赋予民众的基本权利和自由。在新闻报道中秉持客观、全面、公正,是资本主义国家新闻媒体的应有权利,更应是号称世界上最自由民主之国的美国新闻媒体的基本操守。但在"占领华尔街"运动中,美国主流媒体却"失声""失焦"了。其实,何止是"占领华尔街"?在阿富汗战争、伊拉克战争、利比亚战争中,美国等西方媒体也常常"失声"或"失焦"。美国和西方媒体的这种种"失声"和"失焦",让我们清醒地看到资本主义民主制度服从和服务于资产阶级统治的真面目。资本主义民主有其历史进步性,但这种民主是建立在资本主义私有制基础上的,是以不损害资产阶级利益为前提的。这一制度是以保证资产阶级对人民群众的阶级统治为目的而建立起来的制度,是服务于资本主义制度的民主,是少数人的民主,不可能是广大民众的民主。我们应该深刻认识资本主义民主的本质,"莫让浮云遮望眼",以免被其民主的漂亮外衣所迷惑。

案例启思

1. 联系本案例,试分析西方民主制度的虚伪性。
2. 如何理解资本主义的民主制度的本质与根源?

教学建议

本案例主要分析美国等西方媒体在所谓"自由、全面、客观、公正"旗号下的所作所为,揭露资本主义民主制度的本质特征,帮助学生理解资本主义民主在国际上"不过是资本利益集团实现其国际战略和国家利益的工具而

第四章 资本主义的本质及规律

已",并进一步深刻认识资本主义民主是资产阶级统治工具的本质。

可用于第四章第三节"资本主义的民主制度及其本质"部分的辅助教学,或用于该部分课程内容的考核。

▶ 案例七 美国的医疗保障制度改革

 案例

在美国医疗保障制度的历史演变过程中,无论是现代医疗保障制度的建立,还是"二战"后医疗保障制度的发展,或者是当今医疗保障制度的改革,无不与美国的政治制度和政治体制有着非常密切的关系。其中,美国的政治体制和政治集团对美国医疗保障制度的影响最直接、最具代表性。

美国政治体制与美国医疗保障制度的改革发展

美国三权分立的政治体制对美国医疗保障制度的改革与发展产生了直接的影响,其影响主要表现在对医疗保障事务的管理体制和对医疗保障权责的划分上。与美国的政治体制相适应,美国医疗保障制度的管理体制也是分权式管理,实行纵向与横向分权相结合的方式。

首先,与美国联邦体制相适应,联邦政府与州和地方政府在医疗保障管理上实行纵向分权。随着美国联邦政治体制的变化,美国医疗保障制度管理中的联邦政府与地方政府的关系也先后经历了由下而上,然后再由上而下的发展过程。在现代医疗保障制度建立之前,信奉保守主义政治理念的美国联邦政府在医疗保障的管理方面可以说是几乎无所作为,政府崇尚"无为而治"。而到了20世纪30年代大萧条的时候,基于当时紧迫的社会形势,联邦政府被迫承担了医疗保障管理的主要责任,并向社会提供部分医疗保障服务项目,从此联邦政府在医疗保障管理中逐渐占据主导地位。"二战"后,随着美国医疗保障制度的扩张与发展,在"向贫困开战"和建设"伟大社会"运动中,联邦政府医疗保障的管理职能被进一步强化。但是,20世纪70年代末以后,美国的政治经济形势发生了巨大变化,1974年的石油危机引发了美国数年的经济滞胀,经济滞胀在理论上直接导致合作联邦主义的破产。为了复苏经济,美国对经济

结构进行战略性调整。与经济调整相适应,需要对中央政府与地方政府的职能划分进行重新界定。于是,20世纪80年代以后,美国开始对医疗保障管理体制中中央政府与地方政府的关系进行改革。

1982年,里根总统虽然迫于政治斗争的压力在国情咨文中提出要把大部分医疗保障项目接管下来,但是同时把大约470亿美元的福利和救济项目全部让地方政府负责,进一步把管理权和责任推向地方政府。20世纪90年代以后,联邦中央政府与地方政府权责的划分出现了新的模式,即改变了过去让地方政府过多负担医疗保障项目费用的做法,联邦政府利用财政转移支付的方式减轻地方政府的经济压力。1996年,克林顿政府再次提出要把提供医疗保障的责任从联邦政府转移到州政府,同时拨给各州一笔资金,地方政府并不需要为此进行资金配套。这样既增加了地方政府的管理责任,又减轻了他们的负担。

其次,受美国三权分立的政治体制的影响,美国医疗保障管理体制也实行横向分权。美国医疗保障管理体制在横向上可以分为制度决策、行政管理和监督与监管三大块。其横向分权的特点主要表现为医疗保障的决策机构、行政管理机构和监督机构相对独立,同时也互相制衡。

美国医疗保障横向管理体制的这一特点体现在美国医疗保障管理机构的设置和运行上。从美国医疗保障管理机构的设置和运行来看,美国医疗保障管理组织主要包括政府组织、社团组织和私营组织等。政府组织是依据美国法律建立的医疗保障管理机构,主要包括社会保障咨询委员会、联邦社会保障局、社会保障和医疗统筹基金信托董事会、财政部、国税局及劳工部等管理机构,这些管理机构根据各自的职责负责不同医疗保障项目的管理,各司其职,又互相监督与制约。其中,美国联邦社会保障局管理的项目主要是老年、遗属和伤残保险计划,其职责主要是按月支出各种社会保障金,兑现各种社会保障待遇;社会保障和医疗统筹基金信托董事会主要负责医疗保障资金的收支管理,同时负责对信托基金进行运营以实现保障增值;财政部是社会保障和医疗统筹基金信托董事会的具体办事机构,负责编制医疗保障财政计划并监管计划的执行;劳工部的职能主要是维护参加医疗保障人员的受保障权利,另外还要监管各种私营的医疗和退休计划;国税局在医疗保障管理中的职能主要是负责征收医疗保障税费,并负责记录所有个体经营人员的社会保障号。除此以外,还有针对一些特殊医疗保障项目的管理机构,比如健康与公益服务部,其中的公共健康服务局负责医疗保健事务。同时,各级政府还与慈善机构、志愿组织、企业以及其他私营组织相互配合,分工协作。

另外,在美国还活跃着大量依据法律建立的包括营利性和非营利性的各种

社团管理组织，如美国发达的慈善团体组织，医疗领域的"蓝盾"和"蓝十字"协会和一些依法建立的专业性医疗保障经办机构和基金管理公司等私营组织。在所有这些管理体系中，无论是政府管理组织之间还是非政府管理组织之间，或者是政府管理组织与非政府管理组织之间，它们既相互独立又互相配合，其设立和运行是美国分权型政治体制的再现和具体化。

美国政治集团与美国医疗保障制度的改革发展

美国是两党制国家，在美国两党制影响下，医疗保障制度往往被当作两党政治斗争的工具。这种影响突出表现在历届总统选举中，在选举前和选举过程中，各政党的总统候选人总是给选民许下种种承诺，把为选民增加福利作为其拉拢选民的幌子。民主党代表着中下层的利益，他们主张提高雇主税率，扩大医疗保障项目，提高医疗保障水平，他们针对共和党的减税政策和私有化改革进行激烈的批评，但是他们在医疗保障财政危机和政府赤字面前也束手无策；共和党代表的是大资产阶级的利益，出于维护本阶级利益考虑，他们主张降低税收，削减医疗保障项目，降低医疗保障水平，主张进行医疗保障私有化改革。围绕着包括医疗保障制度在内的社会政策，两党经常展开激烈的竞争。比如1992年克林顿上任后，为了扭转日益恶化的财政状况，着手进行社会保障制度改革。改革的重点是弱化联邦中央政府在医疗保障管理体制中的责任，大力发展非政府医疗保障项目，拓宽自愿捐款、民间筹款、社会福利事业收入等资金来源渠道，使美国医疗保障制度朝着私营化和多元化的方向发展，在医疗保障资金的使用上实行分权制度，联邦政府用一揽子拨款计划把医疗保障基金使用权力授予州和地方政府。而美国共和党的"鹰派"人物，坚持把削减福利项目和降低医疗保障水平作为平衡预算的首要途径，其目的是通过这个办法来让民主党在黑人和中下层选民中丧失威信。医疗保障制度改革成了美国两党政治的工具。

压力集团在美国的社会生活中扮演着重要的角色，这些压力集团往往以政治团体的身份展开活动，通过影响社会舆论和政府的决策来达到自己的目的，是美国公共决策的重要社会基础。美国医疗保障制度改革直接影响着各压力集团的利益，因此在每次医疗保障制度改革过程中，压力集团总是积极奔走，到处呼吁，向政府施加压力。1961—1963年间，美国南方爆发了一场反对美国落后的社会保障制度的"社会保障权利运动"，他们对美国主流社会漠视社会保障的态度不满，要求公平合理的社会保障权利。这场运动不但推动了美国医疗保障制度的发展，迫使政府制订医疗保健和医疗援助计划，还使美国社会的社会保障观念发生很大变化，社会保障作为公民权利的观念深入人心，政府和社会各级社会保障机构在压力集团的抗议压力下改变了对社会弱势群体的歧视与鄙夷观念,他们逐渐降低对申请社会救济者的家计调查,提高了管理效率。

再如,在20世纪90年代,克林顿总统入主白宫后,针对日益严重的财政危机,在其"新誓约"里曾决定要对美国医疗保障制度进行改革,但是由于压力集团的阻挠,最终导致改革方案流产。奥巴马执政之初也曾把医疗改革和福利改革当作他任期内的两大改革目标,并提出了一些改革方案,但由于改革涉及社会各种利益集团特别是劳工联合会的既得利益,各压力集团从各自的利益出发,展开了激烈的争论,并由此发展成党派之争,向政府施加压力。美国医院协会等对奥巴马医改方案进行激烈抨击,连当初支持他竞选的一些社会团体也反对他的医改施政方案。美国相关媒体调查统计数字表明:自奥巴马医改方案让公众讨论以来,美国民众对奥巴马医改方案支持率降至42%,不支持率却飙升至53%,甚至对奥巴马本人的支持率也跌至48%。压力集团的影响导致奥巴马医改最终未取得预期效果。

奥巴马医改的败笔在于虽然扩大了医保的覆盖范围,但没有配套的监管机制,强势的保险公司、药企、医疗机构顺利地将成本转移给社会的中坚力量(中产阶级)。"奥巴马医改"使少数"无保族"受益,但增加了多数人的负担。对于美国医疗体系最棘手的问题——浪费严重、成本过高、运转低效带交的医疗费用上涨,它不是有效的"药方",由此导致中产阶级不满,失业者也不买账。

自上任以来,特朗普在废除奥巴马医改上没少下功夫。宣誓就职后不到24小时,他便签发行政令叫停奥巴马医改计划,行动之快令人震惊。但后续的结果却并不如他的意。2017年3月初公布的替代奥巴马医改的草案并未被参议院接受。经过多次修改和多轮投票,每次都因未获得民主党支持和共和党内部意见不一而以失败告终。

特朗普原本在竞选之时承诺将医改作为"最先要解决的问题",但由于医改措施牵扯范围太广,涉及美国两党之争,难以从中得到权衡,加上共和党在参议院席位优势微弱,内部还存在党内分歧,时间自然一拖再拖。特朗普这一路走来,也算是披荆斩棘了。

美国民主党与共和党过去与现在在医改进程中的不合作,已经产生了很大的负面影响。历史上的不合作,造成美国百年医改屡改屡挫;当今的不合作,造成奥巴马医改一波三折。可以预测,在未来落实新法案的实践中,两党的争执依然不可避免,美国医改之争还会长久持续。

第四章 资本主义的本质及规律

🔑 案例出处

张鑫、王叶菲：《美国医疗保障制度改革与发展的政治维度》，《红旗文稿》，2015年第16期，第34-36页。（有改动）

✏️ 案例解析

美国民主党与共和党两党在奥巴马医改进程中的政治交锋，主要在制定医改法案、审议通过法案、诉讼新法案"违宪"、制定新财年政府预算等阶段展开。争议的焦点主要集中在三大问题上：政府在医疗保障领域的权限、联邦政府与州政府的责任分担、实现全民医疗保障的方式，其中尤其以政府权限的争执贯穿始终。

两党激烈交锋，是历史分歧的延续。美国两党历史上分别代表不同的利益群体，民主党主要代表中下层阶级，其医改主张更多代表中下层缺少医保民众的利益。共和党主要代表上层阶级，其医改主张更多代表在市场竞争下，有条件获取最先进、最有效医疗服务者的利益和医疗利益集团的利益。在医改史上，民主党是自由主义代表，多次政府主导的医改都是在民主党总统任内推动；共和党是保守主义代表，除尼克松政府外，多数时期并不把医改作为主要内政，特别反对扩大政府干预医疗市场职能的改革。

两党激烈交锋，是因为医改的重要性。医改是美国最重要的社会改革，必然成为争夺政党利益的重要阵地。两党最重要的政治目标就是赢得选举胜利，上台执政。为此，两党的纲领和政策首先着重考虑其传统的基本选民的意向、愿望和要求，稳住自己的阵营，同时抨击对方的政策，寻找其薄弱点，积极争取游移不定的选民，以求增加选民数量，最终在选举中获胜。医改的重要性使两党必须积极主张所代表阶层和利益集团的利益，他们的所作所为直接影响选举人的投票立场，在两党轮流执政博弈中有加分或减分的作用。所以，医改不是单纯的一项社会改革，而是两党争夺政治利益的平台。

两党激烈交锋，还因为医改的复杂性。美国"私营为主、公共为辅"的医疗体制比其他西方国家"国有化"和"社会化"的医疗体制更复杂，难以建立国家统一的医疗体制；美国利益集团经常直接与政党结盟，改革难免不受其影响。这些因素交织在一起，使奥巴马新法案不可能满足方方面面的诉求，某些瑕疵必然成为反对势力攻击的焦点，激烈争执在所难免。

两党激烈交锋，暴露了美国政治制度的缺陷。在关乎民生幸福的医改进程中，两党过多纠缠于政治反对、宪法挑战、法律如何实施等持久的争论，过多地把政党利益掺杂进具体改革之中，为医改添加了重重障碍。奥巴马的

新法案与其他大多数社会立法不同,并非在两党合作下通过的。虽然"一党胜利"并不违反现行立法制度,但深深埋下了共和党反复寻机推翻该法的祸根。如果两党在医改问题上的政治交锋不只是权力争斗,主要还是医改政策补救的一种方式,那么两党或许能在关键时刻妥协合作,演绎政治民主制度的积极作用。

案例启思

1. 美国医疗改革的核心要义是什么?
2. 美国医疗保障制度的改革和发展与其政治制度存在着怎样的关联?

教学建议

本案例主要分析资本主义政党制度的本质。资本主义政治制度是在资本主义经济基础之上建立的,反映了资本主义社会的经济关系,反映了政治上占统治地位的资产阶级的要求。政党是特定阶级利益的集中代表,是代表一定阶级、阶层或集团的根本利益,为达到政治目的,特别是为了取得政权和保持政权而建立的一种政治组织。资本主义国家的政党是阶级和阶级斗争发展到一定阶段的产物,在国家政治生活中发挥着很重要的作用。作为政党制度的一种类型,两党制是美国政党制度的特色。这种制度是由两个势均力敌的政党通过竞选争夺执政地位、交替组织政府、轮流执掌政权的政党制度。由于人民群众的长期斗争以及资产阶级在长期的政治统治过程中积累了不少经验,资本主义政治制度中会有一些符合政治统治和社会管理一般规律的内容,对此我们可以加以借鉴。但从本质上说,诸如两党制的资本主义国家政党制度仍然是资产阶级选择自己的国家管理者、实现其内部利益平衡的政治机制,其本质是为资产阶级利益服务的,是服从于资产阶级进行统治需要的政治工具。

可用于第四章第三节"资本主义的民主制度及其本质"部分的辅助教学,也可用于该部分课程内容的考核。

第五章 资本主义的发展及其趋势

▶ 案例一 医疗器械暴利的背后

案例

据中国医药物资协会发布的《2013中国医疗器械行业发展状况》显示,我国中高端医疗器械主要依靠进口,进口金额约占全部市场的40%。约80%的CT、90%的超声波仪器、85%的检验仪器、90%的磁共振设备、90%的心电图机、80%的中高档监视仪、90%的高档生理记录仪以及60%的睡眠图仪被外国品牌占据。

据海关总署统计,2016年前10个月,中国医疗仪器及器械进口金额为71.96亿美元,与2015年同期的66.12亿美元相比,增加了8.83%。2015年全年的进口额与10年前相比,增长接近3倍。

2018年3月25日,由《中国医疗设备》杂志社主办的第八届中国医疗设备行业数据发布大会在北京举办,会上发布了2017年度中国医疗设备行业数据及售后服务调查活动数据结果,主办方颁发了中国医疗设备行业"金人奖",获奖的10家企业均为外资企业,分别是医科达、富士胶片、卡尔蔡司、德尔格、通用电气、瓦里安医疗、飞利浦、美敦力、奥林巴斯、卡尔史托斯。数据结果显示,外资企业仍然垄断着我国高端医疗器械市场。

美敦力是全球最大的医疗器械公司之一,产品包括治疗心血管疾病、糖尿病、神经系统疾病等的医疗器械。据Evaluate Medtech的一份报告显示,2015年,美敦力在心血管类器械市场的份额高达24.30%,排名全球第一。

美敦力2016年发布的财报显示,2016财年中期(截至2016年10月28

日），其总营收为 145.11 亿美元，同比仅增长 1.25%；净利润则高达 20.44 亿美元，同比暴增 52.54%。

美敦力如此高的利润与其高企的销售毛利率有很大关系。2016 财年中期，其销售毛利率高达 68.39%。日益增长的中国市场正为美敦力贡献巨额营收与利润。财报显示：过去两个半财年，美敦力来自大中华区的营收折合人民币超过 210 亿元，中国内地是主要收入来源。如果按照其全球平均毛利率水平测算，过去两个半财年从中国所获毛利超过 140 亿元。

美敦力所处的心血管医疗器械市场是一个被美国医疗巨头高度掌控的市场。据 Evaluate Medtech 的报告显示：包括美敦力在内，全球 10 家大型公司 2015 年在心血管类器械市场的销售额高达 336.8 亿美元，占全球市场份额的比重约八成。这十大巨头中，有 7 家来自美国，两家来自日本，其中前六名全部是美国公司。而 Evaluate MedTech 2018 年的研究报告显示，十大巨头中，美国占了八成。在可见的未来，美国巨头垄断市场的格局很难发生根本性的变化。报告预测，即使到 2022 年，这 10 家巨头占的市场份额仍将高达 75.80%。

心血管医疗器械市场的状况只是全球医疗市场格局的一个缩影。高端医疗器械和原研药市场基本上都处于跨国大公司尤其是美国公司的掌控之中。

高端医疗器械发展凝聚着多学科、跨领域的现代科学技术，其发展水平与国家的工业整体科技发展水平密切相关。凭借着工业尖端优势、先发优势和科技创新，目前美国、德国、日本、荷兰等发达国家的跨国公司占取高端医疗器械的研发、生产、品牌和营销制高点。

从技术领域来看，美国在植入性电子医疗器械、植入性血管支架、大型电子成像设备、远程诊断设备、手术机器人等领域技术领先全球，德国在 CT、X 线、核磁共振成像仪、内窥镜、心脏起搏器、透析机等领域技术领先全球，而日本则在电子、影像处理等领域技术领先全球。

从几种常见的高端医疗器械来看，心电图记录仪前三大出口国分别为德国、美国和加拿大，占全球出口份额分别为 22.64%、18.38% 和 14.74%；核磁共振成像装置前三大出口国分别为德国、荷兰和美国，占全球出口份额分别为 33.82%、21.71% 和 14.75%；闪烁摄影装置前三大出口国分别为德国、美国和荷兰，占全球出口份额分别为 40.42%、13.24% 和 12.49%。

目前，我国已经是全球第二大医疗市场，2015 年全国医疗器械市场规模达到 3000 亿元以上。在庞大的国内医疗器械市场中，进口医疗器械占了很大一部分比例，甚至出现"洋垄断"现象。比如，在 CT 类、磁共振 MRI 类、核医学类以及血管造影机 DSA 类等大型高、精、尖诊断器械市场，超过 70% 的市场份额，长期被"GPS"（即美国通用电气、荷兰飞利浦、德国西门子）

3 家外资企业所垄断。

案例出处

1. 何勇：《破除医疗器械"洋垄断"需先斩断利益链》，《海南日报》，2016 年 12 月 13 日。（有改动）
2. 李向阳、陆安静：《跨国公司垄断高端 国产医疗器械备受冷落》，《中国外资》，2015 年第 6 期。（有改动）
3. 《医疗器械暴利背后：美日巨头垄断八成市场》，搜狐财经，2016 年 12 月 12 日，http://business.sohu.com/20161212/n475580486.shtml。（有改动）

案例解析

医疗器械是诊断和治疗疾病的重要手段。国际医疗巨头形成并垄断世界市场的主要原因包括：其一，发达国家的技术优势，高端医疗器械市场的占领必须以先进的技术为支撑基础，没有领先的技术，高端医疗器械的生产制造就无从谈起；其二，精准的市场拓展战略，巨头们在医疗器械市场的激烈竞争中，通过兼并、收购等手段进一步攫取发展中国家的市场份额。受制于注册审批制度不完善、行业标准管理工作亟待改进、科技投入不足、国产设备受冷落这四大症结，我国高端医疗器械市场已被通用电气、西门子、飞利浦等跨国企业垄断。

随着我国医疗体制改革的深入推进，医疗器械行业的垄断与暴利逐渐进入公众视线。2016 年 12 月 7 日，国家发展改革委依法对美敦力（上海）管理有限公司与其交易相对人达成并实施心脏血管、恢复性疗法和糖尿病业务领域医疗器械产品价格垄断协议的行为做出行政处罚，罚款 1.185 亿元。这是我国开出的第一宗医疗器械价格垄断案件罚单。医疗器械行业的市场有多暴利？以此次遭查处的美敦力公司出产的支架为例，出厂价仅为 1000 元左右，至患者使用环节价格则迅速飙升到约 3 万元。对于已经身患重病的患者来说，如此暴利简直是趁火打劫。

那么，这种暴利由何而来？认真分析探究，我们发现，其根本原因在于垄断。所谓垄断，是指少数资本主义大企业为了获得高额利润，通过相互协议或联合，对一个或几个部门商品的生产、销售和价格进行操纵和控制。产生垄断的原因一是生产集中发展到相当高的程度造成极少数企业的联合，二是规模巨大的企业对竞争的限制，三是企业之间为避免激烈竞争带来的两败俱伤而走向联合与垄断。19 世纪末 20 世纪初自资本主义垄断占统治地位以来，其形式五花八门并且不断变化，但本质上都是为了攫取高额垄断利润。

具体来说，美日之所以能在医疗器械市场获得暴利，首要的原因是技术垄断。除此以外，还有销售垄断等其他垄断因素。首先必须承认，有的外国医疗器械的确更先进，也在一些领域存在着技术垄断。国内公立医院普遍热衷高价购买"洋枪洋炮"，从表面上看，主要是近年来我国医疗领域的信息化和网络化趋势引发了对智能化、影像化、数字化等高精尖医疗设备需求的增长，而在高端医疗设备领域，国产医疗器械与进口器械存在一定差距，这种差距导致了部分医院和大众对国产医疗器械的不信任。但不可否认的是，在技术垄断之外还存在趁机形成的销售垄断——生产商与销售商以及医院合谋形成的销售层面的垄断，这才是暴利产生和实现的现实根基。这种销售垄断建立在技术垄断之上，同时又以各种方式加剧技术垄断的现实影响。为了制造这种销售垄断，生产商会采取排他的方式，培植、培育独家销售网络，将技术垄断的优势传导至销售公司；销售公司利用技术垄断和地位垄断，不断加码提高药品价格，并以承诺回扣的方式，将销售垄断的优势传导至医院；面对诱人的回扣和提成，一些医院的医生利用治疗过程中的种种不对称，利用患者对医院和医生的信任，维持着销售垄断的末端稳定，将高昂的药品和产品用于患者，在患者身上兑现垄断暴利。对企业进行处罚只是抓住了技术垄断的关键环节，在其背后的利益链条上，还存在着导致药品和产品价格更高的销售垄断，以及寄生于其上的其他利益主体。这些利益主体至少包括销售商、医院、医生，以及其他利用各种方式介入的主体。这些利益主体，隐藏在技术垄断的阴影下嗜血生存。只有彻底消除技术垄断的相关利益链条，对技术垄断的处罚效应才能最终体现在价格层面上。

案例启思

1. 医疗器械巨头为什么能获得暴利？
2. 美日在医疗器械市场的垄断是如何形成的？

教学建议

本案例通过分析美日巨头在医疗器械的垄断及其发展，揭示了资本主义垄断产生的必然性和垄断对医疗行业乃至整个社会经济的巨大影响。反垄断对保持市场公平、维护良好的竞争秩序意义重大。垄断是资本主义发展的历史必然，但垄断一旦妨碍了竞争，技术进步的动因就会减弱，由此必然会影响本行业的国际竞争力。因此，面对医疗器械行业巨头的垄断，必须采取有效的反垄断措施加以限制。

第五章 资本主义的发展及其趋势

可用于第五章第一节"资本主义从自由竞争到垄断"部分的辅助教学，或用于该部分课程内容的考核。

案例二　不可阻挡的医药企业全球化

随着经济的发展、世界人口总量的增长、社会老龄化程度的加深，以及人们保健意识的不断增强，全球医药市场持续快速扩大。北美、欧盟、日本是全球最大的3个药品市场，约占全球药品市场份额的87.7%。从增长趋势看，除北美市场增长比较平缓外，多数区域市场增长迅猛。

在经济全球化的推动下，欧洲、美国、日本在医药领域控制全球市场，新兴国家市场快速增长。当前，大型跨国集团推动医药经济全球化，排名全球前50的大型医药集团均属美国、日本和欧洲等经济发达国家或地区。这些医药企业凭借雄厚的资本和技术实力，在全球范围内进行了大规模的并购重组，使市场份额增加，市场控制力增强。他们投入巨资进行研发，成果颇丰。通过国际化的市场运作，产品畅销全球。因此，大企业、国际化、畅销产品已成为当代世界医药产业发展的显著标志。与此同时，国际化分工协作的外包市场正在形成与发展。越来越多的国际医药集团在经济全球化发展的前提下，充分利用外部的优势资源，重新定位、配置企业的内部资源。

我们以日本为例，看看其医药企业是如何应对和实现全球化的。安斯泰来制药集团是一家总部位于日本东京的研发型制药企业，在全球范围内研发、生产、销售创新型医药产品。安斯泰来制药集团已经在需要高度专业技能的器官移植领域和泌尿领域成为全球专业治疗领域领导者。2009年4月，中国台湾人卓永清在得知自己被任命为日本第二大制药企业——安斯泰来中国区总经理兼董事长时，很吃惊："本来我再过两年零两个月就满60岁，该退休了。"在2009年4月中国新医改方案出台前夕，安斯泰来宣布了这一任命，并决定未来5年内向中国市场输入至少5个新药品种。事实上，这个人事安排从某种程度上显示了安斯泰来对中国市场的决心。要知道，在严谨保守的日本公司里，大多数国家和区域总经理的位置上坐的都是日本人，卓永清是当时在华日资制

药企业中唯一的一位非日籍总经理。

安斯泰来之所以做如此安排,正是为了适应医药企业全球化的发展趋势。卓永清认为"现在大陆医疗体制的发展,大致相当于台湾地区 15 年前的程度"。尽管落后了 15 年,大陆的医药市场依然对医药企业有着极大的吸引力:"原本只有几千人用的药,在中国大陆市场将会被几十万人使用,这对公司的业绩成长很重要。"日本小野药品工业在一份报告中指出,由于日本政府强制降低医疗费用和竞争加剧等因素,日本制药企业正面临着持续的、苛刻的商业气候。而在欧美市场,制药巨头的频繁并购也给日本药企带来很大压力。对于急于寻找新出路的日本制药企业来说,中国这个巨大的新兴市场吸引力就更大了。数据显示,2010—2016 年,我国医药工业销售收入从 12072.7 亿元增长至 29635.86 亿元,年均复合增长率为 16.15%,医药工业销售收入占国内生产总值的比重已达 3.98%。我国已成为仅次于美国的全球第二大医药市场。

卓永清在藤泽工作了 40 多年,见证了日本医药产业崛起的全过程。在他看来,那段历史中的很多故事,与中国医药产业的当下发展极为相似。20 世纪 60 年代,日本政府规定欧美制药企业的产品必须通过本土企业进行销售。仅此一项政策,就为日本医药企业的发展提供了非常宽松的环境。黄金年代过后,迫于加入 WTO 的要求,日本经济逐步开放,医药行业的规制被打破,欧美制药企业得以直接进入日本市场。日本本土药企的"好日子"过完了。

此后,加速全球化成为日本药企的主旋律。2002 年,日本政府提出了一系列医药产业发展愿景,基于壮大自身实力的企业兼并成为日本医药行业的主题词。日本政府希望通过鼓励制药公司的合并,推进日本医药企业全球化进程。在那之前,多数日本制药企业认为,政府会给予他们扶持和保护,并没有意识到全球化威胁的不可逆转。认真考虑将战场拉到海外的日本制药企业只有四五家,其中就包括山之内和藤泽。

20 多年前,藤泽就曾花费上百亿日元收购了一家美国药厂,遗憾的是,那起并购最终没有成功,反而给藤泽带来了很大损失。山之内则收购过一些小型的欧洲制药厂和美国保健品公司,但也没有实质性收获,直到 2005 年与藤泽合并前,山之内一直没能真正进入美国这个全球最大的医药市场。

回顾那段历史,卓永清总结道:"那时候日本制药企业的海外投资虽没有达到预期的目标,不过这一轮付出大笔学费的行动为后来继续拓展国际市场换来了经验。今天日本前十大制药厂商都是在当年做出了类似决策的企业。"在 2003 年的一次聊天中,山之内制药株式会社董事长竹中登一和藤泽药品工业株式会社掌门人青木初夫发现,他们既有同样的目标,又有很多互补之处。同样的目标是成为国际性研发型制药企业。互补之处则颇多:山之内的销售强项

第五章 资本主义的发展及其趋势

在欧洲和亚洲，藤泽在美国；山之内的研发强项在化学合成领域，藤泽的优势在发酵方面；山之内的处方药强项在泌尿领域，而藤泽在免疫领域。面对欧美制药巨头越来越逼近的威胁，双方决定将公司合并。"抵御被收购的最重要出路，就是提高企业价值。"竹中登一这样解释合并的初衷。无疑，目标相同、业务互补的合并是提高企业价值最有效、最快捷的途径。于是，2005年4月，安斯泰来诞生。当时，著名投行美林公司将这起并购评价为"完美的合并"。在日本，这次并购亦被视为制药行业加速全球化的标杆。在安斯泰来成立后不久，其他日本制药企业也纷纷掀起合并大潮：2005年，日本第一制药和三共制药完成合并，成为日本第三大制药企业，合并之后，又收购了印度最大的仿制药商兰伯西。而日本最大药企武田制药则收购了美国的千禧药业。

合并与收购使日本的制药企业纷纷摆脱了弱小的地位。相比之下，尚未进行大规模整合的中国医药行业，其集中度较低的问题更加凸显。目前中国有4000多家药厂，前十名的市场占有率加起来不到50%。这种情形与安斯泰来诞生前，英国《金融时报》对日本制药产业的评价非常相似："由无数小公司组成，规模太小，无法参与全球竞争。"

卓永清认为，中国目前已经有一些不错的研发企业了，"比如恒瑞，起步跟日本企业差不多"。但研发时光投入成本还不够，必须做全球化的市场，因为开发药品的投资很大，如果光靠本土市场，很难收回投资。此外，卓永清提醒中国制药企业，做新药开发一定要遵从国际通行的程序，否则研究出来的成果是没有用的。"日本制药企业曾经非常积极地参加各种国际会议，从开始单纯的学习到后来宣讲自己的研究成果，机会就蕴藏其中。"

案例出处

罗影：《日本药企怎样全球化？》，《英才》，2009年第1期，第56-58页。（有改动）

案例解析

经济全球化是指由于经济资源在全球范围内自由、全面、大量的流动和配置，使得世界各国经济更加相互开放和依存，各国经济的发展与整个世界经济的变动更加相互影响和制约的过程。经济全球化是世界经济发展的必然趋势，经济全球化的形成有其客观基础。20世纪后期，特别是进入90年代以后，以微电子、计算机和网络技术为代表的信息技术迅猛发展，成为新科技革命的先导，并推动了信息化的发展，进而使得产品信息的收集、交流以及与产品生产有关的资料的获取简单、快速、有效；经济资源的流动也更便捷；生产经营更高效。由于科技革命、产业革命、生产力的巨大发展，分工超出了国家的界限，形成了国际分工，并通过世界市场纽带把各个国家的药品产业联结起来，促进生产、交换和消费的国际化。

世界医药企业之所以要追赶全球化浪潮，主要在于其带来的发展机遇、企业竞争的压力和利益的追求。经济全球化可以促进世界经济总体发展，增加世界整体利益，给所有国家提供发展机会。这是因为经济全球化势必使得经济资源在全球范围内流动更自由，也就是在各国之间实行经济自由化，削弱国界的限制，大幅降低关税；经济资源在全球范围内流动更全面，包括商品、劳务、资本和技术等各种资源的流动；经济资源在全球范围内流动的速度加快，各类国际市场容量增大。世界各国经济日益相互开放和依存。经济全球化作为一个整体，对作为其一部分的药品产业全球化有极大的支配和拉动作用。随着经济全球化的出现，药品产业也会很快向全球化发展。生产全球化是世界范围内投资方和引资方谋求共同利益的结果。在全球化进程中，各种生产要素必然跨国界流动。医药企业的全球化也不例外。在药品产业发展的初期，只是各种药品和服务在各国之间流动。随着资金、设备、中间投入品、技术、管理、人员等各种生产要素出现大规模的跨国界流动，药品产业生产的全球化开始形成并迅速发展。制药业是世界上发展最快的行业之一，具有高投入、高产出、高风险的特点。如今，经济全球化的范围在扩大、程度在加深，制药业的全球化表现在跨国公司对外投资力度加大、产业价值链转移速度加快、跨地区并购发生频繁，各国制药业之间的联系更加紧密，产业的地域性界限逐渐模糊，这也导致了各国在制药业中竞争加剧。

案例启思

1. 世界药企为什么要追赶全球化浪潮？
2. 中国药企如何应对经济全球化？

教学建议

本案例通过分析医药企业发展过程中的全球化形势，揭示经济全球化是世界经济发展不可阻挡的趋势，进而帮助学生理解经济全球化的发展给世界医药企业的影响。作为世界上最大的发展中国家，经济全球化既给我国医药企业提供了诸多机遇，也带来了严峻挑战。

可用于第五章第一节"经济全球化及其影响"部分的辅助教学，或用于该部分课程内容的考核。

第五章　资本主义的发展及其趋势

▶ 案例三　发达国家的医院管理模式

发达国家的医院运营和管理模式主要包括筹资模式、运营管理模式、补偿机制、绩效评价及医疗监管等。

关于筹资模式，按照医院筹资方式的不同，国外公立医院筹资模式主要有以下四种类型：一是公费医疗服务模式。这种模式以英国、澳大利亚为典型代表。该模式的主要方针就是公平地为全体国民提供基本医疗卫生服务，政府为医疗卫生服务买单，直接建立公立医院或者间接全额购买医疗卫生服务，以保障全体国民可以享受免费或者低收费的基本医疗卫生服务。该模式的特点是保障基本医疗卫生服务的公平性和可及性。政府既是医疗服务的提供者，又是购买者，通过税收来筹集医疗资金、支付医疗费用。二是公共合约模式。公立医院的资金来源包括政府投入的公共资金、社会保险、私人保险、社会救济（教会、慈善机构捐款）等多方面，以政府投入为主。以德国为代表，公立医院主要是由政府、社会团体或社会保险机构提供资金开办，医院一方面通过州政府取得政府投资，用于开办费用及大型仪器设备的购置，政府对医院规模的扩大或大型设备的购置有严格的审批制度；另一方面通过疾病保险基金取得经营费用，维持医院的日常运行。三是商业保险模式。这种模式以美国为代表。美国各级政府根据公立医院向弱势群体提供医疗卫生服务的数量或免费医疗服务的质量对公立医院进行补助和资金补偿。公立医院的筹资和补偿大部分是政府投入、国家医疗救助项目的资金，还有一部分来源于自费患者的医疗收入和商业保险的补偿。公立医院主要采用预付制，医疗服务价格根据 DRGs 软件模型计算而得出。四是医疗储蓄账户模式，又称为新加坡模式，该国医疗保障体制是由税收融资、强制性储蓄、保险和据个人经济状况而给予补助所组成。其中，以强制性储蓄，即医疗储蓄账户为主，税收融资由政府将资金划拨给公立医院，用于补助那些无力支付全部医疗费用的人。

关于运营管理模式，发达国家的医院行政管理体制基本都是理事会领导下的院长负责制。其中，欧美国家理事会通常对院长和医师团体实行两条线管理，医师团体与院长是协作式关系，院长直接管理副院长等管理人员，而不干预医师团体的具体医疗工作。而在日本，理事会到院长直至一般管理者和工作人员为直线式领导体制，建立有比较完备的运营决策体系、医疗决策体系、医护质量监控体系、学科人才体系等，从而完整地保障和提升医院整体的运营水平和运营能力。

美国公立医院的管理主体是各级政府，负责对公立医院出资建设、财政补贴、卫生监控等。具体包括宏观、中观和微观三个层面。

从宏观管理层面看，管办分离是美国公立医院的最大特色。政府不再直接办公立医院，而是间接监管公立医院，政府不是医疗服务的提供者，而是监管者。医疗监督立法严格，世界首部《医院法》就是在美国诞生的。美国大约有58%的公立医院为独立的公共实体，在法律上同政府脱钩，具有独立自主的管理委员会，基本完成了自主化改革和法人化改革，具备完全法人自治权。政府对管理委员会、医院的经营活动保持一定的控制和监督权。公立医院一般委托管理公司全面经营管理医院，将医院总收益的3%抽取出来作为管理费用。

从中观层面看，美国公立医院在管理体制上大多数实行董事会制度。法人治理结构包括董事会、首席执行官（或院长）和医务人员。董事会是医院决策机构，由工商界人士、大学教授、政府官员等组成，负责制订医院战略规划、审批医院重大人事与薪酬政策和财务政策、聘任和考评医院院长等。董事长及大部分董事由政府任命。首席执行官（或院长）负责实施董事会决议，自主招聘副手，全面主持医院各项管理工作。医务人员在医疗机构中是独立自治力量，更多遵守医师协会规章制度而非医院的行政管理。他们绝大部分不是医院雇员，对诊疗过失和医疗事故负一定责任，参与医院管理和制定董事会决议。凡不设董事会的医院设立管理委员会，有两个执行委员会：医疗执行委员会下设相关委员会负责医院相关的质量控制和培训管理等；行政执行委员会负责后勤保障。医院各方面的问题必须先向相关委员会反映，由各委员会接受、整理、讨论、提出建议上报院务会审议通过。医院要对医生在诊疗过程中的过失行为负责，这促使医院采取监督措施加强医疗质量监控。对医生的医疗行为进行监督和评估，减少了医疗事故的发生，从而提高了医院的医疗质量和患者的满意度。

从微观层面看，一是先进的管理理念，主要包括顾客是上帝——以患者为中心；品质决定一切——提升质量、论质计酬；全面服务——多元化指标管理、多元化利益相关者平衡管理、强调人文环境因素等。二是绩效评价制度。基于医疗市场的压力和医疗保险的制约，医院的顾客导向非常明确，医疗服务评价体系与我国有所差别。评价主体主要是社会非营利组织,如在美国占支配地位的医疗服务标准制定和绩效评估机构、美国医院协会,以及少量政府组织,如健康保障研究和质量管理局等。上述组织具有很高的权威性,因此,绝大多数医院都自愿要求其进行绩效评价,以改进医院的经营管理模式,提高医院自身竞争力。评价更侧重于对医疗机构的管理要素而非技术和设备要素进行绩效评估,旨在通过管理环节的评估,保证通过评估的医疗机构具备提供医疗服务的基本质量。三是人事薪酬制度。与我国一般的公立医院人事管理制度不同,美国公立医院的医生大部分不是医院雇员,基本不会固定在一个单位,他们自由选择,多点执业。在人员招聘上,实行科主任负责制,公开招聘工作人员,形成自上而下的逐级雇佣关系,人格平等,互相尊重。

公立医院首席执行官(或院长)年基本工资高于私立营利医院,但低于私立非营利医院。公立医院首席执行官(或院长)绩效奖金的确定依据主要为净收入、资产回报率、运行效率、收入增长等财务指标,且其绩效奖金明显低于私立营利医院和私立非营利医院。仅有 28% 的公立医院首席执行官(或院长)有绩效奖金,在各类医院中处于最低水平。但整体而言,医疗行业是美国薪酬较高的行业之一。从 2018 年《美国新闻与世界报道》发布的前 100 "最佳工作"榜单看,美国薪酬最高的职业中排列前十位的有七位来自医疗行业,而前六位全部为医疗行业。最高的麻醉师、妇产科医生、妇科医生、口腔科医生、正畸医生和外科医生等平均年薪为 20.8 万美元。

关于补偿机制,世界各国政府对公立医院的补偿机制一般采用两种方法:一是对特殊人群建立专门医疗机构全额拨款。美国的退役军人医疗系统(VA)就是联邦政府直接拨款建立自己的医院和诊所。据美国《时代周刊》报道,VA 的患者满意度已经连续 6 年超过民营医院。医院成本控制数据显示,VA 的人均治疗费用在过去 10 年中基本稳定,而美国民营医院的人均治疗成本却增长了 40%。二是通过专项基金购买服务,例如通过各种社会医疗保险购买服务。购买服务的支付方法主要有按病种付费和按人头付费两种,都是基于医疗服务的成本。

关于绩效评价,国外发达国家公立医院绩效评价具有以下显著特点:①政府倡导、行业协会组织,联合各级卫生机构,构建系统或组织机构的权威式绩效评价指标体系。评价指标向公平、质量、效果、成本效益等多维度方向发展,指标的选取向患者、公共责任和提高效率倾斜,不仅体现卫生机构的经济价值,更体现其政治、伦理和生态价值取向。由各专业背景成员构成的复合型评审团体,成为评审组成员新特点。②被动评价转向自愿评价和强制评价相结合,建立良好的"政府—保险组织—评价组织—卫生机构"相互制约机制。

③评价内容发生调整,评价焦点逐渐转移。在质量评价、持续质量改进、全面质量管理、卓越绩效管理等管理模式螺旋前进的过程中,医疗服务质量评价已经从质量评价发展到结构、过程和结果质量评价和持续性质量改进。关注的焦点也从大医院向初级卫生保健机构、公共卫生服务组织发展。

关于医疗监管机制,在公立医院的监管机制上,西方发达国家多是采取立法监管、多方监管与专业监管相结合的方式。一方面,政府注重加强立法监管,尤其重视非政府机构社团(第三方机构)在医疗卫生体系监管中的作用,在全国成立分别代表各方利益的各种社团,如疾病基金会协会、医生协会、医院协会等各种社团,并引导社团对本行业实施监管。另一方面,在公立医院的日常管理中,政府严格控制医疗服务市场的机构投资和市场准入、医疗保险机构与公立医院的价格合同、医院的费用支付机制等。

案例出处

1. 王延军:《中外现代公立医院管理模式比较研究》,《中国研究型医院》,2016 年第 3 期。(有改动)
2. 王大平、许金红:《美国公立医院管理及启示》,《中国卫生人才》,2017 年第 1 期。(有改动)

案例解析

发达国家医院运营与管理模式的调整、改革,首先是适应市场经济高度发展的需要。这一点以美国表现最为明显。美国的医疗行业高度市场化,公立医院上千家,约占全部医疗机构的 20%。公立医院组成包括县立、州立医院及联邦医疗卫生安全网络。其中,联邦医疗卫生安全网络包括上百家大型公立医院,还包括社区门诊部所。

美国公立医院一般建在卫生服务资源缺乏的地方,侧重服务于没有参保的穷人、老年人、现役和退役军人等特殊人群,落实对这些特殊人群的医疗照顾和医疗救助,完成医疗卫生领域救助、托底工作,体现公立医院公益性。美国公立医院管理制度非常接近真正意义上的现代医院管理制度。宏观上,政府与公立医院的权、责、利明确,实现了真正意义上的管办分离和政事分开,这和美国人深入骨髓的市场崇拜意识分不开,从而明确了公立医院的功能定位,充分激发了医疗机构自主经营的主人翁意识,不断提高医疗服务水平和科研能力。中观上,董事会型医院法人治理结构的确立,实现了决策权与执行权的分开,多方相关利益者代表进入的董事会既能平衡多方利益,也能更科学全面地进行医院经营决策。政府任命董事长及大多数董事的制度,能有效确保和监督

公立医院的国家资产安全和保值增值。微观上,第一,以患者为中心、注重品质提升和全面服务的理念与我国当前以人民健康为中心的理念有共通之处;第二,社会非营利组织的第三方评价,以及重在管理要素而非技术设备要素的绩效考核值得我们思考和借鉴;第三,医生非雇员和多点执业制度以及协会制度管理理念对目前我国公立医院去编制、去行政化的改革很有借鉴作用,其人事自主公开招聘制度更能激发科主任的责任心和整个科室的竞争力,实行院长和医护人员年薪制更能使其心无旁骛地工作,完全做到以患者健康为中心。医疗行业作为美国高薪酬行业的现实能促使我们反思目前的医院薪酬制度,在形成符合医疗行业特点的以医护人员劳动价值为导向的医院人事薪酬制度的道路上做出大胆突破和锐意进取。

发达国家医院运营与管理模式的调整、改革,其次是当代资本主义政治统治的需要。随着发达国家市场经济发展的不断深入,利益主体多元化、社会阶层和阶级结构多样化,公民的自主意识不断增强,维护自身权益的能力不断提高,资产阶级的统治方式也发生了新的变化,为满足广大劳动群众的多种利益诉求,通过诸如医院改革等加大社会保障力度,从而缓解国内阶级矛盾,维护统治秩序,是资产阶级在与无产阶级的长期斗争中用血淋淋的事实换来的惨痛教训和宝贵经验。中国走的是中国特色社会主义道路,但我们同样需要遵循市场经济规律,也应该汲取发达国家医院运营管理中的先进经验。中国的医疗改革,现在恰逢其时,也正当其时。

案例启思

1. 发达国家为什么对医院运营与管理模式进行不断调整与改革?
2. 国外公立医院管理模式对我国医疗改革有何启示?

教学建议

本案例通过叙述发达国家医院运营与管理模式的探索改革,揭示当代资本主义经济政治的新变化。通过本案例的学习,可帮助学生了解西方发达国家经济政治的新变化的本质。当代资本主义在医疗等领域尽管发生了一些新变化,但这些变化并没有改变资本主义制度的本质,并没有克服资本主义的基本矛盾。

可用于第五章第二节"正确认识当代资本主义的新变化"部分的辅助教学,或用于该部分课程内容的考核。

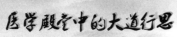

——《马克思主义基本原理概论》（2018年版）教学案例集

▶ 案例四　国外政事关系的调整特色

近代资本主义国家行政官僚制的一个显著特征是"决策与执行一体化"的行政运行范式。随着国家对经济与社会干预程度的不断加深，西方各国的权力结构也相应出现了变化，政策制定的中心开始转向政府，行政部门逐渐成为决策的主体。尤其是"二战"结束以来，"行政国家"逐渐成为西方世界的普遍政治模式，"决策"不仅演变成由行政官僚垄断的一项高度专门化技术，而且在政府的职能结构中也逐渐取代"执行"而占据主导地位。原先的"决策与执行一体化"的运行日益暴露出其局限性。从20世纪80年代开始，英国率先开展执行机构改革，并得到德国、法国、澳大利亚、新西兰、荷兰、丹麦、芬兰等国家的纷纷效仿。

1988年，英国政府推出了著名的行政改革计划——《改进政府管理：下一步行动方案》（又称《伊布斯报告》），其核心思想是将行政决策与执行（政策制定与政策实施）相分离。内阁各部分离为决策核心与执行机构两大部分。前者由擅长政策分析和政策评估的各部部长和少数高级文官组成，主要任务是制定政策并对执行机构的运作进行监督协调和适时控制。后者主要负责政策的具体实施和提供公共管理服务，原各部的中下层公务员大多进入此机构。1997—2010年，英国政府进一步深化了相关改革，主张将政府所承担的过多事务和责任转移到各种半官方机构。执行机构是设在部门内部的准行政机构，其主要构成要素是框架文件和首席执行官。执行机构具有独立法人资格，可以自己的名义从事职业范围内的各种活动，并由此承担相应的义务，它们是承担行政执行职能的公法人。机构的职员有的不再是公务员，有的继续保留公务员身份，但其工资收入却必须与经营绩效挂钩。

执行机构均按照中央各部制定的政策和文件履行职责，框架文件是主管部长和执行机构负责人之间签订的一种协议和工作合同。文件规定执行机构存在的目的和目标、提供服务的具体内容、首席执行官的职责和权限、履行职责的资源配置、雇员工资和人事安排等，一般有效期为3～5年。框架文件以长期

规划和年度报告为基础,由主管部长负责制定并根据年度审查修改。执行机构负责人则对既定框架下达到最佳结果承担个人责任。

在框架文件的范围内,执行机构负责人有权就业务经营、资金使用和人事管理等自主做出决定。政府除定期对机构的经营绩效进行评估,并根据评估结果提出改善业务的指导意见以外,不再干预其日常经营活动。执行机构的治理结构同样出现了多样化,多数设立了管理委员会,少数设立管理咨询委员会,有的执行机构设置了高层次的"联络员",主要处理与主管部门的沟通和协调。

从主管部门与执行机构之间的财务关系看,执行机构的资金来源有三种类型:全额财政拨款;净支出额财政拨款机构为其服务收取费用,但不足以覆盖全部支出,主管部门补足差额部分;交易筹资。与此相应,主管部门对机构的财务控制也有所不同:对享受全额拨款者控制其全部收入和支出;对净支出额拨款者仅控制其净支出;对全部靠收取服务费运营的执行机构,除要求收入和支出严格依照有关法规进行外,主管部门不实施直接的财务控制。

芬兰公共管理体制改革启动于20世纪90年代初期,改革中的一项重要内容就是执行机构的设立。执行机构的出现,促进了政府公共服务更加人性化、多样化,从而不断满足社会、企业和公众日益增长的公共服务需要。芬兰执行机构均属于政府的公共服务部门,各政府部门根据工作需要,在各部或司(局)下面设立相关执行机构。执行机构基本上是政府的公共事业部门,有些是政府的公共事业公司。在组织制度上,与政府部门不同的是,执行机构是从政府传统的纵向组织关系中剥离出来,政府赋予它们全部或部分的法律地位。执行机构的工作人员有政府公务员,但不是终身制,也有按普通劳动法聘用的非公务人员。

政府部级部门内部分拆出一些政策执行职能,交给执行机构履行。执行机构与部级部门通过各种协议(投入协议、目标协议、业绩协议等)建立一种准合同关系,这种合同关系是通过传统的层级制方式来实现的行政或政治合同。执行机构的工作目标和任务由部长直接提出,机构负责人向部长或主管委员会报告工作,有时还直接向政府首脑或内阁汇报。

机构负责人和主管委员会对内部的组织、人事、财务、业务等又有独立的管理权,在决策时不受部长或主管部门的干预。职工工资由各执行机构自定,但要按政府的法令,只能高出公务员工资的30%,如果擅自多发,财政部就要削减该机构第二年的财政预算。

机构内设主管委员会,其成员由政府指派主管部门、财政部等部门的高级公务员组成,同时也包括私人部门和社会团体的代表。机构负责人由同级部门的部长或主管委员会提名（有时需要内阁成员或立法部门的批准）。机构还根据实际需要成立监事会或顾问委员会，负责内部监督，并为部长和机构负责人提供决策参考。

不同类型的机构有不同的经费来源渠道，有些机构主要由政府预算拨付，有些主要由业务收费获取，政府根据需要给予补助，有些完全自收自支。但无论经费从何渠道获得，都要按照国家的法令，受财政预算的监管。

国外市场经济国家的政事关系大致属于传统纵向层级结构的政府机关与公共服务组织之间的关系。在其市场经济发展过程中，政事关系也出现了一些新的变化，主要体现在以下几个方面：第一，公共服务不断扩张成为现代政府的重要特征。19世纪晚期以来，"给付行政已经完全成为公共行政的核心"，具体表现是以直接组织的方式提供服务成为政府履行公共服务职能的主要方式。目前，绝大部分国家超过90%中小学都是财政支持的，而英国95%以上医院均为公立医院，英国卫生厅是欧洲最大的雇主，雇用了130万工作人员。第二，政府机构日益扩大，公共组织日益复杂多样。整个经济合作与发展组织国家估计在20世纪期间，国家实际增长了10倍，市场增长了8倍。2003年，欧盟成员国的政府平均支出达到国民生产总值的45%。由于国家增长的职能主要是服务，履行服务职能的机构与从事传统"守夜人"职能的机关在职能、结构、运作等方面存在差异，大量非传统纵向层级控制型的公共机构不断产生，而近30年来的公共行政改革进一步加强了公共组织多样化、分散化和自治化趋势。除传统政府各部外，包括部门机构、公法管理（行政）机构、政府企业、准政府实体等形式的公共实体迅速增长，在许多经济合作与发展组织成员国里，这些在中央政府相对独立的挂靠机构或附属机构占有50%～75%的公共开支和公共就业。第三，公务分权、决策与执行分离构成政事关系的主要原则。从整体上看，政府机关与其他公共实体之间的关系属于公共部门内部不同组织即纵向控制、机关化的核心部门与横向控制、非传统型的服务机构之间的关系，而实体职能的公务分权与运作职能的决策与执行分离构成两者关系的主要原则。作为大陆法系代表的法国，类似我国事业单位的机构相当于基于公务分权（技术分权）形成的公务法人（公立公益机构）。作为行政主体之一的公务法人是依照公法设立的公法人，是以公共事业为成立目的而设立的服务性机构，享有一定公共管理权力并具有独立的管理机构与法律人格。简言之，即依据横向技术分权原则将服务性、技术性职能从传统纵向控制机构独立出来，形成专门经营公用事业的公共服务组织。作为英美法系代表的英国，其公共机构包括政府各部门、执行机构、非政府部门公共实体、国有企业或其他公共公司、地方政府、国家卫生服务局六大类，类似我国事业单位的机构多集中在执行机构、非政府部门公共实体、国有企业或其他公共公司、国家卫生服务局四大类机构。其中,决策与执行分离改革中形成的执行机构是有代表性的组织:执行机构实施政策执行职能,主要是履行相对单一的服务提供职能;执行机构作为政府部门的组成部门没有独立法律地位,但不在纵向控制体系内,与政府核心部门是准合同关系,由首席执行官管理并对部长负责。第四,建立多元化的公共治理机制。公共服务组织的多样化及其与政府机关关系的复杂性,促使大部分国家通过建立多样化的治理机制来理顺二者的关系、完善公共服务提供。在政府层面通过公务分权、决策与执行分离明确二者的基本关系,在治理机制中则形成政府主管机构—中间型治理组织—内部治理机构三级治理模式和政府主管机构—公共服务组织两级治理模式。治理机制的基本要点包括:一是公共服务组织相对独立,与政府机关之间存在或近或远的距离,该距离或由法律或由行政规则设定,公共服务组织或依法独立或相对自治;二是存在一些中间型的治理机构,在政府各部与公共服务组织之间发挥监督、管理、运作等作用,一些中间型治理机构与部平行,如新西兰的国家服务委员会,一些则属于政府部委之下并向部委负责,如美国的学区、英国医院托拉斯及我国香港地区的医院管理局等;三是公共服务组织虽有部分实行首长制,如英国执行机构的首席执行官,但多数公共服务组织特别是具有独立法人地位的单位实行委员会制,部分组织甚至借鉴公司企业建立法人治理机制。

历史上一些国家的政府在公共服务提供方式上倾向于完全摒弃市场机制。而近年来,很多国家在公共服务领域引进市场竞争,采用内部市场或准市场的方式,以规避市场机制所带来的成本。总的来说,公共服务的提供模式大致可以分为三个类型:第一类是命令与控制(或层级制)模式,其特征是由国家出资建立公共服务机构并直接提供服务,资源通过一套完整的管理层级体系借助于行政指令分派到代理人手中。第二类为网络模式,其特征是国家出资建立公共服务机构,但国家不再下达直接的命令或指令,而是由基层的专业人员在某种网络型平台上自主决策、自主操作。该模式的重点在于社会关系而非层级关系或客观的经济交换活动。第三类是准市场(或新公共管理)模式,其特征是公共服务机构仍由国家提供资金,但服务的购买者与提供者不再是一体,国家自主采购服务。服务提供者可能是营利组织、私人企业、非营利机构、志愿组织或政府内部的独立实体,它们之间为获得政府订单而展开竞争。

案例出处

1. 金志峰:《国外执行机构改革对我国政事关系改革的启示》,《人力资源管理》,2013年第9期。(有改动)

2. 赵立波：《关于政事关系若干理论与实践问题的思考》，《中国行政管理》，2009 年第 12 期。（有改动）

案例解析

第二次世界大战后，资本主义经济政治都发生了新变化，这些变化从根本上说是由社会生产力的巨大变化造成的。经济全球化和科技革命的迅猛发展，极大地推动了社会生产力的发展，资本主义的经济政治必然随之发生这样或那样的变化。资本主义政治制度和政治体制的改革调整，是为了更好地适应社会生产力和经济基础的发展。资本主义国家不断推行的机构改革和政事分开就是其具体体现。

首先，政事分开是政治体制改革必然的路径选择。随着管理的日益专业化和社会对政府管理水平要求的日益提高，决策与执行或政策制定与实施的分离成为必然。决策者在摆脱执行中的具体事务和利益关系的干扰后会使决策更加科学合理，更加符合社会大众长远利益。由于专门化的执行机构更加专业、技术方法更加完善，因而由其承担政策执行也更加高效。

其次，政事分开有利于保证公共服务的公益性。在政事分开的条件下，政府部门和事业单位由传统的上下级隶属关系转变为新的契约关系，双方通过签订协议来规范双方的权利和义务，从而为政府权力分化和提高政府工作人员的责任感提供了制度基础。契约关系明确了事业单位和主管部门之间的权利和责任的关系，增强了政府的透明度，有利于行政执行的廉洁。在英国和芬兰，执行机构的设立带来了根本性的变革。服务于这些执行机构的公务员，通过与部长签订框架文件和每年的工作计划，明确了部门的战略目标与公众的关系，使公众服务的意识得到了深化和加强。

最后，政事分开有利于提高公共服务提供的效率。行政执行环节的工作比较具体、烦琐，将其分离出来由专门的执行机构实施，有利于提高行政执行效率。执行机构的设立有利于在行政管理中引入市场机制，以改善行政绩效和运作效率。就执行机构自身来说，其较完善的治理结构、专注于结果的绩效考核体系以及充分的经营管理自主权，有利于其更好地为社会提供专业化和多样化的公共服务。

国外政事关系的改革调整是建立在政府对事业单位合理授权的基础上的。事业单位应被赋予独立或相对独立的法律地位及充分的自主权，主管部门不得对事业单位的运作随意干预。在英国，框架文件确定后，部长和主管官员对执行机构实行"适距控制"原则，不得干涉机构的运行与内部管理，机构负责人承担着机构的产出结果的责任，同时也拥有机构编制、内部组织结构、人员

第五章 资本主义的发展及其趋势

录用标准和程序、工资级别和待遇以及财务管理等方面的自主权。这意味着上下级部门从隶属关系到契约关系的转变，意味着分权的制度化。芬兰的情况与英国相类似，执行机构的主管委员会对本机构的组织、管理、财务、人员等负全责。而在充分授权的同时，主管部门并非撒手不管，而是要对事业单位进行必要的指导。政府对事业单位的管理只是由直接的、全面的管理转为间接的、宏观的管理与指导。在英国，英国政府在推行下一步行动方案的10年中，内阁办公厅和有关主管部门都在各个方面对执行机构的有效运作提供指导和帮助。如在推行基准比较技术的过程中，内阁办公厅不仅承担推动和协调责任，而且邀请国际专家进行培训和技术指导。除有效期限为3～5年的框架文件外，主管部长每年还与机构在协商的基础上帮助机构负责人制订年度业务规划。

在授予事业单位充分自主权的同时，政府还需通过法律、行政等手段对其进行严格监管。在英国，框架文件作为主管部长和执行机构负责人之间的一种绩效协议，对执行机构应达到的目标和工作结果均做了详细的约定。机构的运营受到内阁办公厅、审计办公室、议会专门委员会及社会中介组织的严密监督。如内阁办公厅基本每年都对执行机构的运行管理状况、绩效完成情况等进行综合评估，将评估结果汇编为"执行机构评论"或"执行机构报告"，并向社会公开。机构负责人的任职期限与框架文件期限一致，期满后如绩效不佳，则原负责人很难续任。在芬兰，执行机构每年要向主管部门提交年度报告和财政报告，并定期接受审计部门的检查。机构的收费服务也必须在法律所允许的范围之内进行。在机构内部，其职工工资虽由机构自己决定，但要按政府的法令，只能高出公务员工资的30%，如果擅自多发，财政部就要削减该机构第二年的财政预算。此外，政府还对执行机构进行市场准入管制、价格监管、质量监管及生产过程监管，同时还利用听证会、消费者协会等社会组织对机构服务开展监管。

英国、芬兰以及其他资本主义国家进行政事关系改革，目的是适应日益变化的经济社会发展需要。在当代资本主义发展过程中，政治制度出现多元化的趋势，公民权利有所扩大。公民在法制范围内较广泛地通过个人的政治、法律行为，或以团体、组织、政党为单位，通过集体的政治、法律行为影响国家政策的制定和执行，以谋求自身利益。同时重视并加强法制建设。第二次世界大战后，资本主义国家普遍加强了法制建设，以便协调社会各阶级、阶层的利益，缓和矛盾与冲突，更好地发挥对经济生活的干预作用。在法制建设方面，资本主义国家通过宪法和法律，将国家权力的行使、政权结构的布局以及国家权力结构中各种权力主体的活动纳入法制范围。此外，改良主义政党在政治舞

213

台上的影响日益扩大,成为第二次世界大战后西方资本主义国家政治生活中十分引人注目的现象。然而,资本主义在政治领域的这些新变化虽然缓解了社会矛盾,但并没有改变资本主义的本质特征,没有改变马克思主义关于资本主义基本论断的科学性。

案例启思

1. 西方发达国家为什么要进行政事改革?
2. 国外政事改革对新时代中国全面深化改革有何启示?

教学建议

本案例通过论述西方资本主义政事关系的改革调整,揭示当代资本主义经济政治的新变化。通过本案例的学习,可以帮助学生了解西方发达国家经济政治的新变化的本质。当代资本主义在政事领域尽管发生了一些新变化,但这些变化并没有改变资本主义制度的本质,其根本目的是维护资产阶级的统治,并没有从根本上克服资本主义的基本矛盾。

适用于第五章第二节"正确认识当代资本主义的新变化"部分的辅助教学,或用于该部分课程内容的考核。

案例五 当代西方资本主义社会的阶级结构

案例

第二次世界大战以来,当代资本主义社会的阶级结构出现了一系列新的变化。

先看资产阶级。当代西方资产阶级分为三大部分:一是跨国资本家阶级,这是资产阶级联合的产物,主要由西方跨国公司中的寡头组成,这些跨国公司既包括实体型企业(生产与零售类等),也包括金融类企业(银行、证券等)。随着资本全球化的迅猛发展,西方资本已经在相当程度上突破了各个民族国家的疆界,以往的统治阶级即资产阶级出现了新的更高程度的联合,这种联合是建立在作为全球经济"制高点"——跨国资本形成的基础上的。我们将由西

第五章 资本主义的发展及其趋势

方跨国公司中的寡头组成的集团称为跨国资本家阶级，它是"新的世界性统治阶级"。相关研究发现，欧美国家的 150 家跨国公司构成全球私人权力联盟，占据全球财富 40% 以上，而这 150 家跨国公司背后的真正主人是华尔街和伦敦金融业屈指可数的一些人，这些人正是通过把持金融市场和国际银行体系来掌握 150 家跨国公司的。二是高科技资本家阶级。这是新的历史条件下资产阶级分化的产物，主要由掌握人工智能、机器人和移动互联网等高科技领域的寡头组成。近年来，文化帝国主义、信息帝国主义等词语不断出现，这实际上反映了传统资本主义进入信息化时代在新的发展阶段出现的新变化。具体来说就是资本主义的运行模式，如利润来源、商品营销手段、投资场所等与传统资本主义存在巨大差别。有数据显示，2016 年 1—3 季度，苹果公司赢利 450 亿美元，而且手头还拥有 2350 亿美元的现金与流动资产。2016 年美国最赚钱的行业是信息通信业，而非 100 多年前的铁路公司和几十年前的汽车公司。在信息时代，科技巨头可以通过网站、社交网络等虚拟平台，迅速汇聚全球成千上万的消费者和客户，且跨越国界，不分阶级、种族和年龄，因此可以很自然地将业务快速拓展到各个领域，进而在极短的时间内赚取巨额利润。由此，垄断资本往往借助大众传媒和广告等途径制造"意识形态陷阱"，传播极端的消费主义和个人主义理念等，普通商品的消费和虚拟空间的生产性消费由此也成了资本积累的新领域。三是民族资本家阶级，主要由西方国家的金融寡头、传统的制造业与商业寡头、石油与军火寡头等组成。西方的民族资本家阶级构成成分较多，尽管我们将这类资本家阶级冠以"民族"二字，但一些资本家很多时候在从事经济活动时并不以民族利益和国家利益为考量前提，其自身也深陷跨国化的巨大漩涡。在资本全球化所带来的激烈竞争影响下，西方国家传统的金融寡头、制造业和商业寡头等的利益与地位受到的影响也较大，他们只是上层统治阶级中的普通成员而已，远不能与工业资本主义时代相比。相比而言，西方的石油与军火寡头则较为特殊，一是其完全脱离物质生产领域；二是其存在和发展的基础与国内外局势密切相关。如在美国，军工企业影响力极大，很多议员在军工企业拥有大量投资，布什父子发动的伊拉克战争均与军工财团密切相关。美国在经济陷入衰退时，往往需要通过对外发动战争来走出危机。除上述以外，还有规模与营业额均较小、存在雇佣制度和剥削现象的普通企业中的资本家阶级。这部分资本家对国内和国际政治与经济秩序基本不产生影响。

再看工人阶级。当代西方工人阶级无论是在收入水平、工作环境，还是在享有的政治权利等方面，均与马克思和恩格斯生活年代的工人阶级不可同日而语。伴随着西方经济结构的变迁，工人阶级内部结构也发生了较大变化：在部门结构方面,随着部门结构的"服务化",工人阶级就业越来越偏向于服务业部门和行业;在职业结构方面,白领工人占主体;在社会结构方面,女性工人和移民日益重要。深层次看,在资本与信息时代,面对积累方式极为灵活强大的垄断资本,工人阶级的分化现象更为严重,是一个矛盾的群体,其身份具有二重性:第一,工人阶级作为劳动者,总体处于分裂状态。一方面,由于西方大量中低端产业的转移,西方工人阶级面临发展中国家廉价劳动力的强有力竞争,大量移民涌入西方发达国家也影响了本国工人阶级的就业,加上民族主义的怂恿,这些均导致西方工人阶级支持本国实施贸易保护主义和反对移民,造成世界上各个民族国家劳动者间的撕裂,不同国家间不同处境的劳动者之间难以相互理解,当前西方右翼民粹主义不断滋生便是表现之一;另一方面,随着后福特主义生产方式的推行,"弹性"工作制度被广为采纳,劳动者的工资被挤压,大量工人成为可以任意支配的临时工,资本家阶级通过组织的弹性增强了资本家对工人的谈判能力,由此带来的后果是劳动者之间分裂,工会力量受到极大削弱。1955 年,超过 1/3 的美国员工隶属于某个工会组织,到了 2006 年,这个比例不足 8%,这导致美国员工争取更高的工资和更好的福利待遇的谈判力量急剧下降。2008 年全球金融危机后,西方政府为保全资本利益,对工人阶级的劳动主权实施了进一步的打压。第二,工人阶级作为消费者和投资者,总体上力量壮大了,甚至可以说是经济全球化的受益者。一方面,全球化打破了原有稳定的生产体系,迫使所有企业为赢得消费者和投资者的信赖而展开激烈竞争,这带来了大量廉价的商品和服务以及回报率更高的投资产品;另一方面,在信息化时代,消费者和投资者的选择范围更大、更便捷。随着智能化生产的出现,个性化的定制生产模式也应运而生。正因为如此,以至于给人们造成似乎是消费者和投资者在驱动整个世界运转的假象。

事实上,在民族国家内部,工人阶级还有一个身份,即其首先是作为一国公民而存在。显然,民族国家采取的统治策略(如国家认同)势必也会促使工人阶级远离国际团结与联合,更多地靠近和拥护本民族国家,这必然也会在一定程度上削弱工人阶级的阶级意识,加剧工人阶级之间的矛盾。"美国的工人与墨西哥的工人在原则上都可以被看作跨民族的工人阶级的一部分,但美国的工人由于国籍而有着更高的优势地位,他们把国籍看得比他们自己任何的阶级团结都重要。实际上,美国人在很多方面都高于墨西哥人,而且是以一种准阶级关系来剥削他们。"① 工人阶级在民族国家和国际团结之间所处的尴尬境

---

① [英]迈克尔·曼:《社会权力的来源》(第 3 卷),郭台辉等译,上海人民出版社 2015 年版。

地恰恰反映了资本主义全球扩张所带来的不容忽略的影响,即"民族国家不再是适合分析的个体单元"。对于当代西方资本主义,或许使用美国著名政治经济学者赖克的"超级资本主义"称谓更为合适。

案例出处

谢长安、丁晓钦:《全球生产体系与当代资本主义阶级结构》,《毛泽东邓小平理论研究》,2018年第8期。(有改动)

案例解析

第二次世界大战后,资本主义经济政治都发生了新变化,这些变化包括生产资料所有制的变化、劳资关系和分配关系的变化、社会阶层和阶级结构的变化、经济调节机制和经济危机形态的变化以及政治制度的变化。

"二战"后跨国资本家阶级的出现有其必然性。其一,全球生产体系的建立导致生产过程全球化、碎片化和分散化,为了促使研发、设计、生产、销售等各环节能够科学高效运行,西方资本需要对这些活动实行集中化管理。此外,不同的西方垄断资本之间也需要进行协调和合作,如建立战略联盟、转让专利使用权等,以促进信息共享、防止利益流失。其二,大量新兴的民族国家成为世界经济中的重要参与者,资源的有限性和发展的无限性之间的矛盾促使西方寡头必须实施相当程度的联合,以各种方式掌握世界主要资源,维系优越的生活方式。最近10多年来,西方国家试图将二氧化碳排放配额作为可以交易的金融产品进行自由挂牌交易与转让,这种新的国际货币制度表面上是为了降低世界的碳排放量,从而有助于改善环境和保护资源,但实质上却有利于已经实现工业化的西方国家,制约了正处于工业化进程的发展中国家。其三,发展中国家在经济发展过程中不可避免地存在一些失误,如资本市场过度开放、资产价格过高等,这无疑给了西方垄断资本采取如金融战、货币战等方式以攫取巨额财富的机会。正因如此,在金融技术和信息技术的新条件下,西方跨国资本既创造了新的积累途径——金融掠夺,也大大便利了联合。

从当前发展趋势看,人工智能、机器人和移动互联网等构成了引领未来的高科技发展成果。然而,这一切依然受到资本逻辑支配,高科技领域的寡头构成了新的资本家阶级,这一新的高科技寡头不仅进一步对劳动者的权利造成负面影响,也在挑战传统的金融寡头和制造业寡头的既得利益,突出表现为高科技影响甚至重塑原有的产业业态及利润创造和分配模式。美国总统特朗普曾向亚马逊"开炮",指责其"没有缴纳足够税收,还导致数千家小型零售商破产",表面上看这是高科技下的税收之争、就业之争,但本质上则反映了高科

技寡头与传统产业寡头之间难以调和的矛盾。换言之，当今西方的精英群体内部也出现了分裂，精英间的不平等导致了精英治理的失败，一些国家甚至陷入疲惫不堪、方向感尽失的境地。西方资本主义国家陷入困境，给其主导的世界也带来了种种负面影响，这便是当前全球治理出现危机、经济全球化出现新变局的重要原因。

从劳动者方面看，随着科技发展和信息革命的深入，知识型和服务型劳动者的数量不断增加，劳动方式发生了新变化。在工业和农业等物质生产部门就业的人数相对减少，在为生产和生活服务的运输、邮电、贸易、金融、教育、保健等各类服务业就业的人数大幅度上升。第三产业取代第二产业成为国民经济的主导产业，大量贫困的产业工人集中在同一工厂从事高强度和重复性劳动的现象基本消失，中产阶级成为社会的中坚力量。《共产党宣言》所宣称的资产阶级时代阶级对立日益简单化、整个社会日益"分裂为两大相互直接对立的阶级：资产阶级和无产阶级"，残酷的阶级斗争似乎已成为历史，但举世震惊的"占领华尔街"运动及其引发的冲击波几乎遍及全球所有发达国家和地区的主要城市，不仅表明第二次世界大战后世界范围内的贫富分化和阶级对立问题极其严重，也向我们昭示：马克思主义阶级理论并没有过时。特朗普上台后采取的诸多反常措施以及欧洲不断上升的"反建制"力量在全球产生的一系列连锁反应，更是折射出以美国为代表的西方国家在全球化时代面临着严峻挑战，这些挑战自然也包括西方资本主义国家国内无法解决的不平等问题及由此带来的激烈的阶级冲突。

有人认为，当代西方"工人变成赤贫者，贫困比人口和财富增长得还要快"的现象已经不存在了。确实，当代西方劳动者的绝对贫困已很少见，但相对贫困，即财富与收入分配不公平问题不仅没有解决，反而更严重。在欧洲最上层10%的人占有总财富的60%，在美国则占到70%……资本主义国家无论如何变化，其生产资料私人占有的本质并没有改变，资本所有权的不平等还是很严重。持中产阶级主体论的学者认为，在当今西方社会，中产阶级占主体，阶级斗争已从西方的历史舞台消失了。这一观点把由职业与收入所规定的阶层与由生产资料占有所规定的阶级相混淆，进而将现象与本质相混淆，忽视了中产阶级收入的性质、水平、决定方式及其职业所借以存在的生产关系基础。只要私有制存在且占经济的主体，由此带来的阶级和阶级斗争就不可能消失。如果真的存在一个掌握主要生产资料且占社会主要组成部分的中产阶级的话，西方就不可能有如此巨大的不平等问题。

虽然当代资本主义发生了一些新变化，但是这些变化并没有改变资本主义制度的本质，并没有克服资本主义的基本矛盾，也没有改变马克思主义关于资

本主义的基本论断的科学性，根源于资本主义基本矛盾的金融危机和经济危机依然是资本主义不可克服的痼疾。正确认识当代资本主义的新变化，有助于我们在深刻洞察资本主义本质的同时，实事求是地分析和借鉴资本主义发展过程中出现的符合社会化大生产要求的积极因素，以进一步完善和发展社会主义制度。

案例启思

1. 当代资本主义为什么会出现新的变化？
2. 这些新变化是否意味着马克思主义的阶级分析理论已经不再适用了？

教学建议

本案例较为全面地展示了"二战"后资本主义社会阶级结构的新变化，目的在于帮助学生了解并正确理解当代资本主义新变化的原因、特点及其本质。

适用于第五章第二节"第二次世界大战后资本主义变化的新特点"部分的辅助教学，或用于该部分课程内容的考核。

案例六　发达国家的医疗福利制度

 案例

法国：社会福利开支占 GDP 的 34.9%

法国的福利制度十分完善，公民享有多方面的福利保障，几乎每一个法国人从出生到死亡，都可享受某种基本社会保障，形成一套"从摇篮到坟墓"的社会保障制度。法国的社会保障体系非常复杂，分类很细，粗略可以分为四个方面：养老保障、医疗保障、家庭补助金和失业保障。医疗保险在法国属于一种全民基础社会福利保障制度，国家社会保障体系为居民提供大约 70% 的医疗疾病保险，另外剩余的 30% 由个人购买补充医疗疾病保险。而对于低收入及无收入的居民，国家提供 100% 的医疗疾病保险。

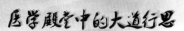

——《马克思主义基本原理概论》（2018年版）教学案例集

英国：卫生健康服务体系

英国的国家卫生服务体系是于1948年依据《国民健康服务法》建立起来的，至今英国模式已经实施了70多年，英国所有纳税人和在英国有居住权的人都能够免费享受该体系的服务，其原则是"不管个人收入如何，只是根据个人的不同需要，为人们提供全面、免费的医疗服务"。国家卫生服务体系分为三个管理等级，第一层为社区的基础医疗系统，第二层为社区的全科诊所，第三层为城市的综合性医院。社区诊所提供全天最基本的保健服务，如果有必要，医生将把患者转移到上一级医院，这种体系发挥了重要作用，一度被英国人标榜为"西方最完善的医疗服务体系"。在英国，全体国民可享受到全民医疗福利，得到免费医疗服务。国民健康服务为全体居民提供全套建立在公共基金之上的医疗服务。任何人只要在诊所登记，就会有一名指定的医生为其提供医疗服务，同时可以享受免费医疗，从小的普通感冒到大的手术都是免费的，但是在诊所看病时医生开给你的药方要到药店自己付钱拿药，就算是外来的、在英国上的课程为6个月以上（含6个月）的留学生，也可以享受在国家健康中心免费看病的福利。

在英国国立医院住院是全免费的，但医院只能接收从诊所医生转来的病人。医院在给病人治疗前需要和病人注册的全科医师协商，医院的治疗方案需要征得全科医师的同意，否则，医院治疗的费用不能到卫生局报销。如果全科医师没有认真地和医院的专科医师讨价还价以节省医疗经费，那么卫生局也就不会继续聘用他。在这种模式中，仍有两种费用病人需要自己支付：一是门诊处方、牙科门诊费等，大约占医疗费的3%；二是一些较高档次的服务，例如单间病房、套间病房等，这部分约占医疗费的10%。在私立医院看病则需要付全部费用，并且在你需要进行大病治疗时也同样需要社区诊所医生的推荐。在英国基本医疗体系中，社区医生对每户人家的健康状况十分熟悉，再加上政府组织的各种体检，可以把许多疾病消灭于萌芽之中。这样，尽管许多大型公立医院的服务不尽如人意，但真正去大医院看大病的人却大为减少，所以从整个社会的角度看，是"极大地提高了效率"。

西班牙：全民免费公共医疗

在西班牙，只要公民缴纳社会保障金，申领医疗卡，凭卡就能在西班牙公立医院免费就医，其没有工作的配偶、子女均一同享受免费医疗。而条件好一些的，还可再买一份私人保险，便于救急，每个月交50多欧元，就可以享受到全部免费的医疗服务，包括急救，也包括大病。

第五章 资本主义的发展及其趋势

西班牙实行全民免费公共医疗,这个机制被称为"国家卫生体系",全民性、福利性、资金来源的公共性是其三大特点。西班牙医疗水准较高,相关医疗设备也很先进,是世界公共医疗卫生体系较好的国家之一。此外,西班牙健康医疗网络完善,卫生中心和医院分布密集,可以提供初级诊断和专门护理,就医十分方便。西班牙还有完善的预防和应急体系,急救系统发达。

葡萄牙:合法居留身份即可享受免费医疗

葡萄牙不光有卫生部制定医疗政策,监管国家卫生署,更有医疗管理部管理医疗服务机构。葡萄牙的医疗管理部是不依附于任何部门的独立的监管机构,管理葡萄牙所有公立、私立和社会医疗机构的医疗服务。

葡萄牙1979年在宪法中明文规定,卫生部监督下的国家卫生署必须保证公民的健康保障权。葡萄牙宪法规定,其医疗保险制度是以国家税收作为基础,在葡萄牙拥有合法居留身份的人即可享受免费医疗福利。在葡萄牙就医,持医保卡到保健中心就诊只需要支付5欧元看诊费,到医院不超过10欧元的看诊费。并且针对癌症这类重症,除了有医疗保险支持外,还会有专门的基金会或补助项目进行补贴。

美国:先看病,后买单

美国医疗福利覆盖所有人,每年投入的庞大医疗支出高达2.2万亿美元,占GDP的16%,占政府支出的20.8%。基本医疗准则是不管有钱没钱,先看病,后买单。你有钱,那就由保险公司支付,保费由个人负担小部分,政府负担大部分;你是穷人,就由政府买单,连住院的伙食费都由政府出。

挪威:带全薪休病假

挪威所有公民都享受毫无差别的高品质的医疗服务,病假期间的工资与正常工资分文不差。产妇有42周的全薪产假,生产之前的3周也是法定产假。产妇的丈夫享有4周的全薪"产假"。挪威实行包括托儿所、幼儿园在内的所有等级的全民免费教育,不满2周岁的婴儿如果不去托儿所,可以获得最高每月3000挪威克朗的现金补贴。

澳大利亚:医疗照顾制度

澳大利亚全民医疗保险体系以 Medicare 制度和药物津贴计划(PBS 制度)为主体,以私人医疗保险制度为补充。

Medicare 制度又称医疗照顾制度或国民医疗保健制度,是澳大利亚医疗保障制度的核心组成部分之一，是全民医疗保险制度最基本也是最主体的制度。其特点是以联邦政府为主导，覆盖全体国民，病人在公立医院免费就医，无须支付任何产生的医疗费用。该制度是由澳大利亚政府根据《全民医疗保险法》制定，自1984年开始推行，其资金主要来自联邦政府的拨款，占80%。另外20%来自澳大利亚公民向联邦政府交纳的医疗保健税，该保健税占一般人群年收入的1.5%，占家庭年收入超过10万元或年收入超过7万元但并未购买私人医疗保险的单身公民这一高收入群体的2.5%，而对于低收入阶层，该税全免，无须缴纳。此举有层次地保障了全体国民的利益，具有灵活性。

Medicare制度的核心内容主要包括两个方面：一是Medicare享有者可以以公费病人的身份在公立医院免费就诊治疗，即所有澳大利亚永久国民在公立医院享受免费看病住院待遇，甚至包含住院期间的伙食费等；二是可获得私立医疗机构，如全科医生、专科医生、参加Medicare的验光师和牙医（仅限指定服务）的免费或补贴治疗。凡是持有Medicare医疗卡的澳大利亚全体公民，具有永久且合法居留身份的人均可以在澳大利亚公立医院接受治疗。为了减轻医疗费用较高的Medicare医疗卡持有人的负担，澳大利亚联邦政府设立了"安全网"，即患者医疗费用超过了"安全网"限定额度，患者就会获得更多的优惠补贴，只需支付少量费用。比如，公民患有重大疾病或者要常年定期看医生接受化疗等诊疗，不可避免地会产生较高的医疗费用，针对这种情况，"安全网"政策就会大大减轻患者的医疗负担。申请"安全网"的公民每次就医缴费后需自行将收据交至Medicare办事处。直到公民就医总费用累计达到"安全网"初始额度后，Medicare办事处会通知公民去办理。

瑞典：医疗保障全覆盖

瑞典医疗保障对象的全面性一直让瑞典人引以为傲。瑞典医疗保障对象为全体公民，16岁以下的未成年人随其父母参加医疗保险。保险的对象也涵盖在瑞典工作的外国人和在国外工作不足一年的瑞典人。

医疗保险基金采取现收现付的模式：一般情况下职工个人按照其工资收入缴纳4.95%的社会保险税（其中的60%是用来支付医疗保险税）；用人单位则需要按照职工的工资收入负担32.82%的社会保险税（其中近1/3是用于支付医疗保健和病休补贴的费用）；自谋职业者根据自己的收入情况，要缴纳17%~30%的社会保险税。

瑞典在各社区建立了基础的医疗服务机构即健康服务中心，各省、市政府根据本地具体情况自行确定这些中心和医院门诊挂号的费用标准。为减轻个人负担，瑞典政府规定了最高收费限制，住院费为每天80瑞典克朗。基本医疗

费用根据各省的条件在 100 瑞典克朗至 200 瑞典克朗之间。专家门诊可以收取额外费用,但不得超过 300 瑞典克朗。患者在一年内支付医疗费用达到 900 瑞典克朗后,从初诊开始的 12 个月内,可以免费就诊。此外,对于处方医疗也有类似的限额规定,这样就使所有居民在 12 个月内所支付的医药费最高限额为 1800 瑞典克朗。瑞典人月收入至少 1.3 万瑞典克朗,因此医疗负担占其支出的比例不大。

日本:医疗费分年龄段,医院不得营利

日本早在 20 世纪 20 年代就通过了几个社会福利法案,基本上采用欧洲模式。日本的医疗保健系统覆盖所有国民,日本的所有医院必须是非营利性质的。每个公民必须享有一种医疗保险,保险费的多少根据个人或家庭收入情况而定。按照现有的医疗保险制度,69 岁以下的人自我负担的医疗费占所需医疗费的 30%,70～74 岁的人负担 20%,75 岁以上的人负担 10%。为了对疾病做到早发现、早治疗,日本对 40 岁以上的公民实行完全免费的预防诊断、检查和保健治疗。

丹麦:住院伙食费都由政府买单

丹麦的社会福利覆盖所有在丹麦居住的人,不分国籍,只要在丹麦的领土上,就能享受它的各种福利。丹麦实行全民免费医疗,看病、住院分文不花,连住院伙食费都由政府买单。病房一切生活设施应有尽有,病人住院空手进去即可。

案例出处

1. 秦雨:《法国福利制度分析》,《法制与社会》,2013 年第 6 期。(有改动)
2. 贺红强:《瑞典医疗保障制度对我国的启示和借鉴》,《中国卫生法制》,2013 年第 1 期。(有改动)
3. 席丽明:《澳大利亚医疗保障体制概述》,《中外企业家》,2013 年第 15 期。(有改动)
4. 金太军:《重大公共政策分析》,广东人民出版社 2014 年版。(有改动)

案例解析

福利制度是战后发达资本主义国家以税收的形式把一部分国民收入集中起来,而后用于社会上收入不高的居民,以部分改善他们在初次分配中收入过低状况的一种制度,它是当代资本主义社会最主要的分配方式。福利制度从创设

至今，大体经历了萌芽、形成、发展、危机、调整五个阶段。在20世纪50年代后期到70年代初期，福利制度发展为由一系列社会福利措施和项目组成，并且各有一整套具体内容和详细规定的制度，虽说其最初目的之一是驱散社会主义的威胁，但它对战后缓和经济危机，缓解劳资矛盾，保证社会稳定，巩固资本主义制度起到了不可估量的作用。作为一种社会分配制度，它是资产阶级政府采取的重要改良主义措施，是资本主义社会调节生产关系的重要手段，也是战后资本主义社会相对稳定、阶级矛盾趋于缓和的重要原因之一。

目前，发达国家的医疗保障制度有四种类型：一是国家（政府）医保模式，如英国、加拿大、澳大利亚、北欧国家等。医保作为社会福利向全民提供，通过高税收方式筹资。个人看病不全免费，但免费程度比较高。二是社会保险模式，如德国、日本等。由雇主和雇员双方缴费，政府适当补贴，全社会共同分担风险，相对比较灵活。三是私人医疗保险模式，也称为商业保险模式，私人保险占了60%。以美国为代表，主体是纯商业保险模式，看病费用高，但是老年人、退伍军人等享受国家特殊保障政策。四是以上三种模式的综合应用。

总体上看，各国医疗保障模式受本国经济发展水平、社会历史文化传统、政治意愿和社会价值取向等诸多因素的影响，是特定国情下的产物，但是，各国医疗保险领域的基本规律和原则是有共性的，如明确政府责任，加大国家卫生投入，强化资金监管，实行多元化筹集资金，取消"以药养医"和实施管办分开、医药分开等。我国目前的社会医疗保险主要是通过需方即患者承担全部或部分费用的方式，从而抑制患者的过度消费行为，但患者在整个就医过程中始终处于被动位置，无法有效地约束供方即医院或医生的不规范医疗服务。因此，对公立医院进行补偿机制改革，建立现代医院管理制度，将医院成本和费用控制纳入对公立医院的绩效考核，逐步取消"以药养医"机制，不仅势在必行，而且刻不容缓。

在社会保障体系中，医疗保障制度是其重要组成部分，且越来越受到各国政府的关注，并将其作为解决民生问题的重要手段。为促进我国医疗保障制度的发展，应该以国外医疗保障制度为借鉴标准，并发展具有本国特色的医疗保障制度。

案例启思

1. 发达资本主义国家为什么注重发展医疗福利制度？
2. 发达资本主义国家的医疗福利制度对中国的医疗改革有哪些启示？

第五章 资本主义的发展及其趋势

教学建议

本案例通过对发达国家医疗福利制度的介绍,揭示了战后资本主义变化的新特点。从中可以看出,随着"二战"后经济的恢复和发展,尤其是一批社会主义国家的出现,以及资本主义国家内部工人阶级同资产阶级斗争的发展,发达资本主义国家为了缓和阶级矛盾,避免激烈的社会冲突,逐步建立并实施了普及化、全民化的社会福利制度。这些变化都是资本主义生产关系为适应生产力和社会发展需要而做出的调整,并未改变资本主义制度的本质。

适用于第五章第二节"第二次世界大战后资本主义变化的新特点"部分的辅助教学,或用于该部分课程内容的考核。

案例七　西方发达国家的医疗改革透析

主要发达国家医疗卫生体制

发达国家选择自己的医疗卫生体制,其价值取向是不同的,其中,最具代表性的是英国、加拿大和美国。

首先来看英国的医疗卫生体制。英国是接受福利经济学的典型代表。英国的卫生医疗体系也称为国家医疗服务体系(NHS),以《贝弗里奇报告》为蓝本,于1948年建立,是英国社会福利体制中最重要的部分。英国的卫生医疗资金主要通过税收筹集,筹资与服务提供均由政府负责,全民覆盖和人人公平享有卫生保健服务。该体系由初级服务、社区服务和专科服务三部分组成。其中,初级卫生和社区服务由全科医生和护士负责,专科服务由公立医院提供。患者到医院就诊,必须经过全科医生的转诊。英国医疗服务体制的特征是全民免费医疗。全民免费医疗之所以能够运行并持续下去,关键在于它重视社区卫生服务,并且实行了全面的家庭全科医生体制,建立了社区首诊的"守门人"制度;一是有效控制医疗费用,避免免费医疗成为"无底洞";二是将公共卫生和医疗在基层很好的结合,将跟踪服务延伸到家庭和个人。现在世界上有很

多国家都仿效英国这一做法。

其次看加拿大的医疗卫生体制。其建立时间比英国和美国稍晚，是在结合英国福利经济学理论建立起来的制度和美国自由主义经济学理论市场运作建立起来的制度两者优点的基础上，统一规划而建立起来的，具有"后发优势"，其核心是医疗保障制度。它是加拿大五大社会保障项目之一，具有以下特点：一是普遍性。保健计划覆盖率达100%，保证人们有同等的医疗卫生服务和条件。二是全面性。保证医院和医生提供所有的必要医疗服务。三是可及性，以同等条件提供合理、通畅的途径以保证医院和医生的服务。四是方便性。当居民从加拿大的一个省份搬到另外一个省份居住或外出（包括国外旅游）时，医疗保健均能覆盖。五是公共管理。各省卫生保健计划由一个公共的、省政府直属的非营利机构管理和实施。

最后来看美国。美国的医疗卫生制度基本上是按照自由主义经济学理论，由市场来运行的，政府仅承担有限责任。美国的医疗卫生制度因其具有全世界最先进、最发达的医疗技术，病人享有选择医疗服务机构的最大自由而号称全世界"最好"；但同时又因其缺乏全国性统一的医疗卫生制度、医疗卫生高投入伴随低产出而被普遍认为是全世界"最糟"。无论是卫生总费用、人均医疗费用还是总费用占国内生产总值的比例，美国均为全世界最高。而衡量卫生事业产出的居民健康指标却不尽如人意，低于其他11个西欧国家及澳大利亚、加拿大和日本等国，居全世界第24位；尚有15%的人口因未参加任何医疗保险而无法享受应有的医疗服务。

20世纪80年代中期始，在美国，基于以控制医疗费用、提高医疗质量为目的的管理式医疗应运而生。管理式医疗改革着眼于医疗费用支付方式，采取按病种付费制、按人头预付的包干制、医疗服务优惠价的优选制等手段，经过十几年努力，成功控制了医疗费用飞速上涨的趋势。近年来，扩大社会医疗覆盖面，为全美国公民提供基本医疗保险，成为美国医疗改革的主流。但由于医疗费用支出失控，缺乏医疗保障的社会成员增多，美国医疗保障的改革压力越来越大。

"三医"分项改革

首先是医疗体制改革。西方发达国家的医疗体制改革是围绕医疗服务结构优化而展开的，总体趋势是法人化、竞争化、分级化、分业化。法人化是指对医疗机构进行"去行政化"改革，让医疗机构变成法人主体。竞争化是指对医疗机构进行"去垄断化"改革，最终形成多元竞争的医疗体系。分级化是指对医疗机构的纵向结构进行分工化处理和互动化设计，最终构建基层首诊和

双向转诊的分级医疗体系。分业化是指将医疗服务各流程分开,由不同的医疗机构负责提供,例如医疗和医药分开,医疗和检查分开,住院与门诊分开。

其次是医保体制改革。西方发达国家医保体制改革主要是围绕医保双方逆向选择和医疗双方道德风险而展开的。投保人的逆向选择是指投保人基于投资回报分析的选择性投保行为。保险人的逆向选择是指保险人基于成本—收入分析选择性承保行为。道德风险是医疗双方引发的,即医方的道德风险和患者的道德风险。医方道德风险,老百姓称之为"小病大治";患者道德风险,老百姓称之为"小病大看"。医疗双方的道德风险,一会导致医疗性质的异化,二会导致医疗资源的浪费,三会导致医保基金的亏损。

最后是医药体制改革。西方发达国家医药体制改革主要是围绕医药研发、生产、流通、价格而展开的,总体趋势是对医药研发的管理从管制转向激励;对医药生产管理从松散转向严格;对药品流通的管理从单项转向多元;对医药价格管理从放任转向分类,即从价格自由放任到价格全面管制的转变,再从价格全面管制向价格分类管理转变。

"三医"联动改革

在西方发达国家,医疗、医保、医药的联动改革从"两医"联动改革起步,逐渐升级为"三医"联动改革,最终升华为"三医"联动改革推动模式构建。英国、美国、德国等典型国家在"三医"联动中做出不同的贡献。

在医疗与医保联动方面,英国的主要贡献是"内部市场制",即将医疗服务的提供者与付费者分开,然后在两者之间构建一种交易关系,并以"卖方"角色改革医疗体制,以"买方"角色改革医保体制,并以公平交易的原则优化医疗体系和医保体系的关系。与此相反,美国的主要贡献是建立"管理型医疗体制",即将医疗服务的提供者与付费者融为一体,从而形成"花自己的钱办自己的事"的激励机制,让医疗机构自觉控制医疗费用、保障医疗质量和推动健康管理。

在医疗与医药联动方面,各西方发达国家做出几乎一致的重要贡献,即医疗与医药在利益上的分开和在业务上的联动。前者有利于控制医疗费用,后者有利于保障医疗质量。

在医保与医药联动方面,西方发达国家各有各的重要贡献。相同方面,由于各国都基本实现了医药分开,医保多采取医疗和医药分别支付的制度。除了分别支付方式外,西方发达国家还研发了基于分别支付的最高价格管制制度。例如,德国在医保体系内引入参考定价制度。该制度首先对药品进行归类,对每类药品制定一个参考价格。如果病人所用药品高于参考价格,那么差额由病

人负担；如低于参考价格，那么按实际销售价格来报销。这样可以抑制患者对高价药物的需求，同时刺激药品生产者主动降低成本和药品销售商主动降低药价。可见，医保的参考定价制度实际上是将对医疗采取的打包付费方式转移到医药上来。

而在医疗、医保、医药联动改革方面，西方发达国家主要做出了两个方面的贡献：一是分级医疗体系中的"三医"联动；二是健康管理模式中的"三医"联动。

案例出处

1. 徐建光、孙晓明：《发达国家的医改思路与经验》，《文汇报》，2009年4月18日。（有改动）
2. 赵云：《西方发达国家"三医"联动改革的探索与实践》，《中国卫生事业管理》，2018年第1期。（有改动）

案例解析

高额的医疗费用支出引发了许多社会、经济和政治矛盾，成为西方国家医疗卫生改革的最主要动因。发达国家医疗保险覆盖面广，保障程度高。美国的医疗保障覆盖程度在发达国家中是最低的，但也达到了85%，其他发达国家大多实现了全民健康保险，居民可以平等享受各种普遍的、综合的医疗卫生服务。主要发达国家的公共筹资占其总卫生支出的比例平均达74.4%，大多数国家都超过80%。美国政府公共卫生筹资只占42%，在发达国家中则是很低的。发达国家医疗保险的社会化程度很高，私人保险筹资是在公共筹资计划保障基础上的补充。同时，无论是英国的福利经济型医疗制度，还是美国的市场经济型医疗制度，都普遍采用医疗服务和医疗保障合二为一的统一管理模式，筹资和花钱统一，有利于更好地使用有限的医疗资源，减少管理摩擦和成本，提高服务效率。其他方面，诸如加强微观管理，重视激励机制，严格控制医疗费用过快增长，通过竞争提高服务质量以及重视基本卫生服务等都在资本主义范围内最大限度地服务于社会民众。这些措施反映出"二战"后资本主义变化的新特点，即随着战后经济的恢复和发展，特别是一批社会主义国家的出现，以及资本主义国家内部工人阶级同资产阶级斗争的发展，发达资本主义国家为了缓和矛盾，避免社会剧烈冲突和动荡，保持社会稳定，建立并实施了普及化、全民化的社会福利制度，在一定程度上满足劳动者的安全和保障需求。这是资本主义发展到国家垄断资本主义阶段对于分配关系的新调整。资本主义国家工人阶级的生活状况由此也得到了一定程度的改善。造成这些新变化的主

第五章 资本主义的发展及其趋势

要原因有科技革命和生产力的发展、工人阶级争取自身权利的斗争、社会主义制度初步显示的优越性的重要影响以及主张改良主义的政党对资本主义制度的改革等。但这些改革和变化并没有改变资本主义制度的本质,并没有克服资本主义的基本矛盾。

案例启思

1. 主要发达国家的医疗卫生体制各有什么特点?
2. 发达国家为何用心并着力于医疗卫生体制改革?

教学建议

本案例通过论述主要发达国家医疗卫生体制改革,揭示当代西方国家在分配领域的新变化。我们不仅要看到这些新变化,更要分析产生这些变化的原因和实质。正确认识当代资本主义的新变化,有助于我们在深刻洞察资本主义本质的同时,实事求是地分析和借鉴资本主义发展过程中的积极合理因素,为我所用,以进一步完善和发展社会主义制度。

可用于第五章第二节"正确认识当代资本主义的新变化"部分的辅助教学,或用于该部分课程内容的考核。

案例八 近期资本主义国家工人罢工状况

案例

自 2007 年国际金融危机爆发以来,罢工运动在遭受危机重创的欧美地区此起彼伏、接连不断,构成了近 20 年来对西方世界冲击和影响最大的一次群众性反抗斗争浪潮。

国际金融危机发生以后,伴随着欧美各国经济衰退、失业率持续攀升以及劳资矛盾激化,各种形式的罢工运动迅速发展起来。总体上看,资本主义危机下发生的这些罢工运动,在波及范围、斗争强度及社会影响等方面均创下了各国近年抗议斗争的最高水平。但由于危机对各地区影响程度不同,危机破坏性影响出现的时间也前后有别,各国(不同年份)的罢工频率和规模存在较大

差异。

意大利、西班牙、葡萄牙和希腊四国,是这次资本主义危机的重灾区,其罢工和反抗斗争在各地区中表现得最为激烈。据意大利公共管理和精简部的统计,意大利在2008年宣称要进行的罢工就多至2195起,而实际举行的罢工也达到了856起(其中全国总罢工84起),较2007年的731起增长了17%。2009年的全国总罢工有87起;2010年达到128起;2011年则降至101起;而截至2012年6月,已经发生41起。西班牙2008—2011年的罢工总数分别为810起、1001起、984起和777起;全国总罢工分别为42起、20起、35起和30起。虽然基于各种原因,希腊和葡萄牙的官方统计数据难以寻觅,但从相关罢工的报道频率及规模来看,两国自金融危机以来的罢工运动蔚为壮观。在希腊,百万人以上的全国罢工频繁上演,各种形式的小规模罢工接连不断。仅2011年下半年至2012年上半年期间,就发生了10余次全国性大罢工。

据《华尔街日报》2010年2月25日报道,希腊多个地区周三举行了24小时罢工,致使该国几乎陷入瘫痪。该报道称,在各工会组织的游行活动中,数千名示威者走上街头,抗议政府旨在缓解国债危机的严苛措施,如冻结公务员工资、减少公共领域的权利等,这场大罢工导致银行、政府机构和邮局关闭,使希腊首都雅典周三陷入停顿状态。2016年2月4日,希腊雅典爆发24小时全国大罢工,数千人走上街头抗议养退休金制度改革,并与警方发生冲突。示威者向警方投掷自制燃烧弹,警方则以催泪弹回击。这是希腊3个月来进行的第三次全国大罢工,造成火车和渡轮服务停顿,数十个航班受影响。

西班牙工会于2012年3月29日发动全国大罢工,抗议政府的劳工改革方案。在首都马德里,大约有90万人参与了示威游行,工人们在各大交通枢纽外罢工站岗,并与警方发生冲突;在东北部城市巴塞罗那,有抗议民众砸碎银行及商家的窗户玻璃,纵火烧垃圾桶,警方发射了催泪瓦斯及橡皮子弹。据悉,罢工导致警民发生冲突,不少商家遭人纵火泄愤,同时各地交通也深受影响。在冲突中170多人被捕,100多人受伤,其中包括50多名警察。

在西欧和北欧地区,罢工运动的发展很不平衡,其总体发生频率与各国经济状况存在很大联系。在一些经济形势较好的国家,危机期间的罢工与以往相比没有出现较大变化。比如在荷兰,2001—2011年共发生了200余起罢工,2008—2011年分别发生了21起、25起、21起、17起。在一些国家,随着经济状况逐渐好转,罢工运动呈递减趋势。比如在德国,2008—2011年的罢工数分别是881起、454起、131起和158起,其中2008年最高,仅次于2002年的938起。危机期间,英国的罢工总数较危机前没有显著增加,2008—2011年分别是168起、130起、127起和194起。但以损失工作天数和参与工人数为计算标准的大规模罢工却呈增长态势。英国统计局提供的数字显示，2011年11月全国大罢工后，英国单月参与罢工的工人达到114万，共损失将近10万工作天数，创20世纪90年代以来单月最高水平。法国统计局2012年2月的分析报告指出，拥有10名员工以上的法国企业在2008年和2009年经历一次以上罢工的比例分别达到2.4%和2.2%。其中，2009年500人以上大公司的罢工比例高达40%。在北欧一些传统福利国家，危机后罢工总数也有明显增长。比如在芬兰，2008—2011年的罢工数分别为92起、139起、191起和163起。

2011年11月30日，英国爆发32年来最大规模公营部门大罢工，以抗议政府的养老金改革计划。英国工会方面估计全国共有超过200万人参与此次24小时罢工行动，并举行超过1000场游行示威。此次罢工是因为政府削减养老金，以缓解赤字问题。罢工由英国教师工会、公共和商业服务工会等20多个工会联合组织，参与者包括教师、政府工作人员、警察、边检人员、法院人员、机场工作人员、环卫工人等。

在东欧地区，罢工运动总体呈现上升趋势。在波兰，2008年发生经济危机时，罢工达到了自1989年以来的历史最高值——12765起。据官方统计数据，匈牙利2008年、2009年的罢工分别为8起和9起，与20世纪90年代以来历年罢工数字持平。但在2011年，匈牙利罢工猛升至53起，参与人数达到19000人。在捷克，危机后的罢工也非常活跃，其中2010年12月8日全国20多个主要城市举行的罢工和示威游行活动创近20年之最，参加罢工的人数接近万人。

金融危机发生后，美国工人罢工的次数和规模并没有明显的提升，但呈现出一种逐步增长的态势。随着危机的深入和美国经济迟迟无法摆脱危机的泥潭，罢工的规模和次数与危机初期相比有了明显的增加，尤其是进入2011年后，罢工规模有了明显增长。根据美国劳工统计局的记录，2008年，1000人以上参加的罢工发生了15起，共涉及7.2万名工人；2009年为5起，涉及1.3万名工人；2010年为11起，涉及4.5万名工人；2011年为19起，涉及11.3万名工人；2012年19起，涉及14.8万工人；2013年，随着美国经济的缓慢复苏，罢工次数稍有下降，1000人以上的罢工发生了15起，涉及5.5万工人。

案例出处

1. 邢文增：《美国工人运动发展现状及其面临的挑战》，《中国社会科学研究论丛》，2014年第3辑。（有改动）

2. 于海青等：《国际金融危机下欧美地区罢工潮透视》，《国外社会科学》，2013 年第 9 期。（有改动）

案例解析

2008 年 9 月，以美国华尔街第四大投资银行雷曼公司破产倒闭为标志，由次贷危机引发全美金融危机，一大批金融机构和银行倒闭，股市纷纷暴跌，美国陷入"财政悬崖"。接着又发生欧洲债务危机，希腊、爱尔兰、西班牙负债累累，急需"输血"和救助。由虚拟经济传导到实体经济，继而发生严重的经济危机，美国实体经济的三大支柱——汽车制造业、钢铁工业、建筑业均出现严重的生产过剩，企业大量破产，经济急剧下滑，陷于一片混乱和萧条之中，随即引发社会危机。社会危机源于社会动荡，主要表现在：一是高失业率。年轻人的失业率更高。根据欧洲统计局自 2014 年以来的统计数据，欧盟内部平均失业率为 10.4%，达 2400 万人。在 20 国集团中，青年人（15～24 岁）的失业率普遍都偏高，欧盟达到了 22.2%。二是掀起罢工浪潮。沉寂已久的工人运动再次在欧洲各国兴起，示威游行、大罢工甚至全国大罢工此起彼伏，从未间断。连续数年的金融危机和经济危机，引发强烈的社会动荡，导致这些国家的民众不信任政府，出现政治危机。比利时、冰岛、葡萄牙、希腊、意大利、爱尔兰、西班牙政府首脑纷纷下台和换人。而在这些危机表象的背后，是更加严重的信任危机。在当代资本主义社会，工人罢工依旧是维护自身权益的重要斗争形式。如案例所示，西方资本主义国家工人阶级为提高工资、改善劳动条件和生活条件、提高福利待遇、解决就业问题的罢工仍然没有中断，并发挥了巨大作用。

"二战"以来，当代资本主义在许多方面发生了深刻的变化。西方国家工人阶级争取自身权利的斗争，则是推动当代资本主义变化的重要力量。工人阶级在斗争中靠强有力的工会组织和自身的团结，显示出巨大的斗争力量，迫使资产阶级同意通过谈判进行协商，对某些问题做出重大让步，在资本主义社会生产关系内部进行一定程度的改良，这些改良措施有助于阶级矛盾的缓和。就整个工人运动的状况看，现在也发生了较大的变化。如"二战"以来，与过去相比，发达资本主义国家劳资冲突的数量大大减少，罢工次数锐减；通过对话和协商谈判解决矛盾和冲突成为工人阶级斗争的主要手段；工人阶级的阶级意识弱化；等等。除了工人阶级运动的因素外，科技革命和生产社会化程度的提高，也对资本主义产生了一定影响。

需要特别指出的是，虽然西方国家的阶级矛盾趋于缓和，工人阶级地位有所上升，但并没有从根本上改变工人阶级被剥削被压迫的历史地位。

第五章　资本主义的发展及其趋势

案例启思

1. 金融危机爆发以来，一些发达资本主义国家的工人罢工不断，你认为罢工的主要原因是什么？工人罢工会对资本主义社会的发展变化产生什么影响？

2. 请结合本案例，试分析当代资本主义工人运动的基本特点、主要变化及基本原因。

教学建议

本案例通过分析金融危机爆发以来资本主义社会发生的工人罢工实践，揭示了当代西方资本主义国家个人斗争的作用及工人运动状况的新变化，帮助学生了解当代资本主义新变化的主要表现，并由此更深入理解当代资本主义新变化的原因和实质。

适用于第五章第二节"2008年国际金融危机以来资本主义的矛盾与冲突"部分的辅助教学，也可用于该部分课程内容的考核。

第六章 社会主义的发展及其规律

▶ 案例一 健康服务要一个不少、一个不落

案例

家庭医生离百姓越来越近

据国家卫生和计划生育委员会（简称"卫计委"，今国家卫生健康委员会）介绍，现阶段我国的家庭医生主要包括基层医疗卫生机构注册全科医生、具备能力的乡镇卫生院医师和乡村医生等。一些符合条件的公立医院医师和中级以上职称的退休临床医师，特别是内科、妇科、儿科、中医医师，也可作为家庭医生在基层提供签约服务。签约服务原则上以团队服务为主，家庭医生团队包括家庭医生、社区护士、公共卫生医师等，有二级以上医院医师提供技术支持和业务指导。2018年，我国还将做实做细家庭医生签约服务，逐步提高居民对家庭医生签约服务的感受度和满意度。

信息化让患者看病更便捷

在诊室里摆放POS机，是云南省第一人民医院2017年推行的"诊间结算"创新举措。病人在就诊时，无论是预约检查还是开单拿药，都可以在诊室里直接缴费，免掉了去窗口跑腿排队的麻烦。不仅门诊患者方便了，住院患者也可以在护士站直接办理入院和出院手续。

根据国家卫计委公布的数据，截至2016年年底，有1378家医疗机构采用移动支付的方式进行结算，较2015年增加了710余家，更多患者从中受益，

减少了排队次数和等候的时间。

外地看病即刻就报销

"我这次看病花费43000多元,异地医保报销34000元,自费支出9000多元,再也不用全额垫付了。"来自吉林省长春市的某位市民说。最近,这位市民在北京大学人民医院住院,出院时直接享受异地医保实时结算。自从长春开通了异地医保报销,他的女儿专程去给他办了一张新的医保卡,激活后就能在北京实现医保直接结算。如今他看病,把医保卡押在住院处,出院时不需提供任何单据和证明,直接刷卡就行,与本地人一样。

健康扶贫让贫困百姓"敢看病"

在2009年之前,想拿到民政医疗救助款,需要将近三个月的时间,历经村、乡镇、县级相关部门层层审批,才有可能拿到报销款。现在,有了"一站式"即时结算,在定点医院结算窗口,只需几分钟,享受新农合减免或医保报销的同时,即可得到民政医疗救助补充医疗保险补偿,无须申请、无须审批、无须垫付,随来随看、随走随结、现场救助,极大地方便了受助群众。

2017年2月21日,习近平总书记在主持中共中央政治局第三十九次集体学习时强调,言必信,行必果。农村贫困人口如期脱贫、贫困县全部摘帽、解决区域性整体贫困,是全面建成小康社会的底线任务,是我们做出的庄严承诺。他指出,要落实教育扶贫和健康扶贫政策,突出解决贫困家庭大病、慢性病和学生上学等问题。

医联体"上下转诊"成效初显

2017年,医联体首次被写入《政府工作报告》。同年4月,国务院办公厅印发《关于推进医疗联合体建设和发展的指导意见》,全面启动多种形式的医联体建设试点,三级公立医院全部参与医联体建设并发挥引领作用。

四川确定由三级公立医院或业务能力较强的医院牵头,联合城市二级医院、社区卫生服务机构、护理院、专业康复机构等,形成资源共享、分工协作管理模式的城市医疗集团。湖南成立了跨区域的专科医联体,目前已吸引全国20余省份的100多家医院加入。

据国家卫计委数据显示,截至2017年6月底,全国已有1764家三级医院开展了多种形式的医联体建设工作,占全国三级医院的80%。随着医联体作用成效逐步显现,基层服务能力也进一步提升。2017年上半年,全国县域内就诊率达82.5%,较2016年年末增长了2.1个百分点。

《中医药法》开启发展新契机

"《中华人民共和国中医药法》① 的实施有望解决中医单方制剂难的问题。"重庆市中医药学会名誉会长、全国中医药健康科普首席专家马有度称。《中医药法》提出,国家鼓励医疗机构根据本医疗机构临床用药需要配制和使用中药制剂,支持应用传统工艺配制中药制剂,支持以中药制剂为基础研制中药新药。具体来说,就是这些中药制剂原先需要经过"注册",而现在,通过相关药品管理部门"备案"就可以了。

《中医药法》起草组成员、国家中医药管理局传统医药法律保护重点研究室主任宋晓亭指出,这一点差距非常大,大大有利于医疗机构对中药制剂的使用,有力地促进中药制剂的发展,尤其是传统制剂的发展。同时,他强调,备案主要针对中药院内制剂,并不意味着所有的中药制剂都可以获得这种"特权",仅允许"传统工艺配制"的中药制剂品种实行备案制。

医生获得更多尊重和理解

近年来,国家着力推动全社会形成尊医重卫良好氛围。2017年11月,国务院批复同意自2018年起,将每年8月19日设立为"中国医师节",体现了国家对医务人员和医疗卫生工作的高度重视。

此外,国家还不断出台政策措施,改善医务人员执业环境,保障医务人员合法权益。例如,2017年12月13日,最高人民法院发布的《最高人民法院关于审理医疗损害责任纠纷案件适用法律若干问题的解释》规定,在患者需要抢救却不能取得近亲属意见的情况下,医务人员经医疗机构负责人或授权的负责人批准立即实施相应医疗措施,患者因此请求医疗机构承担赔偿责任的,人民法院不予支持。

2018年:十道考题已拟定,增强群众获得感

2018年1月4日,全国卫生计生工作会议在北京召开。会议强调,2018年是全面贯彻落实党的十九大精神开局之年,全国卫生计生系统要全面深入贯彻党的十九大精神,全面实施健康中国战略。2018年将重点扎实做好十个方

---

① 《中华人民共和国中医药法》是第一部全面、系统体现中医药特点的综合性法律,历经33年讨论,于2016年12月25日由十二届全国人大常委会第二十五次会议通过,并于2017年7月1日起正式实施。全文共7004字,分9章63条。以法律形式将国家发展中医药的方针政策确立下来,对中医药行业发展具有里程碑意义。

面工作：一是持续深化医药卫生体制改革；二是提高基层医疗卫生服务能力和质量；三是预防控制重大疾病；四是持续提升医疗服务质量安全水平；五是深入实施健康扶贫工程；六是传承发展中医药事业；七是大力发展健康产业；八是积极实施全面二孩政策，加强人口发展战略研究；九是充分调动医务人员积极性主动性；十是统筹提高卫生计生治理能力。

案例出处

赵敬菡：《为人民群众提供健康服务要一个不少一个不落》，转引自搜狐网，2018年1月18日，http://www.sohu.com/a/217384143_114731。（有改动）

案例解析

从16世纪初期兴起的社会主义思潮算起，社会主义到现在已经有500年的历史。在这漫长的历史岁月中，社会主义经历了从空想到科学、从理想到现实、从一国到多国的发展，也经历了从东欧剧变到中国特色社会主义蓬勃兴起的过程。中国共产党领导的社会主义事业经过了从新民主主义革命到社会主义革命、建设、改革的发展过程，探索出了中国特色社会主义发展道路。中国特色社会主义取得的伟大成就，使中国这个世界上最大的发展中国家在短短30多年里摆脱贫困并跃升为世界第二大经济体，创造了人类发展史上的奇迹，向世界人民展现了社会主义制度的优越性，意味着科学社会主义在21世纪的中国焕发出强大的生机和活力。中国特色社会主义实践的成功是中国共产党始终坚持科学社会主义原则的成功，也是善于把科学社会主义一般原则与本国实际相结合、创造性地回答和解决革命、建设、改革中的重大问题的成功。

中国共产党自成立之时起，就以为中国人民谋幸福、为中华民族谋复兴为初心和使命，以人民对美好生活的向往为奋斗目标。健康是美好生活的重要组成部分，是促进人的全面发展的必然要求，是经济社会发展的基础条件，是民族昌盛和国家富强的重要标志，也是广大人民群众的共同追求。党和国家历来高度重视人民健康。中华人民共和国成立以来，特别是改革开放以来，我国健康领域改革发展取得显著成就，人民健康水平不断提高。当前，我国也面临着工业化、城镇化、人口老龄化以及疾病谱、生态环境、生活方式不断变化等带来的新挑战，需要统筹解决关系人民健康的重大和长远问题。因为没有全民健康，就没有全面小康，为人民群众提供健康服务要一个不少、一个不落。

为此，中国将为人民提供健康服务提高到国家战略的高度，强调建设健康中国是国之大计。为进一步推进健康中国建设，提高人民健康水平，中共中

央、国务院于 2016 年 10 月 25 日颁布了《"健康中国 2030"规划纲要》，将其作为今后 15 年推进健康中国建设的行动纲领。纲领强调，要坚持以人民为中心的发展思想，牢固树立和贯彻落实创新、协调、绿色、开放、共享的发展理念，坚持正确的卫生与健康工作方针，坚持健康优先、改革创新、科学发展、公平公正的原则，以提高人民健康水平为核心，以体制机制改革创新为动力，从广泛的健康影响因素入手，以普及健康生活、优化健康服务、完善健康保障、建设健康环境、发展健康产业为重点，把健康融入所有政策，全方位、全周期保障人民健康，大幅提高人民健康水平，显著改善社会健康公平。

纲领还强调，推进健康中国建设，一要坚持预防为主，推行健康文明的生活方式，营造绿色安全的健康环境，减少疾病发生。二要调整优化健康服务体系，强化早诊断、早治疗、早康复，坚持保基本、强基层、建机制，更好满足人民群众健康需求。三要坚持共建共享、全民健康，坚持政府主导，动员全社会参与，突出解决好妇女儿童、老年人、残疾人、流动人口、低收入人群等重点人群的健康问题。四要强化组织实施，加大政府投入，深化体制机制改革，加快健康人力资源建设，推动健康科技创新，建设健康信息化服务体系，加强健康法治建设，扩大健康国际交流合作。各级党委和政府要增强责任感和紧迫感，把人民健康放在优先发展的战略地位，抓紧研究制定配套政策，坚持问题导向，抓紧补齐短板，不断为实现"两个一百年"奋斗目标、实现中华民族伟大复兴的中国梦打下坚实健康基础。本案例从各个方面体现了国家和地方落实健康中国战略所取得突出成绩。

案例启思

1. 社会主义的优越性是什么？社会主义医疗卫生制度有哪些优越性？
2. 社会主义医疗卫生制度如何在实践中发挥自己的优越性？
3. 如何认识习近平总书记在党的十九大报告中提出的实施健康中国战略的重要意义？

教学建议

"时代是出卷人，我们是答卷人，人民是阅卷人。"写有"人民向往的美好生活"的考卷已经展开，医药卫生行业如何不忘初心、牢记使命、勇于担当，书写好这张答卷？习近平总书记在党的十九大报告中做出了重要指示。他指出，实施健康中国战略是新时代健康卫生工作的重要纲领，落实好健康中国发展战略是进一步发挥中国特色社会主义优越性的重要内容。各行各业、社会各界都应贯彻将健康融入所有的政策，将健康同各领域、各方面、各阶段的工

第六章 社会主义的发展及其规律

作相结合,深入落实新时代卫生与健康工作方针,全面实施健康中国战略,不断完善国民健康政策,进一步增强人民群众的获得感,促进经济社会健康发展和民生改善。

本案例可用于第六章第一节"社会主义五百年的历史进程"部分的辅助教学和相关课程内容考核。

案例二 国家基本药物制度政策解读

案例

2018年9月19日,国家卫生健康委员会发布了《关于完善国家基本药物制度的意见》政策解读,部分内容如下。

一、这次制定出台《关于完善国家基本药物制度的意见》(以下简称《意见》)的背景和重要意义是什么?

实施基本药物制度是党中央、国务院在卫生健康领域做出的重要战略部署。新一轮深化医改启动以来,国家基本药物制度作为一项重大民生工程,经历了制度创新、配套政策不断完善的发展历程,对健全药品供应保障体系、保障人民群众基本用药发挥了基础作用,对助力深化医改、降低药品价格、减轻患者用药负担、缓解"看病贵"问题等发挥了积极作用。但是,随着经济社会发展和医改不断深化,当前基本药物制度已不能满足人民日益增长的美好生活需要和健康需求,突出表现在基本药物不能完全适应临床基本用药需求、缺乏使用激励机制、仿制品种与原研品种质量疗效存在差距、保障供应机制还不健全等方面,亟需顺应新时代新形势新要求,加强制度顶层设计,进一步完善相关政策。

完善国家基本药物制度是深化医改、强化医疗卫生基本公共服务的重要举措。《"健康中国2030"规划纲要》和《"十三五"卫生与健康规划》明确提出要巩固完善基本药物制度。2018年深化医改工作将制定完善国家基本药物制度的指导性文件列为重点任务予以安排。根据党中央、国务院的决策部署和深化医改工作安排,今年以来,国家卫生健康委员会同有关部门在深入调研、广泛听取各方意见的基础上,起草了《关于完善国家基本药物制度的意见》。按照国务院医改领导小组会议精神,广泛征求、充分吸收国家有关部门、省级卫生健康部门、行业协会、研究机构、医疗机构等多方面的意见和建议,8月30日经国务院第22次常务会议审议原则通过。

《意见》强化了基本药物"突出基本、防治必需、保障供应、优先使用、保证质量、降低负担"的功能定位,从基本药物的遴选、生产、流通、使用、支付、监测等环节完善政策,注重与"三医"联动改革做好衔接,不仅有利于基本药物制度自身建设,带动药品供应保障体系建设全面推进,保障药品安全有效、价格合理、供应充分,也有利于促进上下级医疗机构用药衔接,推动分级诊疗制度建立,有利于深化供给侧结构性改革,推动医药产业结构调整和转型升级。

二、与基本药物制度现行政策相比较,《意见》有哪些特色和亮点?

《意见》是对现行基本药物制度的继承和发展,重点从以下5个方面进行了调整完善:一是在目录遴选方面,更加注重突出药品临床价值,坚持动态调整和调入调出并重。对新审批上市疗效确切、价格合理、效果较好的药品,能够更好地满足疾病防治需求的,也可以考虑纳入目录。同时,考虑到基本药物制度已经在政府办基层医疗卫生机构实现全覆盖,允许地方增补药品是制度建设初期过渡性措施,《意见》明确原则上各地不增补药品,这也便于比较分析各地医疗机构基本药物使用情况。二是在保障供应方面,更加注重发挥好政府和市场两方面作用,总结借鉴近年来药品集中分类采购和解决药品短缺的有效经验做法,从鼓励企业技术改造、完善采购配送机制、加强短缺预警应对等作出系统安排,特别强调要提前预防药品短缺,通过监测预警及早应对药品易短缺问题,多渠道、多方式保障基本药物不断档、不缺货。三是在配备使用方面,更加注重基层与二级以上医疗机构用药做好衔接,助力分级诊疗制度建设,强调各级医疗机构全面配备、优先使用基本药物,规范上下级医疗机构用药的品种、剂型、规格,实现上下联动,为基层首诊、双向转诊、小病在基层、康复回社区提供用药保障。同时,通过医保支付方式改革和财政补助等方式,建立医疗机构和医务人员合理诊疗、合理用药的激励约束机制。四是在保证质量方面,更加注重与仿制药质量和疗效一致性评价联动,强调按程序将通过一致性评价的药品品种优先纳入基本药物目录,逐步将未通过一致性评价的基本药物仿制药品种调出目录,进一步强化基本药物是"安全药""放心药"的特点。五是在降低负担方面,更加注重与医保支付报销政策做好衔接,兼顾

公共卫生、疾病防治等方面的需要，明确基本药物目录内的治疗性药品，医保部门在调整医保目录时，按程序将符合条件的优先纳入目录范围或调整甲乙分类，逐步提高实际保障水平，最大程度减轻患者药费支出，增强群众获得感。

三、《意见》的实施，将为群众带来哪些利好实惠？

国家基本药物制度是药品供应保障体系的基础，是医疗卫生领域基本公共服务的重要内容，关系医药卫生事业健康发展，关系人民群众切身利益。《意见》的实施，将从以下方面惠及人民群众。一是国家基本药物覆盖面更广。品种数量不仅满足常见病、慢性病、应急抢救等主要临床需求，还聚焦癌症、儿童、丙肝等病种，为不同疾病患者提供了多种用药选择。二是更好满足分级诊疗需求。各级医疗机构统一执行集中采购确定的品种、剂型、规格、厂家、价格，解决了上下级医疗机构用药不衔接问题，为患者在基层就近就医提供更多便利，让患者少跑路、少花钱。三是基本药物质量更有保证。对通过仿制药质量和疗效一致性评价的品种，明确要优先纳入基本药物目录，并鼓励医疗机构优先采购和使用，同时通过实施基本药物全品种覆盖抽检，加强生产环节监督检查等措施，为患者提供质量安全信得过的药品。四是基本药物供应更有保障。在有效解决"已短缺"药品供应的基础上，特别加强"易短缺"药品风险监测预警，把提早防范作为解决短缺苗头问题的重要措施，为患者提供持续生产供应的基本药物，让患者不再为买不到药而忧。五是促进改革联动更有效。集中带量采购降药价，合理用药降药费，在医保和财政提供支撑保障的同时，鼓励各地在高血压、糖尿病、严重精神障碍等慢性疾病管理中，在保证药效前提下优先使用基本药物，逐步提高基本药物实际保障水平，让患者愿意使用基本药物。

🔍 案例出处

《〈关于完善国家基本药物制度的意见〉政策解读》，中华人民共和国中央人民政府网，2018年9月19日，http://www.gov.cn/xinwen/2018-09/21/content_5324368.htm。

✏️ 案例解析

习近平总书记在党的十九大报告中明确提出"中国特色社会主义进入了新时代""我国社会主要矛盾已经转化为人民日益增长的美好生活需要和不平衡不充分的发展之间的矛盾"等重大政治论断，同时强调"我国仍处于并将长期处于社会主义初级阶段的基本国情没有变，我国是世界最大发展中国家的

医学殿堂中的大道行思
—— 《马克思主义基本原理概论》（2018年版）教学案例集

国际地位没有变"。这些重要论述，坚持了辩证唯物主义与历史唯物主义相结合的思想方法，指明了党和国家事业发展所处的时代坐标，为我们认清基本国情、把握新时代赋予的新使命、制定具体的方针政策提供了根本遵循。目前，我国正处于并将长期处于社会主义初级阶段，这是当代中国最基本的国情。社会主义初级阶段包括两层含义：一是我国社会已经是社会主义社会，二是我国的社会主义社会还处在初级阶段。前者阐明的是我国当前的社会性质，我们必须坚持而不能离开社会主义；后者则阐明了我国社会主义社会的发展程度，特指不发达的社会主义阶段。我们要把社会主义社会的性质同它的发展程度有机统一起来，全面认识我国社会所处的历史方位。作为一个社会主义国家，首先要坚持科学社会主义的基本原则，坚持社会主义的发展方向，坚持以人民为中心的发展观。自觉做到发展为了人民、发展依靠人民、发展成果由人民共享，顺应人民群众对美好生活的向往，以保障和改善民生为重点，发展包括医疗卫生事业在内的各项社会事业，加大收入分配调节力度，努力扩大中等收入群体，打赢脱贫攻坚战，保证人民平等参与、平等发展权利，使改革发展成果更多更公平惠及全体人民，使人民获得感、幸福感、安全感更加充实、更有保障、更可持续，朝着实现全体人民共同富裕的目标稳步迈进。

当前我国经济实力和综合国力显著增强，已成为世界第二大经济体，并且近年来成为拉动世界经济增长的最大引擎，为解决人民一些基本需要的满足提供了可能，为建设人民满意的医疗卫生服务创造了条件，为完善人民所关心的基本药物保障提供了可能。国家基本药物制度是药品供应保障体系的基础，是医疗卫生领域基本公共服务的重要内容，关系医药卫生事业健康发展，关系人民群众切身利益。完善国家基本药物制度是坚持社会主义基本原则和适应现阶段社会发展的必然要求。新一轮医疗体制改革以来，国家基本药物制度的建立和实施对健全药品供应保障体系、保障群众基本用药、减轻患者用药负担发挥了重要作用。

同时，我们也要清醒地认识到我国人均国内生产总值仍处在中等收入阶段，远低于发达国家水平，并且发展还存在明显的不平衡问题。从区域发展上看，有的地方快一些，有的地方慢一些，生产力布局还不平衡。从发展各领域来看，既有达到甚至引领世界先进水平的生产力，也有大量传统的和相对落后的生产力；既存在产能过剩的情况，又存在有效供给不足的问题，特别是在群众就业、教育、医疗、居住、养老等方面面临不少难题，社会文明和生态文明建设领域还有不少明显的"短板"。从发展成果的共享看，不同群体之间也有不平衡，社会上还存在不少困难群众。因此，我们一切工作都要从我国仍处于并将长期处于社会主义初级阶段这个基本国情出发，不断解放和发展生产力，

不断创造更多的社会财富,在不断的改革发展和开拓创新中去解决问题,逐步建立和完善人民满意的公共医疗服务体系。

为贯彻落实全国卫生与健康大会、《"健康中国2030"规划纲要》和深化医药卫生体制改革的部署要求,进一步完善国家基本药物制度,国务院办公厅印发了《关于完善国家基本药物制度的意见》(国办发〔2018〕88号)。《意见》全面贯彻党的十九大和十九届二中、三中全会精神,以习近平新时代中国特色社会主义思想为指导,坚持以人民健康为中心,强化基本药物"突出基本、防治必需、保障供应、优先使用、保证质量、降低负担"的功能定位,从基本药物的遴选、生产、流通、使用、支付、监测等环节完善政策,全面带动药品供应保障体系建设,着力保障药品安全有效、价格合理、供应充分,缓解"看病贵"问题。

案例启思

1. 制定出台《关于完善国家基本药物制度的意见》的背景是什么?
2. 制定出台《关于完善国家基本药物制度的意见》有什么重要意义?
3. 如何在医疗卫生领域发挥社会主义制度的优越性?

教学建议

国家基本药物制度是药品供应保障体系的基础,是医疗卫生领域基本公共服务的重要内容。能否为人民提供良好高效的医疗卫生领域基本公共服务,关系到中国社会主义医药卫生事业的健康发展,关系到广大人民群众的切身利益,是社会主义优越性的重要体现。

本案例可用于第六章第一节"社会主义在中国焕发出强大生机活力"部分的辅助教学和相关课程内容考核。

▶ 案例三 从"看上病"到"保健康"

 案例

健康是人类永恒的追求。"没有全民健康,就没有全面小康。"改革开放

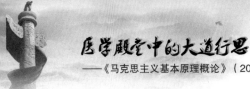

以来,我国卫生与健康事业加快发展,医疗卫生服务体系不断完善,基本公共卫生服务均等化水平稳步提高,公共卫生整体实力上了一个大台阶。我国居民健康水平持续改善,居民主要健康指标总体上优于中高收入国家平均水平。

一

在国际上,衡量一个国家居民健康水平的主要指标是人均预期寿命、婴儿死亡率和孕产妇死亡率。

我国人均预期寿命不断提升。1981年为67.9岁,2000年为71.4岁,2017年为76.7岁。婴儿死亡率和孕产妇死亡率持续下降,分别从1990年的32.9‰和88.9/10万,下降为2017年的6.8‰和19.6/10万。

2014年,我国提前实现了联合国千年发展目标中妇幼健康相关指标。世界卫生组织公布的《妇幼健康成功因素报告》将我国列为妇幼健康高绩效的10个国家之一,并将我国经验向世界推广。

2018年6月,世界卫生组织在日内瓦发布《世界卫生统计报告2018》。根据2016年的数据,我国婴儿出生时的健康预期寿命首次超越美国,我国为68.7岁,高于美国的68.5岁。而全球婴儿出生时健康预期寿命为63.3岁。

40年来,我国医疗卫生服务体系不断健全,医疗卫生资源迅速增加,群众获得服务的可及性明显改善。

从医护人员数量来看,截至2017年年底,我国执业(助理)医师有339万人,注册护士超过380万人,每千人口护士数提高到2.74人,医护比提高到1∶1.1,扭转了医护比倒置的局面。

从医疗卫生机构数量来看,1978年,全国医疗卫生机构总数为17.0万个;1990年为20.9万个;2000年为32.5万个;2017年达98.7万个。

值得一提的是,民营医院发展迅速。2017年,全国共有公立医院12297个,诊疗29.5亿人次,占医院诊疗总数的85.8%;民营医院18759个,诊疗4.9亿人次,占医院诊疗总数的14.2%。到2017年年末,在医院中,公立医院床位占75.7%,民营医院床位占24.3%。

二

不久前,在北京大学第三医院(简称"北医三院")生殖医学中心,医护人员为大陆第一例试管婴儿郑萌珠庆祝了30周岁生日。30年前,郑萌珠还是一簇微小的细胞团,在显微镜下和北医三院张丽珠教授第一次"见面"。如今,她已成为北医三院生殖中心的一名员工。

2018年是世界上第一例试管婴儿诞生40年,也是我国大陆首例试管婴儿

诞生30年，我国医疗质量和技术水平有了显著提升。如今，我国辅助生殖技术临床妊娠率约为40%，活婴分娩率为30%～35%，全国有近300家医院可以开展辅助生殖技术，每年试管婴儿数量逾20万例次。我国已成为世界辅助生殖技术治疗第一大国，辅助生殖技术达到世界先进水平，在某些领域达到世界领先水平。

2017年，全球著名医学杂志《柳叶刀》对全球195个国家和地区医疗质量和可及性排名的结果显示，1990—2015年，我国成为医疗质量进步幅度较大的国家之一，医疗质量和可及性指数排名从第110位提高到第60位，进步幅度位居全球第3位。国内区域间医疗服务质量的差距由1990年的6.7缩小到2015年的1.2，远低于全球区域间的20.1。

2018年，《柳叶刀》再次发布全球医疗质量和可及性排名，我国医疗质量和可及性排名从2015年的全球第60位提高到2016年的第48位，再次取得重大进步。

目前，我国已产生了一批达到或引领国际先进水平、在国际上具有示范和带动作用的优势医疗技术，推动了重大疾病诊疗能力的提升。例如，中国医学科学院阜外医院自主研发的心室辅助装置，填补了国内心室辅助研发领域技术的空白；上海交通大学仁济医院关于消化道血管病变的相关研究成果，成为2015年美国胃肠病学会相关指南的唯一依据。2017年，我国完成器官移植手术超过1.6万例，占2017年世界器官移植总量12.3%，位居世界第二位。移植受者生存率等质量指标也位居世界前列。以心脏移植为例，从患者术后1年、3年、5年生存率来看，部分医院可分别达93%、90%、85%，高于世界平均水平的85%、79%、73%。

三

"没想到得了那么大的病，自己才花了不到1万元。"汪能保是安徽金寨县花石乡大湾村的贫困户，2017年10月查出胃癌。他到安徽医科大学第一附属医院做了手术，先后住院9次，医药费总计9.7万元，个人自付仅9300多元。

医改，是一道世界性难题。作为世界上最大的发展中国家，我国面临的挑战远远超过发达国家。

2009年4月，中共中央、国务院《关于深化医药卫生体制改革的意见》发布，标志着新一轮医改正式启航。2016年，世界卫生组织、世界银行等机构认为，我国在向实现全民健康覆盖方面迅速迈进，基本医疗卫生服务可及性更加均衡，改革成就令世人瞩目。

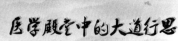

40年来，我国医疗卫生支出比重逐步上升。1978年医疗卫生支出占GDP的比例为3%，1988年为3.2%，1998年为4.3%，2008年为4.5%，2017年为6.2%。随着政府、社会对医疗卫生投入持续增长，我国卫生总费用结构不断优化。自2001年以来，个人卫生支出占卫生总费用的比重持续下降，2001年为60.0%，2017年降至28.8%。

1998年，我国开始建立城镇职工基本医疗保险。2003年，开始建立新型农村合作医疗制度。2007年开始建立城镇居民基本医疗保险制度。

城乡居民基本医保筹资和保障水平大幅提升，2003年，新农合人均筹资水平仅有30元。2016年，我国将城镇居民医保和新农合进行整合，城乡居民基本医保人均财政补助标准为420元，2017年提高到450元。2003年年底，参加新农合的人数为0.8亿；2008年，新农合制度实现了全覆盖，城镇职工基本医保、城镇居民基本医保、新农合三项基本医保制度覆盖率为87%；2017年，我国织起了世界上最大的全民基本医疗保障网，三项基本医保制度参保人数超过13亿，参保率稳固在95%以上。

2004年，我国建成使用全国传染病疫情和突发公共卫生事件网络直报系统，信息平均报告时间从原来的5天缩短到4小时。目前，传染病信息报告系统覆盖近7.1万家医疗机构，系统用户超过16万。建成国家、省、市、县四级疾控机构实验室检测网络，中国疾控中心流感、脊髓灰质炎、麻疹、乙脑等实验室成为世界卫生组织参比实验室。中国目前已经具备了72小时内检测300余种病原体的能力。

四

棘球蚴病（又称包虫病）是一种西部牧区高发的寄生虫病，也是农牧民经济负担最重的疾病。在四川甘孜藏族自治州石渠县格孟乡，尼泽一家三口都曾身患包虫病。两年前，他的女儿被转送到州人民医院进行了免费手术治疗，他和妻子也接受了免费药物治疗，全家人治病没花一分钱。如今，他们的身体都有好转，尼泽又能下地干活了。

为了让贫困人口"看得上病、看得起病、看得好病"，我国在核准农村贫困人口因病致贫、因病返贫情况的基础上，按照大病集中救治一批、慢性病签约服务管理一批、重病兜底保障一批的原则，精准施策、分类救治，有效减少了因病致贫、因病返贫人口，健康扶贫取得阶段性进展。目前，全国已有581万因病致贫返贫户实现脱贫，进度与全国建档立卡贫困户的整体脱贫进度基本同步。

2012年，我国开始试点城乡居民大病保险制度。到2016年年底，城乡居民大病保险全面推开，实现全覆盖。目前，已覆盖 10.5 亿城乡居民基本医保参保人。

2016 年以来，我国对贫困人口实行倾斜性医疗保障政策，新农合大病保险起付线降低 50%，政策范围内住院费用报销比例提高 5 个百分点以上；对贫困人口采取特殊医疗保障措施，2017 年全国贫困人口医疗费用个人自付比例平均为 16%，比 2016 年下降了 27 个百分点。

针对大病患者，遴选儿童先天性心脏病、儿童白血病等 9 种大病作为首批救治病种专项救治，目前已经救治 18.9 万人；针对慢性病患者，优先落实了家庭医生签约服务，提供高血压、糖尿病等重点慢性病的规范管理和健康服务；针对重病患者，落实政府兜底保障措施。截至 2017 年年底，累计核实需救治的 849 万贫困人口中，已有 804 万人入院治疗或享受了签约服务，覆盖近 95% 的大病和慢性病患者。

2018 年 7 月，国家卫生健康委、国务院扶贫办宣布，未来 3 年将采取超常规举措，全面实施健康扶贫 3 年攻坚行动，坚决不能让健康问题成为群众致富奔小康的"拦路虎"。我国将聚焦深度贫困地区和卫生健康服务薄弱环节，加大政策供给和投入支持力度，创新体制、转换机制、防治结合、关口前移，保障贫困人口享有基本医疗卫生服务，防止因病致贫、因病返贫。

案例出处

白剑峰：《病有所医，从"看上病"到"保健康"——1978 年至 2017 年，全国医疗卫生机构总数由 17.0 万个增至 98.7 万个》，《人民日报》，2018 年 9 月 4 日，http://health.people.com.cn/n1/2018/0904/c14739-30269948.html。（有改动）

案例解析

无产阶级政党在革命与建设过程中必须正确认识和科学对待科学社会主义一般原则，既要始终坚持科学社会主义一般原则，反对任何背离科学社会主义一般原则的错误倾向，又要善于把科学社会主义一般原则与本国实际相结合，创造性地回答和解决革命、建设、改革中的重大问题。作为一个社会主义国家，我国始终以科学社会主义一般原则为指导，坚持中国特色社会主义是社会主义而不是别的什么主义，在不断解放和发展生产力的基础上，推动社会和人全面发展，并为最终向共产主义的过渡创造条件。

中国特色社会主义的医疗卫生事业是中国特色社会主义事业的重要组成部分。发展医疗卫生事业仍然必须坚持科学社会主义一般原则与本国实际相结

合,坚持在实践中探索社会主义医疗卫生发展的规律。新时代中国特色社会主义的一个显著特征就是社会主要矛盾发生了转化。"中国特色社会主义进入新时代,我国社会主要矛盾已经转化为人民日益增长的美好生活需要和不平衡不充分的发展之间的矛盾。""人民日益增长的美好生活需要和不平衡不充分的发展之间的矛盾"给我们发展新时代医疗卫生事业提出了新的要求。人民的美好生活需要内容是丰富的、立体的、全方位的,涉及对健康的需求多了,对医疗水平的要求高了,对医疗卫生服务的延伸广了。

人民健康是民族昌盛和国家富强的重要标志。"实施健康中国战略"是新时代中国特色社会主义医疗卫生事业的发展蓝图。为此,新时代建设中国特色社会主义、适应人民日益增长的美好生活需要就必须完善国民健康政策,就必须为人民群众提供全方位全周期的健康服务。一是通过深化医药卫生体制改革,建立健全"三大制度和一大体系",即建立健全中国特色基本医疗卫生制度、中国特色基本医疗保障制度、中国特色现代医院管理制度和建立优质高效的医疗卫生服务体系。二是加强基层医疗卫生服务体系和全科医生队伍建设,完善分级诊疗制度,建设好各类医联体和专科联盟并有效发挥作用。三是健全药品供应保障制度,全面取消以药养医,清除医药购销领域中的不正之风。四是深入开展爱国卫生运动,坚持预防为主,倡导健康文明的生活方式,预防和控制重大疾病,探索组织、教育、宣传、培训等多维防控手段,建立家庭、社区、卫生机构以及政府的多级联动,形成基层卫生机构、疾控中心、医院、卫生行政管理部门等多管齐下的防控体制机制。五是实施食品安全战略,形成食品药品监督常态化机制,严防食品药品不安全事件发生。六是坚持中西医并重,传承发展中医药事业,促进中西医融合发展。七是鼓励和支持社会办医,发展健康产业,同时加强管理和监督,以满足人民群众的多层次需要。八是加强人口发展战略研究,积极推动促进生育政策和相关经济社会政策的配套衔接,积极应对人口老龄化,探索医院和养老机构融合式发展的新路子,加快老龄事业和产业发展,在全社会形成老有所养、病有所医的良好局面。九是广大医务工作者要苦练内功、提升医疗技术水平、提高医德修养,不断满足人民群众对医疗健康的需求。

"没有全民健康,就没有全面小康。"我国坚持以人民为中心的发展理念,大力发展社会主义医疗卫生事业,中国特色社会主义的医疗卫生事业上了新的台阶。医疗卫生服务体系不断健全,医疗卫生资源迅速增加,人均预期寿命达到76.7岁。我国已产生一批达到国际先进水平的优势医疗技术,医疗质量在全球排名方面上升速度加快,2016年上升到第48位。对医疗卫生投入持续增长,城乡居民大病保险全面推开,三项基本医保制度参保人数超13亿。健康

第六章 社会主义的发展及其规律

扶贫"拔病根",全面实施健康扶贫 3 年攻坚行动,因病致贫返贫户实现脱贫 581 万。基本公共卫生服务均等化水平稳步提高,公共卫生整体实力上了一个大台阶。我国居民健康水平持续改善,居民主要健康指标总体上优于中高收入国家平均水平。

案例启思

1. "没有全民健康,就没有全面小康"体现了什么样的社会发展观?
2. 我国全面实施健康扶贫攻坚活动的举措和目的是什么?
3. 实施健康扶贫战略体现了科学社会主义的什么原则?

教学建议

中国特色社会主义是建立在深刻分析当前社会发展的基本国情、基本任务的基础上,坚持自我完善和自我发展、坚持改革开放、坚持以人民为中心、不忘初心的社会主义,中国医疗卫生事业的既有成果和不断进步证明了这一点。

本案例可用于第六章第二节"科学社会主义一般原则"部分的辅助教学和相关课程内容考核。

案例四 新中国农村合作医疗的早期探索

案例

"赤脚医生"对于今天的人们来说,是个熟悉而又遥远的词语。从 1968 年首次见诸报端到 1985 年卫生部决定停止使用这个称谓,近 20 年的岁月里,数百万乡村里没有纳入国家编制的非正式医生具体实践着中国农村的合作医疗,为 6 亿农民提供着最基础的医疗服务。中国这种低投入、广覆盖的基础防疫和医疗救助体系,也广受国际肯定,成为世界医疗卫生史上辉煌的一页。

1968 年夏天,上海《文汇报》刊载了一篇《从"赤脚医生"的成长看医学教育革命的方向》文章。同年《红旗》杂志第三期和 9 月 14 日出版的《人民日报》都全文转载。这篇文章第一次把农村半医半农的卫生员正式称为"赤脚医生",毛泽东在 9 月 14 日的《人民日报》上批示"赤脚医生就是好"。

医学殿堂中的大道行思
——《马克思主义基本原理概论》（2018年版）教学案例集

从此，"赤脚医生"成为半农半医的乡村医生的特定称谓。

赤脚医生的兴起与当时在全国普遍开展的农村合作医疗密不可分，赤脚医生是合作医疗的忠实实践者。新中国合作医疗的典型是由一个叫覃祥官的人在鄂西长阳土家山寨创造的。覃祥官主动辞去公社卫生所的"铁饭碗"，在大队卫生室当起了记工分、吃农村口粮的"赤脚医生"。农民每人每年交1元合作医疗费，大队再从集体公益金中人均提留5角钱作为合作医疗基金。覃祥官首创的看病吃药不花钱的"农村合作医疗制度"在全国90%以上的农村得到推广，惠及亿万农民。

赤脚医生首先是农民，放下药箱下地，背起药箱出诊，靠生产队的工分生活，所以养得起；赤脚医生就生活在村民中间，可以随叫随到，不分时间地点、天气状况，加上良好的人脉关系，因而用得动；赤脚医生户口在村里，家眷在村里，社会关系在村里，不会像巡回医疗队那样来去匆匆，是留得住的医生。

村民对赤脚医生十分尊重，医生在村里的地位很高，甚至要超过村干部。那时候，谁家来了客人，请赤脚医生去作陪，客人和主人都会觉得很荣耀。这样的尊敬并非敬畏，是一种值得托付的信赖。

"千家万户留脚印，药箱伴着泥土香。"就是这些一边荷锄扶犁一边治病救人的赤脚医生，承载着中国农村最基础的医疗工作。

"治疗靠银针，药物山里寻。"最经济的针灸技术成了深受学员追捧的医疗手段，几乎没有一个赤脚医生不会这种技术，也没有一个学员没在自己身上试验过。

除此以外，赤脚医生的另一个更繁重的任务，就是挖草药、制土药。

因为当时赤脚医生药箱里的药品很匮乏，"红汞、碘酒、阿司匹林"是当时赤脚医生的别名，在他们的药箱里，除了一般的止疼、消炎针剂外，剩下的就是红汞、碘酒、阿司匹林了。

这样的现状逼得赤脚医生不得不去向大自然寻药。

"1974年采药、制药的情况。采药情况：小蓟干品10余斤，车前草9斤，马齿苋5斤。去北山采药：黄芩20斤，赤芍10斤，苦参4斤，桔梗3斤，柴胡3斤，苍术2斤，玉竹3斤，防风1斤。制药：藿香正气丸，制水丸6斤，成人每次2钱，每日三次。十滴水：95%酒精一瓶，75%乙醇3500毫升，樟脑一两六钱，干姜，薄荷酊，茴香，桂皮，辣椒，大黄。共制4000毫升，麦收田间场院等地用去2500毫升。"这是胡玉英一个泛黄的本子上记录的内容。

胡玉英说："上面写的斤数都是干品，采回来的鲜草药要晾晒，都是大队组织社员集体采的。"

第六章　社会主义的发展及其规律

湖北的覃祥官以"三土"（土医、土药、土药房）、"四自"（自种、自采、自制、自用）的方式，在大队卫生室和小队土药房开辟了药园，栽种了大量常用易植药物。

全民动员式的采药运动，使得普通群众也知道了什么草药能治什么毛病。马齿苋，以前总以为是喂猪的，现在老百姓知道了可以用它治疗腹泻。草药，不认识的时候是草，认识了是个宝。

除了这些以外，赤脚医生还肩负着当地农民的卫生防疫保健工作。在当时传染病肆虐的情况下，为村民免费注射麻疹疫苗、小儿麻痹疫苗、卡介疫苗，担负全村公共卫生防疫工作，成为赤脚医生最主要的工作。

1972年，一部52分钟的纪录片《中国农村的赤脚医生》，在国际上引起了强烈反响。它真实记录了当时赤脚医生就地取材、土法上马炮制针对农村常见病的药物和小小银针治大病的情形。美国斯坦福大学几位学者在中国拍摄的这部片子，把中国的赤脚医生推向了世界，推动了全球的"中国赤脚医生热"。在这部影片的宣传海报上，肩挎药箱、头戴斗笠、面孔黝黑、赤脚走在田埂上的形象成了"第三世界医疗界"的偶像。

1974年，世界卫生会议在日内瓦召开，王桂珍作为中国赤脚医生的代表参加了会议，并在大会上做了15分钟的发言，她亲身感受到了人们对中国赤脚医生的关注和喜爱。

1976年9月上旬，"世界卫生组织西太平洋区委员会第27届会议""世界卫生组织太平洋区基层卫生保健工作会议"在菲律宾首都马尼拉召开，参加会议的有33个国家和地区的代表。黄钰祥和覃祥官一起参加了会议，他们分别就怎样培养赤脚医生和怎样开展合作医疗问题进行了大会发言。

20世纪70年代末，世界卫生组织高级官员到中国农村实地考察，把中国农村的合作医疗称为"发展中国家解决卫生经费的唯一典范"。联合国妇女儿童基金会在1980—1981年年报中称：中国的"赤脚医生"制度在落后的农村地区提供了初级护理，为不发达国家提高医疗卫生水平提供了样板。

随着家庭联产承包责任制的实施，中国农村土地的再分配终于使得赤脚医生成为夕阳职业，属于集体的土地分给了各家各户。公社时期，生产队长统一安排全村农民的劳动。劳动安排是村里一件敏感、极易引起矛盾的事情。土地分到了家庭，主人就必须制订种植计划，选择作物，配置劳力，购买生产资料，考虑产品出路，农业经营单位缩小到了家庭的规模。

赤脚医生报酬的急剧下降，也使得这些曾比大队干部体面的群体在心理上形成了落差，即使普通村民对赤脚医生的乡土感情和道德评价并没因此降低，但报酬上的不平等仍难维持赤脚医生的尊严。

1985年年初,卫生部做出停止使用"赤脚医生"这一称呼的决定,原来的赤脚医生要进行考核,合格的将被认定为乡村医生,取得从医资格后可以继续行医。1月25日,《人民日报》发表《不再使用"赤脚医生"名称,巩固发展乡村医生队伍》一文,至此,"赤脚医生"的历史也就结束了。

但是,赤脚医生制度这个涵盖数亿人口,行之有效的服务体系被世界卫生组织和世界银行誉为"以最少的投入获得了最大的健康收益"的"中国模式"。从1965—1980年,中国约有90%以上的生产大队实行合作医疗,形成了集预防、医疗、保健功能于一身的三级(县、乡、村)卫生服务网络。在这个网络下,有51万正规医生、146万赤脚医生、236万生产队卫生员和63万农村接生员。

案例出处

李砚洪:《赤脚医生:二十世纪中国的温暖记忆》,《北京日报》,2008年8月28日,http://phtv.ifeng.com/programtfzg200808/0828_2950_751541.shtml。(有改动)

案例解析

"赤脚医生"对于今天的大多数年轻人来说,是个陌生的词语。但从1968年首次见诸报端到1985年卫生部决定停止使用这个称谓,在近20年的岁月里,数百万乡村里没有纳入国家编制的非正式医生具体实践着中国农村的合作医疗制度,为6亿农民提供着最基础的医疗服务,深受老百姓的欢迎。"赤脚医生"制度是新中国早期探索农村合作医疗的成果,中国这种低投入、广覆盖的基础防疫和医疗救助体系,也广受国际肯定,成为世界医疗卫生史上辉煌的一页。

"赤脚医生"的出现和推广是与新中国建立早期物质财富和卫生资源贫乏联系在一起的。中华人民共和国成立初期,国家百废待兴,医疗资源极度匮乏,医生数量极其缺少,1949年拥有5.4亿人口的中国只有大约4万名医生,意味着平均每1.35万中国人才有一名医生(现在的比例是950∶1)。而有限的医疗资源又大都集中在城市,农村实际上没有真正的医疗服务,传染病频发和卫生条件恶劣等问题十分普遍。面对这种农村医疗和医药极度匮乏的状况,中央政府于1951年决定,由卫生员而不是正式医生为农村地区提供基本医疗服务。1957年,中国共有20多万名由地方政府管理的"乡村医生"。1965年1月,毛泽东和中央批转了卫生部党组《关于组织巡回医疗队下农村配合社会主义教育运动进行防病治病工作的报告》,很多医疗专家纷纷响应,深入农村

送医。到1965年上半年,全国城市共组织了2800人下农村巡诊。然而,医疗队的穿梭巡医与广大农民的求医需求相比,仍似杯水车薪。1965年6月26日,卫生部部长向毛泽东汇报工作,当时中国有140多万名卫生技术人员,高级医务人员80%在城市。其中70%在大城市,20%在县城,只有10%在农村。医疗经费的使用农村只占25%,城市则占去了75%。毛泽东严厉指出:"应该把医疗卫生工作的重点放到农村去!""培养一大批'农村也养得起'的医生,由他们来为农民看病服务。"之后,经短暂培训的乡村医生如雨后春笋般成长起来,靠人手一本《赤脚医生手册》、"一根银针,一把草药"服务父老乡亲,构成那个年代一幅幅既温馨又生动的画面。1968年,乡村医生制度更名为更加接地气的"赤脚医生"制度。"赤脚医生"制度是中国卫生史上的一个特殊产物。在当时的中国农村,有102万乡村医生行走在田间地头。他们学历普遍不是很高,其中近70%的人员为初、高中毕业,近10%的人员为小学毕业,有来自医学世家者,也有初、高中毕业生中略懂医术病理者,其中有一些是"上山下乡"的知识青年。经挑选并到县一级的卫生学校接受短期培训结业后即成为赤脚医生。他们没有纳入国家编制,属于非正式医生,没固定薪水,一边行医送药,一边耕地种田,"赤脚医生"名称由此而来。他们掌握一些卫生知识,可以治疗常见病,能为产妇接生,主要任务是降低婴儿死亡率和根除传染疾病。尽管仅限于满足最基本的医疗服务需求,但惠及亿万农民,特别是在防止小伤小病恶化和完成全国范围的疫苗接种计划方面发挥了巨大作用,在一定程度上减轻农村医疗资源匮乏的状况,对整个农村医疗事业产生了重要影响,是一项卓有成效的民生工程。

众所周知,新中国是在生产力非常落后的状况下建立起来的,中国社会主义发展道路必然呈现出复杂性和多样性。生产力发展状况和社会所处的发展阶段,决定了社会主义国家必须根据自己的实际情况,制定与之相适应的发展战略。民族的历史文化传统和现有的政治经济文化条件又决定了社会主义国家必须结合自己的国情条件和民族特色制定合乎实际的执政方略。受生产力发展状况的制约,经济基础和上层建筑的制约,以及国际环境的严峻挑战,新中国在社会生产、社会管理和建立医疗卫生等社会公共事业方面只能依靠自力更生和艰苦奋斗去完成。农村合作医疗制度就是适应中华人民共和国成立后的农业互助合作化运动的兴起而发展起来的新中国自己的医疗服务体系。"赤脚医生"是农村合作医疗制度的产物,是合乎当时国情的医疗卫生保障制度。

20世纪80年代后,家庭联产承包责任制的推行,引起合作医疗制度解体。1985年全国实行合作医疗制度的行政村由过去的90%锐减至5%,至1989年,继续实行农村合作医疗制度的行政村仅占全国的4.8%。1985年,

卫生部宣布取消"赤脚医生"的名称,经考核合格者转为乡村医生。乡村医生更注重疾病治疗,而原来属于赤脚医生职责范围的计划免疫、爱国卫生、改水改厕等工作遭到严重削弱,农村初级卫生保健陷入困境,农民失去了基本的医疗保障。2003年,国家提出建立新型农村合作医疗制度的规划,颁布了《乡村医生从业管理条例》,以重建农村初级卫生保健服务体系。同时,政府也开始对曾经为乡村医疗卫生防疫工作做出重要贡献的赤脚医生提供经济补助。1981年2月,国务院批转卫生部《关于合理解决赤脚医生补助问题的报告》的通知,指出"多年来在农村建立的县、社、队三级医疗卫生网是成功的,在国际上也有很好的影响。长期培养成长起来的赤脚医生(即'文化大革命'前的半农半医)队伍,是在农村开展医疗卫生工作和计划生育工作的重要力量。20多年来,经过多次培训、复训,技术水平有很大提高,其中1/3左右已达到相当于中专的水平。他们同民办教师一样,是农村中的知识分子、技术人员、脑力劳动者,肩负着大量的卫生预防、治疗疾病和计划生育的任务,经常昼夜出诊,为农民服务,深受群众欢迎",并提出要根据当地实际情况给予适当补助。2013年,广东发布《关于做好农村已离岗接生员和赤脚医生生活困难补助发放工作的通知》,开始对生活困难的农村离岗赤脚医生和接生员进行补助。这些补助政策体现了国家对历史贡献者的认可。

案例中那些关于合作医疗制度的温暖的画面生动形象地说明,中国特色社会主义道路探索的成功是走符合本国国情发展道路的成功。唯物史观告诉我们,生产力和生产关系、经济基础和上层建筑的矛盾是社会基本矛盾,它们规定并反映了社会基本结构的性质和基本面貌,决定社会的基本领域,囊括社会结构的主要方面。其中,生产力是社会基本矛盾运动中最基本的动力因素,是人类社会发展和进步的最终决定力量,是社会存在和发展的物质基础,是不能任意选择的物质力量和历史活动的前提。生产力决定生产关系的性质,进而决定其他社会关系的基本面貌。生产力是社会进步的根本内容,它既是社会物质文明发展的基本内容,也是制约政治文明、精神文明和生态文明发展的基本物质条件。只有在生产力发展的基础上,才有可能充分满足人民群众的物质生活和精神生活的需要。经济文化相对落后的国家建设社会主义具有艰巨性和长期性,执政党要努力探索符合本国国情的发展道路。

案例启思

1. 我国在20世纪60年代开展"赤脚医生"制度的原因和意义是什么?
2. 如何评价"赤脚医生"制度在中国社会主义医疗卫生事业发展进程中的作用?

第六章 社会主义的发展及其规律

3. "赤脚医生"制度取消的原因是什么？实行新型农村合作医疗制度的现实意义是什么？

教学建议

由于经济文化相对落后，率先进入社会主义社会的俄国、中国以及其他国家不可避免地遇到了一系列困难与问题，使社会主义建设不能不具有长期性和艰巨性。因此发展社会主义必须从历史条件出发，坚持"走自己的路"。赤脚医生的兴起是与当时在全国普遍开展的农村合作医疗密不可分的，赤脚医生是合作医疗的忠实实践者，在近 20 年的岁月里，为 6 亿农民提供着最基础的医疗服务，是 20 世纪中国的温暖记忆。

本案例可用于第六章第三节"在实践中探索社会主义的发展规律"部分的辅助教学和相关课程内容考核。

案例五　构筑人类卫生安全命运共同体

 案例

全球化使健康风险的传播速度不断加快。在 2015 年联合国提出的 17 项可持续发展目标中，不仅卫生指标列在第三位，其他目标也都与健康息息相关。中国作为肩负大国责任的新兴经济体，长期作为世界卫生组织执行委员会成员，深入参与全球卫生治理，和各国携手努力，共同为世界人民健康而奋斗。

2018 年是中国与世界卫生组织开展技术合作的第 40 年。这一长期而广泛的合作促进了中国卫生事业的发展，取得了举世瞩目的成就。而这些经验成果也成为重要的全球公共产品。

携手 40 年，务实合作共建共赢

1972 年中国恢复了在世界卫生组织的合法席位，1978 年 10 月中国与世界卫生组织签署了第一个技术合作备忘录，开启了双方务实友好合作的历史。

"自签署技术合作备忘录以来，中国利用世界卫生组织的优势，在引进国际先进技术、更新技术装备、获取最新科学信息、培养医学专业人才、提高卫

255

生管理能力等方面和世卫组织开展了全面的合作。同时，通过世卫组织这个平台，开拓了与所在的西太区和其他地区的国家开展医疗卫生合作与交流的渠道和机遇。这些合作，为促进中国医药卫生现代化，提高中国卫生事业管理水平，增进中国人民健康做出了积极贡献。"北京大学公共卫生学院全球卫生系教授、世界卫生组织助理原总干事刘培龙介绍。

"40年间，中国在加强卫生系统建设、增进人民健康方面发展了自己的理念，创造了新的知识，积累了丰富的经验。同时通过与世卫组织合作，将这些理念、知识和经验传播出去。"刘培龙举例说，中国的农村卫生工作经验鼓舞了世界卫生组织倡导的初级卫生保健运动；中国发明的青蒿素对全球控制疟疾具有重大贡献；当世界卫生组织需要一批能够迅速有效部署的全球卫生应急队伍时，中国积极申报，来自上海东方医院的中国国际应急医疗队成为首批通过认证评估的国际应急医疗队，可随时接受世界卫生组织调遣。

不仅如此，中国作为世界卫生组织理事机构的成员，积极参与全球重大政策问题的讨论和规则的制定，包括发起并通过了多项重要决议，为世界卫生组织制定标准、规范、指南提供技术咨询，担任世界卫生组织和世界粮农组织两个国际食品法典委员会（食品添加剂法典委员会和农药残留法典委员会）主持国，主导了多项国际法典标准的起草。通过世界卫生组织，中国在全球卫生治理中发挥积极作用，提高了制度性话语权。

一起"走出去"，共创"健康丝绸之路"

2017年1月，习近平总书记访问世界卫生组织，其间会见了总干事陈冯富珍，见证中方与世界卫生组织签署《关于"一带一路"卫生领域合作的谅解备忘录》，出席中国向世界卫生组织赠送针灸铜人雕塑仪式。

"这些活动具有重大深远的意义。"刘培龙指出，习近平总书记是历史上第一位到访世界卫生组织的中国国家元首。"这向世界传递了一个非常关键的信息，就是打造人类命运共同体离不开构筑人类卫生安全命运共同体。世界各国、国际组织和民间社会必须团结一致、共同应对全球健康的威胁。同时，也表明了中国对世界卫生组织的坚定支持和对全球卫生治理的积极参与。"

习近平总书记见证签署的备忘录，是一个具有里程碑意义的合作备忘录，意味着中国与世界卫生组织合作的重要转折。刘培龙介绍，因为这是一个"走出去"的备忘录，把中国和世界卫生组织的合作扩展到"一带一路"的沿线国家、区域以及全球层面。双方秉持"共商、共建、共享"原则，共同创建"健康丝绸之路"，促进地区及全球的卫生安全，为打造人类命运共同体做出卫生领域的贡献。

第六章 社会主义的发展及其规律

不仅如此,新备忘录的签署也给双方的合作带来多项创新。"在合作方式上,'一带一路'始于周边,面向区域,并向世界范围辐射,把中国与世卫组织合作扩大到三方、多方以及建立多个合作机制推进与有关国家的整体合作,比如中国—中东欧卫生部部长论坛、中阿卫生合作论坛;在合作领域上,它体现了大健康的发展理念,除了突发公共卫生事件的应对、传染性和慢性疾病的防控、传统医学、卫生人员培训等传统的卫生合作外,还纳入了全民健康覆盖、卫生体制建设与政策开发及中国质优价廉医药产品进入国际市场、实现药品的本地化生产等新的方面。"

中国经验成标杆,开启全球健康促进新时代

作为健康促进领域最高级别会议,第九届全球健康促进大会于 2016 年 11 月在中国上海召开。大会由国家卫生计生委和世界卫生组织联合主办,国务院总理李克强出席大会开幕式并致辞。时任世界卫生组织总干事陈冯富珍等国际组织负责人以及来自 120 余个国家的卫生部部长、健康城市市长等代表约 1200 人参加了大会。

这次盛会把健康促进列入可持续发展议程,被誉为健康促进领域的新起点。同时发布的大会成果文件《2030 可持续发展中的健康促进上海宣言》和《健康城市上海共识》,更是受到国际社会广泛关注。

此次大会距首届全球健康促进大会召开整整 30 周年,而这一年,又是我国"十三五"规划开局之年,推进"健康中国"建设的起航之年。石琦表示:"在这样的历史时期,中国经验成为国际标杆,向世界展现了中国在卫生发展、健康促进方面的经验和成果,不仅更加坚定了广大干部群众的道路自信、理论自信、制度自信和文化自信,而且进一步提升了健康促进在可持续发展目标中的地位和作用,为健康促进在 21 世纪的发展注入新活力,为改善各国人民健康做出重要贡献。"

案例出处

王潇雨:《构筑人类卫生安全命运共同体》,健康报网,2018 年 5 月 21 日,http://health.people.com.cn/n1/2018/0521/c14739-30001935.html。(有改动)

案例解析

2018 年是中国与世界卫生组织开展技术合作的第 40 年。这一长期而广泛的合作既促进了中国卫生事业的发展,也为改善全球卫生健康状况做出了重要

贡献，而这些经验成果也成为重要的全球公共产品。

当前人类面临着世界经济增长动能不足，贫富分化日益严重，地区热点问题此起彼伏，恐怖主义、网络安全、重大传染性疾病、气候变化等非传统安全威胁持续蔓延等全球性问题，中国作为肩负大国责任的新兴经济体，积极倡导人类命运共同体意识，走向世界舞台的中心，展现中国负责任大国形象，在重大国际事务包括全球卫生安全方面积极发挥建设性的引领作用。2019年6月10日，博鳌亚洲论坛全球健康论坛首届大会在中国青岛举行。论坛以"健康无处不在——可持续发展的2030时代，人人得享健康"为主题，彰显论坛参与各方共同努力应对人类健康挑战、推动人人享有健康权利的决心。习近平主席发来贺信，深刻阐释了人人享有健康在全球卫生事业中的基础性地位，发出了促进卫生健康领域国际合作的倡议，指出了健康是人类的永恒追求，健康促进是国际社会的共同责任，明确了中国将加强与各国的交流合作，携手构建全球公共卫生安全防控体系，共同搭建全球健康治理平台，与各国一道推进落实2030年可持续发展议程、增进各国人民的健康福祉。论坛进一步凝聚共识、汇聚合力，开启维护和增进人类命运共同体健康福祉的新篇章。

过去几十年，人类卫生健康领域取得诸多历史性突破：征服天花病；1990年以来，5岁以下儿童死亡率降低了50%，全球人口平均预期寿命提升至少7岁……以中国为代表的一些发展中国家，在基本医疗保险参保率、人均预期寿命和居民主要健康指标等方面取得飞跃性进步。然而，实现"人人得享健康"的目标任重道远，人类健康仍面临各种挑战，如各国卫生发展水平极不平衡，全球一半人口无法获得基本卫生服务；气候变化和环境污染对健康的危害日益加重；高血压、糖尿病、恶性肿瘤和许多传染性疾病正在剥夺亿万人的健康甚至生命；便捷的交通和信息网络、日益紧密的人员和贸易往来，也让疾病的传播扩散变得更加容易；等等。维护卫生安全，促进人类健康，没有任何国家和地区能够置身事外，加强合作、群策群力是时代之需、大势所趋。

中国作为世界第一人口大国和最大的发展中国家，提出并努力推动"健康中国"战略，颁布实施《"健康中国2030"规划纲要》等行动方案，促进中国卫生健康事业发展，也积极参与国际健康合作，为世界解决基本卫生覆盖问题贡献了可借鉴的路线图。中国作为负责任的社会主义大国，不仅在国内医疗卫生领域进行了成功探索，向世界展现了卫生发展、健康促进方面的经验和成果，而且作为世界卫生组织执行委员会成员，长期积极参与全球卫生治理，和各国携手努力，共同为世界人民健康而奋斗，彰显了社会主义制度的优越性，展现了区域性强劲发展态势，中国特色社会主义成为世界社会主义运动的主要引领者。

第六章 社会主义的发展及其规律

案例启思

1. 中国为什么要积极主动参与全球卫生治理？
2. 中国参与全球卫生治理体现在哪些方面？
3. 构筑人类卫生安全命运共同体的时代价值和实践意义是什么？

教学建议

社会主义具有强大的生命力，这种生命力归根结底在于社会主义是真理的理论，是道义的理论，也是经过实践不断检验和发展的理论。经过几十年的实践探索，中国特色社会主义取得了举世瞩目的辉煌成就，并日益走近世界舞台，国际影响力不断提升，彰显了中国特色社会主义的制度魅力。在全球卫生治理方面，中国将进一步承担负责任大国的责任，与各国共同协商改善全球卫生健康环境，共筑人类卫生安全命运共同体。

本案例可用于第六章第三节"社会主义在实践探索中开拓前进"部分的辅助教学和相关课程内容考核。

第七章 共产主义崇高理想及其最终实现

▶ 案例一 马克思主义与乌托邦主义

历史与乌托邦

"乌托邦"的词义含糊——既表示努力追求"福地乐土"的崇高,又表示寻找"乌有之乡"的徒劳——反映了乌托邦思维方式固有的含混性以及它同历史的含糊不清的关系,因为乌托邦是超历史的道德理想的产物,道德要求与历史现实之间的关系是一种最微妙而不确定的关系。乌托邦是人类所希望的完美的前景,而历史则是人们正在创造的不完美的前景,它们两者并不是一致的。

然而,乌托邦一词的模糊含义恰恰是它的优点,而不是它的缺点。正因为乌托邦在历史上从未实现过——它的确是某种在历史上未必会有而且也许是不可能实现的东西——乌托邦思想才被赋予理智的和历史的持续活力。历史的动力(而且的确是一种历史必然的动力),不是乌托邦的实现,而是对它的奋力追求。假如乌托邦已实现,那么它也就失去其历史意义了。因为历史是一种不完美的状态,包含着过程和变化;而乌托邦是一种完美的状态,应当是静止的、不动的、无生命和枯燥的状态。如果乌托邦已实现,就将标志着历史的终结。

在启蒙运动导入把历史看作进步这种观念以前,乌托邦和历史的这种含糊不清的关系是不成为问题的,或者至少还没被认为是一个问题,乌托邦思想充

第七章 共产主义崇高理想及其最终实现

满了历史乐观主义。截至18世纪末,西方世俗的乌托邦思想的悠久传统,既不含有历史的期望,也不要求政治上的积极行动(这也是中国传统中的乌托邦倾向的特点)。

一种具有重大历史意义的世俗乌托邦思想在中国有可能出现以前,在西方就已呼之欲出了。但直到近代资本主义、启蒙运动和法国革命这三大冲击把乌托邦和历史进步观念联系起来,世俗乌托邦思想才成为一种强大的历史力量。乌托邦和历史进步观念这二者的结合在马克思的思想中得到了最有力的表达。

马克思主义与乌托邦主义

马克思主义既代表了关于未来社会的乌托邦幻想的最强有力的方面,同时又对"乌托邦主义"提出了最猛烈的批判。马克思主义理论预言了人类从"必然王国"向"自由王国"的飞跃,这个飞跃将标志着由人类的"前史"向"真正的人类历史"的戏剧性的过渡,这个过渡将在共产主义社会中实现。尽管马克思和恩格斯不愿意详细描绘未来社会的图景,但他们的确对未来共产主义社会的图景做了一定的描述。

马克思既提出一个未来共产主义乌托邦的幻想,又把类似的一些社会主义的和共产主义的幻想谴责为"乌托邦的"(并且因而是反动的),这是怎么回事呢?尽管马克思认为当时那些空想社会主义者的有些方案是凭空臆造的、稀奇古怪的,但他未必反对他们著作中描述的种种社会理想。马克思也并没有把他们的乌托邦幻想作为原则上不可能的东西而加以拒绝。实际上,马克思和恩格斯常常称赞那些乌托邦幻想家们的著作的社会批判作用。莫尔的《乌托邦》和康帕内拉的《太阳城》就被视为早期无产者革命斗争的最初的"理论表现",克劳德·亨利·圣西门、查尔斯·傅立叶、罗伯特·欧文的著作也受到了赞誉,因为"这些著作抨击现存社会的全部基础。因此,它们提供了启发工人觉悟的极为宝贵的材料"。

如果说乌托邦思想家们在他们所处的时代中曾经起到批判社会和历史进步的作用,那么现在他们的时代已经过去了。随着成熟的资本主义和成熟的现代无产阶级的出现,随着作为"无产阶级运动的理论表现"的马克思的"科学社会主义"的产生,坚持乌托邦社会主义思想方式已经成为工人阶级运动及其社会主义使命的障碍了。乌托邦社会主义者之所以成为马克思主义者所谓的"空想家",不是因为他们所追求的目的,而是因为他们缺少达到那些目的的适当的手段。按照马克思的说法,乌托邦社会主义思想体系中手段与目的的矛盾是历史作用的结果,更确切地说,是产生那些思想的未充分发展的历史条件的反映。

马克思所谴责的乌托邦社会主义思维方式，其特点不是对历史的信念，而是对一种永恒的理性王国的信念，他们很有自信地假定，这个理性王国一旦获得正确的理解，就能按照乌托邦的理想改造社会历史现实，从而使世界符合理性的要求。因而，乌托邦主义者特别强调人类的意志，尤其强调那些持有真理和理性的天才人物的适时出现，这些天才人物的思想和行为通过道德的榜样和按照理性的指示形成的社会典范的感召力，会自然而然地吸引人的善良的天性。这些想法反映了他们不能把历史看作一个客观过程，也不能在道德理想和历史事实二者之间建立起任何紧密的联系。

因此，对于乌托邦社会主义者来说，社会主义并不是历史的产物，而是绝对真理的偶然表现。与此相反，在马克思主义的理论中，正是历史条件规定和限制着人类要改变世界的愿望和思想的力量，因而，社会主义的完成是依赖于人类业已创造的社会历史发展阶段的。马克思的经典表述是：人们自己创造自己的历史，但是他们并不是随心所欲地创造，并不是在他们自己选定的条件下创造，而是在直接碰到的、既定的、从过去承继下来的条件下创造的。

因此，马克思和恩格斯所批判的不是乌托邦主义者对社会主义未来的乌托邦式的追求，而是他们在充分发达的资本主义时代，在资本主义社会的产物即现代无产阶级已经开始登上历史舞台时，仍然坚持乌托邦的思维方法。早期乌托邦主义者不能认识到历史对未来社会主义乌托邦的实现所加的种种限制，他们的后继者则更不能认识到现代资本主义历史时期为社会主义提供的种种可能性。而且，他们也不理解无产阶级的革命作用。乌托邦主义者只看到了资本主义所犯的种种罪行，却看不到它为社会主义提供的可能性。在无产阶级身上，他们看到的只是在资本主义社会中深受剥削的一部分人，却看不到它是一个注定要成为社会主义未来的承担者、具有潜在创造力的革命阶级。

正是由于没有认识到马克思主义理论规定为社会主义的实际历史基础的东西——主要是指资本主义是社会主义的基本前提、无产阶级是以把资本主义包含的各种社会主义可能性转化成一个完整的社会主义现实为历史使命的革命阶级这两个论点——"乌托邦"这个词才在马克思主义词汇中成了贬义词。

乌托邦主义者拒绝接受马克思主义的这两个基本假设，在逻辑上还伴有乌托邦社会主义思想特有的其他一些特征，即认为天才人物的思想和愿望是重新塑造社会历史现实的决定性因素；认为社会主义能够通过道德示范、建立社会小区域的典型试验、向全社会作道德呼吁来实现；以及一种给未来社会主义乌托邦描绘详尽周密图景的嗜好。

如果说马克思主义对乌托邦主义的批判主要集中在乌托邦社会主义倾向于依靠思想的力量而不是依靠历史的力量这一方面，那么，这并不是因为马克思

第七章　共产主义崇高理想及其最终实现

和恩格斯否认思想和理想在创造历史中的作用。马克思主义奠基者们如此详尽地批判乌托邦思想这个事实本身就表明，在实现社会主义方面，他们赋予思想以重要的意义。马克思主义理论本身没有克服乌托邦的二重性，即作为应然之物的道德理想和现实事物的历史必然规律之间的对抗。因为，我们确实可以设想，马克思在宣告共产主义的历史必然性之前就已经得到了共产主义在道德上是可以向往的结论。然而，正是通过把道德上可向往的东西同似乎有理由证明为历史必然的东西联系起来，马克思才使得乌托邦主义成为现代历史中这样强大的一股力量。马克思主义没有破坏乌托邦主义对完美的未来社会秩序的幻想，而是使社会主义未来成为似乎是现在正在发生作用的客观历史过程的逻辑的和必然的结果，从而强化了乌托邦主义。

因此，马克思主义和乌托邦之间的关系具有两重性：一方面，马克思主义设计了一个据说蕴含在当时历史中的共产主义未来的乌托邦幻景；另一方面，马克思主义又把许多社会主义的观念和幻想谴责为"乌托邦的"，它把这些思想同资本主义的早期阶段联系起来，认为它们是前工业社会落后条件的不成熟的思想反映，并认为它们是与现代历史"实际活动"相脱离的。

马克思主义与乌托邦社会主义

西欧工业资本主义的发展引起了一系列社会的和政治的创伤性变革，马克思主义则是对这种变革的一种社会主义的思想反映。马克思主义既不像它的一些信仰者所宣称的那样，是一种永恒的真理，也不像引起批评家要我们相信的那样，是古老的犹太-基督教先知传统的现代翻版。

马克思主义区别于它在19世纪的那些理论对手们、区别于马克思和恩格斯曾斥之为"乌托邦"的那些引起社会主义学说之处，可大致归结为以下三点：首先，马克思主义认为，在社会历史发展进程中，现代工业资本主义是一个具有进步意义的必不可少的阶段。其次，马克思主义者相信，城市工业无产阶级确实是一个富于创造性的革命阶级，它历史地承担了突破资本主义秩序、宣告一个新的无产阶级社会到来的重任。最后，马克思主义者相信历史进程的客观实在性，相信对历史进程可以进行科学分析，这种分析表明，人们具有认识历史必然性的潜力，而这些观点同那些依赖于道德示范和性善论的理论是水火不相容的。

这类观点从未出现在查尔斯·傅立叶、克劳德·亨利·圣西门、罗伯特·欧文或其他人的乌托邦社会主义之中，无论马克思有多少观点与他们相同，或有多少观点是来源于他们的理论。无政府主义和民粹派的类似乌托邦社会主义思想曾广泛流传于经济不发达的欧洲国家，这类理论也没有包含马克思主义的

上述三个观点。

🔑 案例出处

[美]莫里斯·迈斯纳著,张宁、陈铭康译:《马克思主义、毛泽东主义与乌托邦主义》,中国人民大学出版社2004年版。(有改动)

✏ 案例解析

马克思主义不是凭空产生的,它是对人类历史上优秀思想的继续和发展。正如案例所揭示的:马克思主义与乌托邦主义有着千丝万缕的联系。马克思主义和乌托邦主义同样有着对人类的深切关怀,都对当时的社会进行了深刻批判,对未来的社会进行了构想,都是人类宝贵的精神财富。但是,在展望未来社会的问题上,马克思主义认为,坚持科学的立场、观点、方法是正确预见未来的基本前提。在这一点上,又体现了马克思主义与乌托邦主义的本质区别。

在马克思主义产生以前,许多思想家包括乌托邦主义者对未来社会的预见往往带有浓厚的空想性质和幻想色彩,这是因为他们没有科学的方法和历史唯物主义的态度。乌托邦主义者认为,这个理性王国一旦获得正确的理解,就能按照乌托邦的理想改造社会现实,因此,持有真理的理性人物的出现是实现目的的条件。马克思主义经典作家站在科学的立场上,提出并自觉运用了预见未来社会的方法论原则,一是在揭示人类社会发展一般规律的基础上指明社会发展的方向,二是在剖析资本主义旧世界的过程中阐发未来新世界的特点,三是在社会主义社会发展中不断深化对未来共产主义社会的认识,四是立足于揭示未来社会的一般特征,而不可能对各种细节做具体描绘。马克思、恩格斯站在无产阶级立场上,运用科学的方法,致力于研究人类社会特别是资本主义社会,第一次揭示了社会发展的一般规律和资本主义社会发展的特殊规律,从而对共产主义社会做出了科学的展望。正如列宁所指出的:"马克思的全部理论,就是运用最彻底的、最周密的、内容最丰富的发展论去考察资本主义。自然,他也就要运用这个理论去考察资本主义的即将到来的崩溃和未来共产主义的未来的发展。"①

因此,和乌托邦主义者不同,马克思、恩格斯对旧世界批判的高明之处不仅在于看到了旧世界的弊端,而且进一步揭示出弊端的根源,揭示出资本主义发展中自我否定的力量,发现资本主义矛盾运动中孕育着新社会的因素,并以此做出对未来社会特点的预见。马克思、恩格斯和乌托邦主义者不同之处还在

---

① 《列宁专题文集:论马克思主义》,人民出版社2009年版,第255页。

第七章 共产主义崇高理想及其最终实现

于，马克思、恩格斯只限于指出未来社会发展的方向、原则和基本特征，而把具体情形留给后来的实践者去回答。总之，马克思主义认为，共产主义理想作为一种社会理想，是在对人类社会发展规律认识的基础上设想的社会发展目标，我们要从生产力状况、生产关系状况、社会生活和精神生活等方面去把握共产主义社会的基本特征，根据历史规律和历史趋势不断加深对其轮廓和基本特征的认识，并坚定地认为共产主义理想的实现要依靠人民群众的实践奋斗和社会的发展进步。

案例启思

1. 马克思主义和乌托邦主义有什么区别与联系？
2. 马克思对未来社会的预测相较于乌托邦主义有何高明之处？

教学建议

本案例探讨了马克思主义与乌托邦式的空想社会主义的关系，揭示了二者的区别和联系。通过本案例，可以使学生对空想社会主义有一个大概了解，同时认识到马克思主义预见未来社会的立场、观点和方法的科学性。

适用于第七章第一节"预见未来社会的方法论原则"部分的辅助教学和相关内容考核。

案例二　国际共产主义战士白求恩

案例

我们对白求恩的熟悉和了解，得益于毛泽东写的《纪念白求恩》一文。在文中，白求恩被毛泽东称为一个高尚的人，一个纯粹的人，一个有道德的人，一个脱离了低级趣味的人，一个有益于人民的人。

来到延安

如果说白求恩赴苏联参加国际生理学大会成为他接触共产主义的契机的话，那么远赴西班牙投身反法西斯斗争则坚定了他的信念，而美国记者埃德

265

加·斯诺所写的《西行漫记》一书,则是白求恩奔向延安的指路灯。

1937年7月7日,日本挑起全面侵华战争。听到这来自亚洲的巨变,白求恩在讲演中无比愤慨地指出:"章鱼状的垄断资本主义已四处伸出触手,日本侵略中国即是一例。"他觉得中国更需要他,他在西班牙取得的经验对中国会有更大的用处,他决定到中国去。

白求恩在之后的一封信中曾谈到自己为什么不返回西班牙而来中国。他说:"你要明白我为什么要到中国去,请读一读埃德加·斯诺的《西行漫记》……艾格妮丝·史沫特莱的《红军在长征》和贝特兰的《中国的第一步行动》。"

1938年1月8日,白求恩率加美援华医疗队乘"亚洲女皇号"邮轮,自加拿大温哥华港启程来中国,支援中国人民的抗日战争。当他19天后带着大批医疗药品和器械抵达中国时,国民党方面希望留下医疗队——他们垂涎于那批战时宝贵物资。同行的美国医生帕尔森斯留下来了,但白求恩初衷不改。在宋庆龄的斡旋下,他与当时在武汉的周恩来会面了。他对周恩来说:"我来中国是要到解放区工作的,现在抗战形势紧迫,请你尽快安排我上前线。"周恩来考虑到从延安去晋察冀更安全些,他建议白求恩一行北上延安再前往前线。

可是,这一路并不容易。国共统一战线虽然已经形成,中共方面的人由汉口乘火车去西安是自由的,但当时日军正自华北向南进犯,铁路沿线经常遭到日本军机轰炸扫射。白求恩一行到达郑州转乘陇海路火车,改由陕西潼关、风陵渡过黄河,经山西运城、侯马到临汾八路军总部后,再设法去延安。白求恩一行数十辆大车运送医疗队物资的车队,上有敌机下有追兵,20多头骡子被炸死炸伤,数人受伤。为了躲避敌机,他们只能深夜赶路。

白求恩在日记中写道:我们和紧跟在后面的日军之间没有一点遮拦,这实在令人毛骨悚然。3月7日,他们终于渡过黄河。3月22日,白求恩在西安见到了八路军总司令朱德。接着他们改乘卡车前往延安。白求恩到延安,刚安顿下来,就迫不及待地向八路军卫生部领导提出想见毛泽东的请求。第二天吃过晚饭,卫生部部长姜齐贤来到白求恩的住所,一进门,就高兴地告诉他:"白求恩大夫,毛主席今晚要会见你。"

白求恩急忙跑进屋里,穿上新发的八路军灰布军装,然后打开皮箱,从箱底拿出自己的党证,放在贴胸口的衣袋里。

晚上10点多,已是满天繁星,白求恩一行踏着月色,来到凤凰山毛泽东的住所。这时,毛泽东已经在窑洞前等候了。刚一落座,白求恩便郑重地将自己的党证交给毛泽东,并介绍了西班牙的内战情况。毛泽东谈了对世界局势的看法,介绍了红军二万五千里长征,并详细说明了中国共产党的抗战理念和策

第七章 共产主义崇高理想及其最终实现

略,这让白求恩十分振奋。白求恩说,如果组织医疗队,自己来治疗的话,可以保证75%以上的生存率。毛泽东欣然同意白求恩组织战地医疗队到前线去工作。根据当时给白求恩当翻译的黎雪回忆,毛泽东与白求恩的谈话一直持续到午夜。

在当晚的日记中,白求恩满怀深情地写道:"我在那间没有陈设的房间里和毛泽东同志面对面坐着,倾听他从容不迫的言谈的时候,我回想起长征,想到毛泽东和朱德在那伟大的行军中怎样领着红军经过二万五千里的长途跋涉,从南方来到西北的黄土地带。由于他们的战略经验,使得他们今天能够以游击战来困扰日军,使侵略者的优越武器失去效力,从而挽救了中国。我现在明白为什么毛泽东那样感激每一个和他见面的人。这是一个巨人!他是我们世界上最伟大的人物之一。"

在延安,白求恩每天早晨都要爬山或者散步,唱着西班牙战斗歌曲,显得格外精神,充满着青春的活力。其间,他还学会了《抗大校歌》。

他提出要到医院探视病人,翻译解释军委卫生部安排他休息,他却执意要去。他说:"我的心早到了延安,我在《西行漫记》中,已熟悉了这里的情况。探视病人是我的责任,不间断的工作是我最愉快的事情。"拗不过他,只得让他去。在延安的中央医院,他探视了每一个病房,对每个病人认真问诊,对日军俘虏伤员也一视同仁。

白求恩带到延安的X光机和发电机,4月初安装好以后,开始给中央和有关方面的同志检查身体,时间、顺序都事先通知本人,陈云和萧劲光因工作繁忙而迟到,他们也要排队。白求恩做出无可奈何的手势,让翻译给他们解释:"没办法,到医院看病的人都是我的患者,一切都应该按照医院的规定办事。"

在延安,白求恩还为中国人民抗日军政大学、陕北公学、东北干部训练团作了报告。

八路军卫生部顾问马海德医生热情陪同白求恩视察延安的医院和卫生学校,真诚地表示他们需要他,并为了安全,希望他能留在延安,白求恩发火了,他提出了不同意见。在马海德的劝说下,他渐渐平静下来,说:"我不是为享受生活而来的。什么热咖啡、嫩牛肉、软绵的钢丝床,这些东西我早就有了。但为了理想,我都抛弃了。需要特别照顾的是伤员,而不是我。""我为我的鲁莽向你们道歉,但你们也要向挂着拐杖的伤员道歉。"面对倔强的白求恩,卫生部的同志只好报请中央批准,同意他去晋察冀前线。

在晋察冀的日子

1938年"五一"劳动节过后,白求恩离开延安。他带着17头牲口驮着的器械、药品，由卫生部部长姜齐贤陪同，于5月14日首先来到陕西省神木县（今神木市）贺家川八路军第一二〇师后方医院，在这里连续工作了5天，为50多名重伤员做了手术，帮忙搭建了一个手术室，解决了一些医疗器械问题，还给医务人员上课，提高换药技术等。在这里，他还给伤员献了一次血。白求恩的助手游胜华的女儿游黎清回忆了这样一件事：1938年5月，白求恩途经八路军第一二〇师的后方医院，几天内对200多名伤病员进行了诊治，也就是这次，八路军的医务人员第一次接触到了输血技术。当时，白求恩给一个重伤员做截肢手术，需要输血治疗，可是当时人们没有见过也没有听说过输血，都很害怕，不敢主动献血，白求恩就果断地说："我是O型血，抽我的吧！"并给大家讲解输血技术的原理，鼓励大家："如果我们能用自己的鲜血救活一个战士，就胜于打死10个敌人。"在白求恩的带动下，又有一名医生和两名护士给伤员输了血。大家看到，伤员输过血后几天就大有起色，而大夫们也照样神采奕奕，这才放下心来，踊跃报名参加献血。前线很快就成立了一个流动血库，被白求恩称为"人民血液银行"。

从贺家川出发，途经岚县，白求恩又检查伤病员，做了一些工作。1938年6月17日，白求恩抵达晋察冀敌后抗日根据地。上午10点，在金刚库村村头，军民近千人列队欢迎白求恩和他的医疗队。聂荣臻司令员身着整齐的军装，精神焕发地站在队伍的前头，特别兴奋。当天下午，还在小树林里召开军民欢迎加美医疗队大会。

白求恩刚刚抵达，就迫不及待投入工作。聂荣臻在一篇纪念文章中回忆道：白求恩跋涉千里，旅途疲劳，我劝他休息几天再谈工作。他当时这样回答我："我是来工作的，不是来休息的，你们要拿我当一挺机关枪使用。"这句洋溢着革命者战斗激情的话，至今听来仍让人激情澎湃。

白求恩对工作近乎拼命，曾一周内为521名伤病员检查身体，一个月为157名伤病员实施手术，40多个小时不曾合眼。在敌人的炮火下，他镇定自若地做完71例手术。在1938年反"扫荡"中，他6天内医治了120名伤员，做了105例手术。1939年4月，在贺龙师长指挥的著名的齐会村歼灭战中，白求恩和医疗队创造了一个奇迹，他们连续工作69个小时，为115名伤员做了手术。当时白求恩由于长期缺乏营养和休息，身体很差，但他靠着顽强的意志支撑了下来，累得实在不行了，就把自己的头伸进冰水中清醒片刻，马上又投入手术中。

他在一封写给加拿大朋友的信中说道：今天是我49岁生日，很骄傲能成为前线最老的一名战士，昨天下午7点走上手术台，熬了个通宵，今早6点才上床睡觉，一共救治了40名伤员，为其中19名做了手术。信很平实，只是简

第七章 共产主义崇高理想及其最终实现

述了他的一天,但就是这样忙碌的一天,也只是他在中国 500 多个日夜中极其普通的一天。

白求恩到达晋察冀前线之时,正是中国抗日战争困难之际。在日伪军的军事进攻和经济封锁下,八路军指战员有时只能用马饲料充饥,就算是大家特意优待白求恩,也只能用土豆接待他,艰苦的程度可想而知!

白求恩到达晋察冀前线不久,毛泽东特意从延安打电报给聂荣臻:每月要发给白求恩 100 元生活津贴。白求恩得知消息后,立即拒绝。他在日记里这样写道:"我想我有好久没有这样快乐了,我很满足,我正在做我所要做的事情。这里需要我。我没有钱,也不需要钱,可是我万分幸运,能够来到这些人当中,在他们中间工作。"他从不讲特殊,很能吃苦。上级提出给白求恩配小灶,他却主动要求与大家一起吃红薯、玉米和野菜。

白求恩医治伤员时,经常达到忘我的程度。几次大战打响后,领导都要他留在后方,他却认为"医生在后方等待伤员的时代已经过去",到前线救治才能挽救更多的生命。有些伤员分散在老百姓家中,他和医疗队冒着危险去为他们做手术。他对伤员总是给予无微不至的爱护,将伤员看作自己的亲人、自己的孩子,尽最大努力减轻他们的痛苦。伤员被子湿了,他让出自己的;伤员不能动,他亲自给伤员端尿;伤员要拄拐杖,他也要看看拐杖和伤员身高是否相符。伤员吃不下饭,他就亲手做一碗可口的鸡蛋羹。据当年的一些老同志回忆,白求恩对伤员非常和蔼,开口就是"我的孩子",他也真的像一位慈父一样关爱他们。他对群众也非常关心,总是尽力为他们减轻痛苦,他常常背着药箱顺着羊肠小道,在深夜里走进农舍出急诊。胸前长了大瘤子的老乡、患兔唇的孩子、有流产危险的孕妇、摔断腿的年轻人都是他的病人。被他救治过的群众感激万分,杀掉家里唯一的家禽给他送来。也有许多伤愈归队的指战员缴获到日本罐头和奶粉舍不得吃,千方百计地捎给他以表示感激,却都被他转送给伤病员了。

当时的晋察冀军区医疗条件非常差,战士得不到妥当治疗,白求恩十分焦急,决定建一所正规医院,进行教学,培训医生。他白天做手术,有空就指导木匠、铁匠制作手术器械,傍晚给医务人员上课,晚上在油灯下用他的打字机编写教材。经过五个星期的努力,医院建成了,他把它称为"模范医院"。他说:"一个外国医疗队对你们的帮助,主要是培养人才,这样即使他们走了,仍然留下永远带不走的医疗队。"

令人难以置信的是,抗战时期八路军医院的手术器械基本上是土造的。手术刀、止血钳是乡村铁匠铺子打的;镊子是竹片用火一烤,弯过来就成了;手术锯就用木工锯代替。当时条件太有限,制式手术器械奇缺。使用这些土造器

医学殿堂中的大道行思
——《马克思主义基本原理概论》（2018年版）教学案例集

械时，白求恩要求必须消毒，而且要按"消毒十三步法"严格进行。科学的消毒措施，大大降低了手术感染率，挽救了很多人的生命。

白求恩对待工作精益求精，对医护人员的工作也严格到挑剔的程度。白求恩的助手王道建回忆了这样一个故事：在一次例行检查中，白求恩发现一位伤员伤口没有处理好，大发雷霆："这个手术是谁做的！"王道建站了出来。白求恩怒不可遏地咆哮道："你离开这里！你不配做医生！"王道建难过极了，也内疚极了，默默地看着白求恩强压怒火，心疼地为伤员做好处理。事后，冷静下来的白求恩为自己的态度向他道歉，并手把手教他。后来，王道建经过努力，成为白求恩最满意的助手。

白求恩的火爆固执往往来自对真理的执着。发现消毒不到位、手术器械没摆好、医生做手术时聊天抽烟、护士晚上值班打瞌睡、不肯为伤员洗澡洗脚等现象，他都要发火骂人，很多人都受过他的批评和训斥。但多年以后，他们谈起白求恩，无不怀着尊重、感激、怀念之情，因为从他身上学到了真正的医德。

"冲啊！有白求恩为我们治伤！"这成为战士们冲锋陷阵时互相鼓励的口号。在很短的时间内，白求恩的名字成为"传奇"，他成为战士们的"保护神"，在战士们心中享有崇高的威望。

在来中国之前，美国援华会和加拿大共产党答应定期向中国提供必要的物资，但在白求恩一行来到中国后，说好的资助却不见了踪影，他发出的所有求助信件都犹如石沉大海。为此，白求恩决定回国一趟，主要为了筹措资金和补充药品，顺便暂时休养。因为在1939年夏，他的左耳失聪，并在短时间内连续两次严重感染，引发高烧，抵抗力已经非常差了。然而，就在白求恩即将回国时，1939年10月底，驻华北日军调集两万重兵，配以飞机、大炮和装甲车，在"杀人魔王"阿部规秀指挥下，穷凶极恶地对晋察冀边区发动了冬季"大扫荡"。白求恩毅然决然推迟了回国的计划，他说："如果晋察冀沦陷的话，那我回国还有什么意义呢？等目前的战斗结束以后再启程吧。"

壮烈牺牲

但是，白求恩最终没能等到启程回国的那一天。1939年10月27日晚，白求恩组成临时医疗队赶赴前线，准备救治摩天岭战役的伤员。医疗队将手术室设在村外的小庙里。伤员被一个接一个抬上手术台，手术之后又一个接一个被转送后方。小庙中紧张、忙碌却秩序井然，所有人全然忘记山区深秋的寒意。而从延安来到晋察冀拍摄《延安与八路军》纪录片的摄影师吴印咸为此情此景所感染，他抓拍了一张白求恩在中国最为著名的照片，为我们留下了这

第七章　共产主义崇高理想及其最终实现

一永恒的瞬间。

最后一个腿部受伤的年轻战士被抬上手术台时已经是第二天了，也就是 10 月 28 日。他叫朱德士，大腿粉碎性骨折。当时杂乱的枪声已经到了村边，哨兵又来催："敌人快进村了，赶快转移！"伤员也恳求白求恩："不要管我，赶快转移。"白求恩一面向伤员说："我的孩子，谁都不会将你留下，你是我们的同志。"一面加快进度，不假思索地把左手中指伸进伤口掏取碎骨，手指却不小心被扎破，他将手指进行简单的包扎后，又继续处理伤员，直到缝完最后一针，才离开孙家庄。

手指划伤感染的次日，他忍着剧痛在一个分区医院连续两天检查了两个医疗所的工作，做了几十个手术，讲了两次现场课。感染的第五天，11 月 1 日，在给一名颈部患丹毒合并蜂窝组织炎伤员做手术时，他左手中指受伤处被病毒侵袭，受到致命的第二次感染，很快出现全身症状，高烧 40 度，呕吐不止。此后的十多天，他却继续摇摇晃晃地骑在马背上，往来于前线，辗转于后方，从事巡视工作，不停地为伤员做手术。最后他高烧到没有一点力气了，才被抬离战地。可是，他仍念念不忘地嘱咐工作人员，凡有头部、胸部的手术，必须抬来给他，即使他睡着了，也要叫醒他，这是命令。11 月 10 日，白求恩被护送到唐县黄石口村时，已是生命垂危。他一次又一次昏死过去，虽然林金亮和陈仕华两位医生千方百计地抢救，但终因严重的败血症而束手无策。

有的人不理解他被感染最终酿成败血症，痛惜他作为一名医生怎么不知道保护自己呢？为什么手术时不戴手套呢？要知道，当时的中国正处于全面抗战时期，晋察冀边区地处敌人包围之中，生活条件异常困难，物资也奇缺，白求恩带来的手套，早在成百上千的手术中用完了。他在 1938 年 8 月 22 日的日记中曾提道："我的一个手指受到感染，不戴手套就在伤口处动手术，感染几乎是不可避免的，这是两个多月来第三次感染了。"这天是他到达晋察冀的第二个月零五天，当时已经常常不戴手套动手术了，更何况是一年以后呢。作为医生，他知道危险，可是他又怎能不顾伤员安危选择自保呢？医生的道德与责任让他忘记了个人安危。他曾这样说道："闹革命不能先顾个人安全。如果为了个人安全，我就不到中国来了。只有消灭法西斯，才有最可靠的安全。共产党员不能首先为个人的安全着想。"

1939 年 11 月 11 日早晨，白求恩用最后的力气，用颤抖的手给聂荣臻司令员写下最后一封信，让他转告加拿大共产党书记、国际援华委员会、加拿大和平联盟："告诉他们我在这里十分快乐，我唯一的希望就是能够多做贡献。"在这份遗嘱里，他仍一心惦记着工作，教大家怎样去买药："每年要买 250 磅奎宁和 300 磅铁剂，专为治疗疟疾患者和贫血病患者。千万不要再到保定、天

医学殿堂中的大道行思
——《马克思主义基本原理概论》（2018年版）教学案例集

津一带去购买药品，因为那边的价钱要比沪、港贵两倍。"字字千钧。晚上，他多次昏迷。当他最后一次苏醒时，看到满屋神情紧张、伤心落泪的人们，他安详地微笑着，抬高了头，坚定地说："不要难过，我多么不愿离开你们啊，努力吧，向着伟大的路，开辟前面的事业。"

白求恩逝世了，他的战友、他的病人，所有认识他、听说过他的人都悲痛万分。在鹅毛大雪下，战士们满怀悲痛之情连夜将他的遗体送回后方。11月17日，战士们为他举行了隆重的追悼会，聂荣臻司令员亲手为他装棺入殓，这位钢铁将军忍不住失声恸哭。21日，消息才传回延安，毛泽东非常悲痛，他立即以中共中央的名义发出唁电和对白求恩家属的慰问电。12月1日，人们在延安举行追悼大会，毛泽东亲自题写挽联。12月21日，毛泽东彻夜未眠，写出《纪念白求恩》一文，号召全党向他学习。

我们这个民族，承受过全世界很多民族没有承受过的巨大苦难和浩劫，我们有着切肤之痛、家族之恨、民族之殇，这些都有必要详详细细凿刻在我们的纪念碑上。对于在中华民族最困难的时候，不留后路、抛家舍业、无私无畏来到中国，跟我们这个国家、民族连成一体，把血肉之躯埋葬在中国土地上的国际友人，我们要懂得感恩。白求恩精神是我们中华民族的精神瑰宝，仍是这个时代的需要。

案例出处

中国延安干部学院编，徐雯婷执笔：《红色延安的故事》（理想信念篇），党建读物出版社2016年版。（有改动）

案例解析

白求恩的一生是伟大的一生。他的伟大在于共产主义精神在他身上得到真实而完美的体现。1939年12月21日，毛泽东写下了著名的《纪念白求恩》一文，高度赞扬白求恩伟大的国际主义和共产主义精神，称赞白求恩是"一个高尚的人，一个纯粹的人，一个有道德的人，一个脱离了低级趣味的人，一个有益于人民的人"。

白求恩伟大的一生，是为共产主义理想奋斗的一生。他在中国工作的一年半时间里为中国抗日革命呕心沥血，对工作极端负责，对技术精益求精，对同志对人民极其热忱，表现了毫不利己、专门利人的崇高品质，体现了共产主义精神的本质特点。

在中国人民心中，白求恩精神已经成为一种风范、一种楷模、一种准则、一种传统，已经融入中华民族的优秀文化美德，已经成为中国共产党的宝贵精

第七章 共产主义崇高理想及其最终实现

神财富。他所指导的卫生学校被命名为白求恩卫生学校,一直发展到今天。白求恩精神成为中国医务工作者秉持的基本信念。尽管今天的时代与白求恩所处的时代不同,但作为医务工作者,仍然要面临是坚守理想信念还是屈服于个人私利的抉择。如果缺乏理想信念,把个人私利摆在最高位置,必将出现人生观价值观的扭曲,导致拜金主义、享乐主义和个人主义滋生,在工作中就会放松对自己的要求,出现收红包拿"回扣"的不良行为,导致人民对医务工作者失去信任。因此,我们应该谨记白求恩精神:对工作认真负责,对技术精益求精,对人民极端热忱;树立崇高的理想,坚持正确的方向,不忘初心、勇于担当、奋力拼搏、开拓进取,在建设中国特色社会主义事业和实现中华民族伟大复兴中国梦的生动实践中放飞青春梦想。

案例启思

1. 你觉得白求恩的一生是伟大的一生吗?
2. 当今时代,我们应该学习白求恩的什么精神?

教学建议

本案例可用于第七章第三节"坚定理想信念,投身新时代中国特色社会主义事业"部分的辅助教学和相关内容考核。

▶ 案例三 共产主义让中国人民重拾精神主动

在党的十九大报告中,习近平总书记指出,1921 年中国共产党应运而生,"从此,中国人民谋求民族独立、人民解放和国家富强、人民幸福的斗争就有了主心骨,中国人民就从精神上由被动转为主动"。在中国人民获得精神主动的过程中,不能忘记 170 年前马克思、恩格斯所发表的那篇光辉著作——《共产党宣言》,是它催生了中国共产党,是它所阐述的共产主义思想,对改变中国人民的精神面貌发挥了不可估量的作用。

1920 年陈望道所译的《共产党宣言》在中国问世后,共产主义思想很快征服了中国一批先进知识分子,特别是一批年轻的知识精英,如李大钊、陈独秀、毛泽东、刘少奇、周恩来、朱德、任弼时、邓小平,还有恽代英、刘志丹、董必武、邓子恢、彭德怀、贺龙等,他们都是通过读《共产党宣言》走上革命道路的。毛泽东在延安与斯诺谈话时回忆说,是《共产党宣言》等三本书使他"到1920年夏,在理论上,而且在某种程度的行动上",成为一个马克思主义者。邓小平在1992年南方谈话时说:"我的入门老师是《共产党宣言》。"彭德怀的表达很有代表性:"以前我只是对社会不满,很少看到有进行根本改革的希望。在读了《共产党宣言》以后,我不再悲观,开始怀着社会是可以改造的新信念而工作。"那么,为什么《共产党宣言》所宣扬的这个共产主义"幽灵"有如此大的魔力?

一、共产主义为中国人民重铸了强大的精神支柱

《共产党宣言》揭示了一种全新世界观——共产主义世界观。这种世界观极大地激发了中国人的历史主动性,打开了中国人认识和掌握世界的视野。正如毛泽东在《新民主主义论》中所指出的,共产主义"是自有人类历史以来,最完全最进步最革命最合理的"思想体系和制度体系,"中国自有科学的共产主义以来,人们的眼界是提高了,中国革命也改变了面目"。①

1840年鸦片战争以后,古老的中国完全被动地被资本主义所裹挟,"资产阶级,由于一切生产工具的迅速改进,由于交通的极其便利,把一切民族甚至最野蛮的民族都卷到文明中来了。它的商品的低廉价格,是它用来摧毁一切万里长城、征服野蛮人最顽强的仇外心理的重炮。它迫使一切民族——如果它们不想灭亡的话——采取资产阶级的生产方式;它迫使它们在自己那里推行所谓的文明,即变成资产者。一句话,它按照自己的面貌为自己创造出一个世界"②。而在中国,走向世界的大门完全是被西方列强的坚船利炮轰开的。中国人民既盼望能够赶上时代发展的步伐,又不能忍受西方列强的侵略凌辱,中国人民在求索,在抗争,但更多的是彷徨,是无奈。在这种情况下,《共产党宣言》所揭示的资本主义必然灭亡和社会主义必然胜利的科学真理,为中国人民指明了一条跨越资本主义卡夫丁峡谷的社会主义光明大道。共产主义的崇高信仰重铸了中国人民的精神支柱,共产主义的精神灯塔照亮了中国人民的前进方向,把中国人民推上了超越资本主义的道义制高点和历史前台。

共产主义思想给中国先进分子注入了强烈的革命精神,给中国的无产阶级

---

① 《毛泽东选集》第2卷,人民出版社1991年版,第686页。
② 《马克思恩格斯文集》第2卷,人民出版社2009年版,第35-36页。

第七章 共产主义崇高理想及其最终实现

注入了自觉的阶级意识，他们把历史命运牢牢地掌握在自己手里，开辟了一条具有中国特色的新民主主义革命道路和社会主义现代化道路，使古老的中国获得新生，并且为世界上那些既希望加快发展又希望保持自身独立的国家和民族提供了全新选择。

二、共产主义极大地激活了中华文化的优秀精神基因

中华文化的优秀精神基因就是崇道尚德、向上向善。中国人信奉"自强不息""厚德载物"，信奉"大道之行也，天下为公"，信奉"仁者爱人""和为贵"。勤劳善良的中国人民经过优秀文化精神基因的代代传承，成就了一个伟大的民族，一个世界上唯一文明没有中断的民族。中华文化的优秀精神不但让中国人自己骄傲，也为世界上许多正直的、有眼光的人们所认可。但是，在数千年小农经济和皇权政治占统治地位的封建社会，中华文化的优秀精神基因的传承发展受到很大制约，尤其是明清以后，中华民族逐步拉开了与世界的距离，以至于近代以后遭受重创。几代中国人都在苦苦思索落后挨打的个中原因，以至于后来很多中国思想精英把它归罪于中国文化，来了一个全盘否定。这与人们对《共产党宣言》中一个论断的理解不无关系，这里稍做分析。

在《共产党宣言》中，马克思、恩格斯有一个重要论断："共产主义革命就是同传统的所有制关系实行最彻底的决裂；毫不奇怪，它在自己的发展过程中要同传统的观念实行最彻底的决裂。"① 那么，如何理解这"两个决裂"呢？我们认为，所谓传统的所有制关系，指的是私有制，而传统观念也就是反映私有制的一切私有观念。因此，共产主义革命，革的是私有制和私有观念的命，而不是那些能够反映人类文明进步的思想观念和文化基因。

今天看来，正是在共产主义思想旗帜下，中华民族所追求的"天下为公""天下大同"等思想价值观念被赋予了新的内涵，焕发了新的生命。在民族危难之际，在中国人血液里流淌的诸如修齐治平、以天下为己任等价值追求猛然间被激活了，创造性发展和创新性转化为救世救民的使命担当，转化为革命年代的红船精神、井冈山精神、延安精神以及社会主义建设时期的铁人精神、雷锋精神等，转化为全心全意为人民服务的价值取向，使伟大的中华文化重放异彩、再造辉煌。可以说，一方面，中华文化的优秀精神基因为共产主义在中国的生根开花结果提供了肥沃的土壤；另一方面，共产主义激活了中华文化的优秀精神基因，使其现代价值得以彰显。

---

① 《马克思恩格斯文集》第 2 卷，人民出版社 2009 年版，第 52 页。

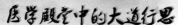

三、共产主义极大地解放了最广大普通劳动者的精神世界

《共产党宣言》深刻揭示了无产阶级的历史使命,指出无产阶级是将剥削阶级送进历史博物馆的"真正革命的阶级";他们的运动区别于过去一切运动,"是绝大多数人的、为绝大多数人谋利益的独立的运动";他们代表人类社会的未来,在这个革命运动中"失去的只是锁链","获得的将是整个世界"。在数千年中国封建社会发展史中,劳动阶级是没有经济社会地位和文化地位的,"这四种权力——政权、族权、神权、夫权,代表了全部封建宗法的思想和制度,是束缚中国人民特别是农民的四条极大的绳索"①。共产主义学说提供了一种全新的历史观,揭示了"人民,只有人民,才是创造世界历史的动力"。②

这种历史观运用到中国革命和建设的实践之中,使那些长期抬不起头的"泥腿子"挺直了腰杆,赢得了尊严,释放出巨大的能量。毛泽东曾描述井冈山斗争中的红军:"什么人都是一样苦,从军长到伙夫""官长不打士兵,官兵待遇平等,士兵有开会说话的自由,废除烦琐的礼节,经济公开",军队的面貌完全不一样,"尤其是新来的俘虏兵,他们感觉国民党军队和我们军队是两个世界。他们虽然感觉红军的物质生活不如白军,但是精神得到了解放"。③回溯近100年波澜壮阔的中国,毫无疑问,正是由于共产主义激发了千百万底层劳动者精神上的主动,为中国革命、建设和改革提供了强大而不竭的力量源泉。

四、共产主义催生了中国共产党,极大地凝聚了东方大国的精神动力

在《共产党宣言》中,马克思、恩格斯指出:"随着工业的发展,无产阶级不仅人数增加了,而且它结合成更大的集体,它的力量日益增长,而且它越来越感觉到自己的力量。"④随之一个完全不同于资产阶级利益集团的先进政党应运而生,共产党人"没有任何同整个无产阶级的利益不同的利益",其最近目的就是"使无产阶级形成为阶级,推翻资产阶级的统治,由无产阶级夺

---

① 《毛泽东选集》第1卷,人民出版社1991年版,第31页。
② 《毛泽东选集》第3卷,人民出版社1991年版,第1031页。
③ 《毛泽东选集》第1卷,人民出版社1991年版,第65页。
④ 《马克思恩格斯文集》第2卷,人民出版社2009年版,第40页。

第七章 共产主义崇高理想及其最终实现

取政权",① 消灭压迫剥削,消灭阶级对立和阶级本身,建立共产主义社会,使每个人获得自由全面的发展。

近代中国内忧外患,犹如一盘散沙,是《共产党宣言》催生了中国共产党,中国共产党从一成立就把实现共产主义作为最高理想,义无反顾肩负起实现中华民族伟大复兴的历史使命。中国共产党成立之初,一无所有,白手起家,唯一具有的,就是共产主义这一思想财富和精神宝库。是共产主义思想武装了一代中国先进分子,铸造出一个伟大的政党。在共产主义旗帜下,亿万中国人民紧紧地凝聚在中国共产党的周围,朝着共同的奋斗目标,历经千难万险,付出巨大牺牲,攻克了一个又一个难关,创造了一个又一个彪炳史册的人间奇迹。如果问沉睡的东方雄狮是怎么醒来的,答案只有一个:是共产主义唤醒了它。

共产主义思想的魔力到底在哪里?它的魔力在于它学习借鉴资本主义的同时超越资本主义,在于它继承精神传统的基础上超越传统,在于它建构一个现代组织而目的是超越集团利益,在于它高扬伟大的理想却又不离开脚踏实地的行动。它的魔力就在于它的真理力量、价值力量和现实力量。一位在苏联时期曾被流放和驱逐的俄罗斯学者亚历山大·季诺维也夫在东欧剧变之后深刻反思:"在任何情况下,俄罗斯民族只有成为一个共产主义民族才能够作为一个历史民族保留,无论建立其他任何制度,俄罗斯民族都注定会退化和灭亡。经验表明,对俄罗斯共产主义的打击就是对俄罗斯民族的打击。"中华民族不同样如此吗?毛泽东就曾指出:"中国的民主革命,没有共产主义去指导是决不能成功的,更不必说革命的后一阶段了。"②

在纪念《共产党宣言》问世170周年的今天,我们应该深刻领会习近平总书记关于"人民有信仰,民族有希望,国家有力量"的论断,深刻认识到"理想信念动摇是最危险的动摇,理想信念滑坡是最危险的滑坡。一个政党的衰落往往是从理想信念的丧失或缺失开始",始终牢记革命理想高于天,时刻不忘补足"精神之钙",努力为共产主义奋斗终身。

共产主义引领中国的革命、建设和改革取得了巨大成就,这是历史已经证明了的;历史还将证明,共产主义也必将引领中华民族伟大复兴的光明未来。

案例出处

喻立平:《共产主义使中国人民从精神上由被动转为主动》,《红旗文稿》,

---

① 《马克思恩格斯文集》第2卷,人民出版社2009年版,第44页。
② 《毛泽东选集》第2卷,人民出版社1991年版,第686页。

2018 年 2 月 11 日，http://theory.people.com.cn/n1/2018/0211/c40531-29818811.html。（有改动）

📝 案例解析

共产主义不仅是一种科学的理论和在这种理论指导下的现实的运动，而且是一种未来的社会制度和社会形态。实现共产主义是人类历史发展的必然趋势，是马克思主义最崇高的社会理想。1920 年陈望道所译的《共产党宣言》在中国问世后，共产主义思想很快唤起中国一批先进知识分子走上革命的道路。随着共产主义理论在中国的广泛传播，其真理和道义的强大力量吸引越来越多的马克思主义信仰者投身争取民族独立和人民解放的伟大事业中。从领导革命到领导建设再到领导改革，共产主义理想信念始终是共产党人的精神之钙，是共产党带领中华民族从站起来、富起来到强起来的重要法宝。中国革命与建设的实践证明，马克思主义的命运早已同中国共产党的命运、中国人民的命运、中华民族的命运紧紧连在一起，共产主义伟大理想早已和中国特色社会主义共同理想紧紧地结合在一起。共产主义为中国人民重铸了强大的精神支柱，极大地激活了中华文化的优秀精神基因，极大地解放了最广大普通劳动者的精神世界，催生了伟大的中国共产党，极大地凝聚了东方大国的精神动力。为什么中华民族获得从站起来、富起来到强起来的动力源泉？归根结底，答案就是中国共产党人对共产主义远大理想和中国特色社会主义共同理想的执着追求。习近平总书记指出："中国共产党之所以叫共产党，就是因为从成立之日起我们党就把共产主义确立为远大理想。我们党之所以能够经受一次次挫折而又一次次奋起，归根到底是因为我们党有远大理想和崇高追求。"

共产主义远大理想和中国特色社会主义共同理想辩证地统一于一代代人的接续奋斗之中。青年是祖国的未来、民族的希望。青年的理想信念、精神状态、综合素质是一个国家活力的体现，也是一个国家核心竞争力的重要因素。青年要树立正确的理想、坚定的信念，自觉将人生理想融入国家民族时代发展潮流之中，做走在时代前列的奋进者、开拓者、奉献者。

💡 案例启思

1. 共产主义理论的传入，给中国社会带来了什么重大影响？
2. 新时代大学生应该树立什么样的理想信念？

🎤 教学建议

理想是指引人们奋斗方向的航标，也是推动人们前进的强大精神动力。一

个社会、一个民族、一个人都不能没有理想,个人的理想也必须与社会发展进步的大趋势相一致。新时代大学生要坚定理想信念,自觉做共产主义远大理想和中国特色社会主义共同理想的坚定信仰者和忠实实践者。

本案例可用于第七章第三节"共产主义远大理想与中国特色社会主义共同理想"部分的辅助教学和相关内容考核。

后 记

本案例集为配合医学类院校开展思想政治理论课"马克思主义基本原理概论"的教学工作而编写，也适用于非医学院校的教学辅助教材。案例的选择和编写，体现了"原理"课的教学大纲、基本要求和重点难点，注重运用马克思主义的基本立场、基本观点和基本方法解析医学类案例，旨在引导医学生树立唯物史观宏大视野和共产主义崇高理想，培养医学生既仰望星空又脚踏实地的学思行品格，助力医学生成长为德才兼备、全面发展的中国特色社会主义合格建设者和可靠接班人。

参与编写人员分工如下：李丽（导言、第一章）、刘湘云（第二章、第七章）、罗海滢（第三章、第六章）、谢传仓（第四章、第五章）。全书由罗海滢统改和定稿。

本书在编写过程中，参考并吸收了理论界的相关研究成果，在此表示衷心感谢。

本书的出版得到中山大学出版社的大力支持，在此致以诚挚的谢意。

由于编写时间较为仓促及编撰人员能力水平有限，本案例集的不足与错漏在所难免，恳请广大读者批评指正。

编　者

2019 年 7 月